U0107454

除了野蛮国家，整个世界都被书统治着。

后读工作室
诚挚出品

图坦卡蒙

TUTANKHAMUN

THE TOMB THAT
CHANGED THE WORLD

和改变世界的陵墓

[美]鲍勃·布赖尔 著

杜辉 译

人民东方出版传媒
People's Oriental Publishing & Media

东方出版社
The Oriental Press

图书在版编目（CIP）数据

图坦卡蒙和改变世界的陵墓 / （美）鲍勃·布赖尔著；
杜辉译 . -- 北京：东方出版社，2024.2
书名原文：Tutankhamun and the Tomb that
Changed the World
ISBN 978 - 7 - 5207 - 3774 - 6

Ⅰ . ①图… Ⅱ . ①鲍… ②杜… Ⅲ . ①图坦卡蒙（前
1370- 前 1352）－陵墓－研究 Ⅳ . ① K941.17

中国国家版本馆 CIP 数据核字（2023）第 230474 号

Copyright © 2023 by Bob Brier

Published by arrangement with Liza Dawson Associates, through The Grayhawk
Agency Ltd.

中文简体字版专有权属东方出版社
著作权合同登记号 图字：01—2023—5535 号

图坦卡蒙和改变世界的陵墓
(TUTANKAMENG HE GAIBIAN SHIJIE DE LINGMU)

作　　者：［美］鲍勃·布赖尔（Bob Brier）
译　　者：杜　辉
责任编辑：王赫男
出　　版：东方出版社
发　　行：人民东方出版传媒有限公司
地　　址：北京市东城区朝阳门内大街 166 号
邮　　编：100010
印　　刷：天津图文方嘉印刷有限公司
版　　次：2024 年 02 月第 1 版
印　　次：2024 年 02 月第 1 次印刷
开　　本：710 毫米 × 1000 毫米　1/16
印　　张：22
字　　数：300 千字
书　　号：978 - 7 - 5207 - 3774 - 6
定　　价：79.80 元
发行电话：(010) 85924663　85924644　85924641

版权所有，违者必究
如有印装质量问题，我社负责调换，请拨打电话：(010) 85924602　85924603

目录

第三部分 **图坦卡蒙的遗产**

献给塞雷娜·普雷斯特
（Serena Prest，1966—2022）

你我并肩踏上图坦卡蒙之旅，携手追踪线索，复制铭文，并试图将所有碎片拼凑完整。

我们多么希望你能和我们一起迈入下一段冒险之旅。

致　谢

在本书的写作过程中，我得到了很多帮助，令我深感这真的是一个团队项目。其中部分原因是在书中的几章里，我迈出了自己的舒适区，在非我擅长的领域公布了同事们所从事的研究。所幸，几位研究者愿意就我讨论其研究的部分加以校对。非常感谢安德烈·维尔德梅杰博士（André Veldmeijer）和雷·约翰逊博士（Ray Johnson），他们不仅校对了内文章节，还为本书提供了插图。还要感谢马克·加博尔德博士（Mark Gabolde），他阅读并更正了有关图坦卡蒙缺失的胸饰那一部分的研究。特别感谢我的老朋友彼得·拉科维拉博士（Peter Lacovara），他似乎无所不知，几乎校对了每一章，使我免于犯错。我还有幸与克里斯蒂娜·利利奎斯特博士（Christine Lilyquist）进行了若干次促膝长谈，她是大都会艺术博物馆图坦卡蒙展览的负责人。正是她的观察，为这个罗生门般的故事找到了精准的视角。我的另一位密友威廉·乔伊（William Joy），不仅担任校对工作并提供插图，还就排版给出了建议。在埃及学界，我们许多人都受惠于他。也要非常感谢玛丽·乔丹（Mary Jordan），出自她手的精彩绘图令本书为之增色。

感谢乔治·B.约翰逊（George B. Johnson），他不仅是一位出色的摄影师，还是研究哈里·伯顿（Harry Burton）的历史学家。约翰逊拍摄的图坦卡蒙的珍宝照片贯穿全书。克拉克·哈斯金斯博士（Clark Haskins）是我的另一位摄影师朋友，他在最后的紧急关头为我提供了急需的照片。当我的电脑出现故障时，他的妻子维琪（Vickie）伸出援手，帮我把所需要的象形文字插入文本。安东尼·马克斯（Anthony Marks）不仅让我使用其文集中的信件和相片，还帮我拍了照片。还要感谢牛津大学格里菲斯研究所的工作人员对我的所有问题予以解答，并找到了我需要的照片。由此，你应该可以理解我为什么说这是一个团队项目了。

我的两位编辑，牛津大学出版社的斯特凡·弗兰卡（Stefan Vranka）和丽莎道森出版集团的汤姆·米勒（Tom Miller），在编辑和制作方面给予了莫大的帮助。英国纽根出版公司的海伦·尼科尔森（Helen Nicholson）真是太棒了，无论何时，她总能帮助我解决所有的麻烦。非常感谢萨利马·伊卡姆博士（Salima Ikram），我与他早期的讨论对本书的内容取向具有指导意义。

同以往一样，我"强迫"我的妻子帕特·雷姆勒（Pat Remler）阅读每一个单词，看是否存在词不达意的情况。她冷静的评论有助于推动这本书走向"可读性"。

引　言

　　本书的许多读者想必对图坦卡蒙陵墓被发现和发掘的故事有所了解。这是一个我们似乎永远听不腻的故事：一位时运不济的考古学家与一位富有的英国勋爵通力合作，在帝王谷（Valley of the Kings）寻找失落的陵墓。从此，我们拥有了一批宝藏——那位少年法老打算带往下一世的数千件随葬品。陵墓的发现者霍华德·卡特（Howard Carter）和他的团队耗时十年，将这座陵墓清理完毕，他们将脆弱不堪的御座、床榻、神龛和棺具打包，搬上蒸汽船，沿着尼罗河顺流而下，在开罗的埃及博物馆（Egyptian Museum）展出。对大多数人来说，故事在这里画上了句号。但事实并非如此，还有很多事情尚未完结。

图坦卡蒙：一部经典三幕剧

　　近年来，全新的太空时代技术逐渐被应用于墓葬出土物的研究，并且取得了显著的成果。经过计算机断层成像（以下简称CAT）的图坦卡蒙木乃伊提供的新信息也令人震惊。[1] 有研究表明，墓葬中的一些物质来自外太空；最近对陵墓墙壁的扫描显示，图坦卡蒙陵墓后壁的后面可能还存在第二座陵墓，一位颇具声望的学者确信，这就是失踪的纳芙蒂蒂王后

（Queen Nefertiti）之墓。这些都是相对较新的研究成果，但有关图坦卡蒙的研究其实已持续了数十年。这些研究的进展时断时续，有时沉寂几十年，之后进入井喷时期。如今，正是密集活动的时期之一。

新的大埃及博物馆（Grand Egyptian Museum）已经竣工，这是世界上最大的博物馆之一，埃及政府已决定将图坦卡蒙的所有珍宝，从开罗老的埃及博物馆搬迁至吉萨（Giza）的新博物馆。几十年来，这是首次将图坦卡蒙的众多财产从玻璃展柜中取出，以供学者研究。结果发现，许多藏品都需要修复。目前，这项工作正在大埃及博物馆最先进的保护中心进行。研究人员正在研究与图坦卡蒙有关的一切，从他的战车到他穿过的凉鞋。至于陵墓是如何被盗的，以及图坦卡蒙的死因，也都有了全新的理论。对于图坦卡蒙的研究而言，这是激动人心的时刻，也是本书论及的部分内容。

科学研究使图坦卡蒙宝藏的奇妙之处显露于人，其他研究则揭示出古埃及宗教的重要方面。埃及人是复活主义者，他们相信肉身在下一世能够再次复活。这就是为什么埃及人将尸体制成木乃伊——为了保存至来世。但到达下一世是一段艰难而危险的旅程。图坦卡蒙通向来世的道路受到了恶魔的层层阻挠。他将不得不跨越火湖，凭借密码方可通过恶魔把守的大门。为了帮助他踏上旅程，环绕石棺的镀金神龛上布满了符文咒语。这些已被破译的文本，使我们得以一窥古埃及人的来世观——它们被忽视已久。

这些研究有些旨趣相同，有些相对独立。本书回顾这些研究的潜在意图是希望它们能够帮助我们更好地了解这位少年法老。图坦卡蒙因何而死？他是因为王室近亲通婚而罹患遗传疾病、长着畸形足的孱弱法老吗？或者是热衷于带着猎犬在沙漠中狩猎的运动健将，在成年后带领埃及军队投入战斗的君主？

本书的最后一部分展现了图坦卡蒙陵墓鲜为人知的另一面——图坦卡蒙的遗产。图坦卡蒙陵墓以一种温和的方式改变了考古学界。这些遗产的一部分涉及在后图坦卡蒙时代如何进行考古发掘。从发现墓葬之初，卡特就意识到发掘工作需要的不是一台挖掘机，而是一支完整的团队，团队中的每个人都掌握不同技能。摄影师、文物修复师、工程师、翻译人员和绘图员，都要参与到记录和清理塞满墓室的数千件随葬品的工作中。化学家阿尔弗雷德·卢卡斯（Alfred Lucas）用了近十年的时间，投身于墓葬珍宝的保存修复。图坦卡蒙陵墓的发掘和清理为未来的考古发掘工作制定了新的标准，这是少年法老遗产的重要组成部分。但是，图坦卡蒙陵墓还有另一部分遗产，那就是很少被讨论的政治遗产。

1922 年图坦卡蒙陵墓发现之时，埃及的古物管理局（现在的埃及最高文物委员会）正由法国人所控制，英国则作为保护国管治埃及，虽非正式宣布，却行殖民主义之举。埃及人对其历史遗产发生了什么，甚至他们的国家如何运作，几乎毫无发言权。就在陵墓被发现后，埃及也陷入了社会动荡。外国对古物管理局的控制宣告结束，埃及政府决定其所有文物不得出境，继而，埃及人民要求自治。虽然我们不至于将种种变化归因于图坦卡蒙陵墓的发现，但陵墓无疑起到了至关重要的作用。就在埃及的政治发展的关键时刻，图坦卡蒙和他的坟墓发挥了凝聚力。这一部分遗产是本书讲述的另一面向。因此，在某种意义上，本书犹如一出三幕剧：发现、研究、图坦卡蒙的遗产。

如何拼写少年法老之名

在这部剧开始之前，我必须谈谈主角的名字如何拼写。图坦卡蒙的名字有几种不同的拼写方式，这可能会让人困惑，但其实原因并不复杂。

许多人认为象形文字就是图画文字，这种观念是错误的。倘若真的如此，那么埃及人就只会一直谈论鸟、腿和蛇。事实上，在大多数情况下，古埃及语是一种字母语言。那些鸭子、猫头鹰、腿和蛇都代表了声音，它们具有语音价值。让我们看看图坦卡蒙是怎么写他的名字的。

前三个象形文字发音为"amn"，接下来三个是名字中的"tut"部分，最后三个则是"ankh"部分。我们现在有了构成图坦卡蒙（Tutankhamun）名字的三个单词，"amun""tut"和"ankh"，但显然它们的顺序不对。"amn"之所以被写在最前面，是因为它是神祇阿蒙（Amun）的名字，由于诸神有着至高的地位，因而他们的名字要被写在最前面。我们称之为"敬语输入"。因此，尽管他的母亲叫他图坦卡蒙，但当他写自己的名字时，要将阿蒙写在最前面。"tut"，意为"形象"；"ankh"，意为"生命"。因此，图坦卡蒙意为"阿蒙的形象"或者"活着的阿蒙的形象"。现在你明白了吧，这段象形文字介绍，就是为了解释为何少年法老的名字在本书中有几种不同的拼写方式。

正如我们所看到的，神祇的名字只是写为"amn"，m和n之间没有元音。埃及人并不总是写元音，所以我们不能确定缺失的元音是什么。这就是为什么你会看到图坦卡蒙（Tutankhamun）和图坦卡门（Tutankhamen）两种拼写方式，一些人喜欢用"u"，另一些人喜欢用"e"。在陵墓发现之初，卡特将其拼写为"Tutankhamen"，用的是"e"。他经常在法老名字的三个部分之间加上点，以便大家清楚法老的名字如何发音，因此通常写作"Tut. Ankh. Amen"。后来，由于伟大的翻译家艾伦·嘉丁纳爵士（Sir Alan Gardiner）更青睐图坦卡蒙，卡特便采用了这种拼写方式，但是他所撰的三卷本著作出版时书名依然为《图坦卡门之墓》（*The Tomb of Tut.Ankh. Amen*）。[2]

后来，一些学者和作家依然沿用图坦卡门的拼写方式。所以在我写《图坦卡门谋杀案》（*The Murder of Tutankhamen*）时，用的就是这一拼写方式。[3] 在25年后的今天，我的同事说服我调整为更受欢迎的图坦卡蒙。因此，我在本书中用的是"u"。当我引用埃及学家的著作或书信时，你会看到他们使用它的样子。现在你完全理解了吗？关于拼写的任何困惑都不存在了——两种方式均被认可。

　　图坦卡蒙并不是他唯一的名字，他实际上有五个名字。当一位法老成为国王时，他会被授予五个名字的王室头衔。[4] 其中的三个名字对我们来说并不重要，因为它们很少被使用。两个重要的名字则会出现在王名圈（cartouches）中。"cartouche"一词在法语中是"弹壳"的意思，最早是由驻埃及的拿破仑士兵所用，当士兵们在神庙墙壁上看到这些图形时，认为它们看起来像子弹。图坦卡蒙另一个在王名圈里的名字发音为"内布赫佩鲁拉"（neb–kheperu–re），意为"拉神的高贵显灵"。陵墓中的随葬品通常刻有这两个名字，有时只有一个。

　　接下来是讲述图坦卡蒙三幕剧的时间了。首先是发现。

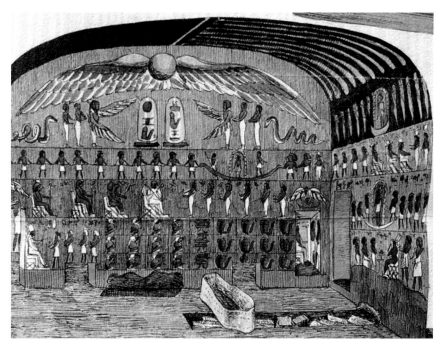

彩图1　意大利探险家乔瓦尼·贝尔佐尼发现了塞蒂一世法老的陵墓，墓室内摆放着刻有精美纹饰的石棺，塞蒂一世安息其中

彩图2　拆开王室木乃伊与其说是科学研究，不如说是一项社会活动，而且人们几乎没有从中了解到什么（保罗·菲利波托绘）

彩图 3　年轻的霍华德·卡特开始了他的职业生涯，他在贝尼哈桑的陵墓里临摹反映古埃及人生活的壁画

彩图 4　霍华德·卡特在代尔巴赫里工作了几个挖掘季，并在那里完善了自己的临摹技术

彩图 5　霍华德·卡特不仅为西奥多·戴维斯挖掘了哈特谢普苏特女王的坟墓，还为戴维斯出版的华丽图书提供了插图。插图上的哈特谢普苏特女王戴有法老的假胡子

彩图 6　法国画报《虔诚者》在报道里绘声绘色地描述了当墙壁被拆除后，卡特和卡纳冯进入陵墓的场景

彩图 7　金色宝座靠背展示了年轻的图坦卡蒙夫妇亲密的姿势——这在古埃及的皇室艺术中是不寻常的（帕特·雷姆勒摄）

彩图 8　黄金宝座上有一个很大的王名圈，但上面写的不是图坦卡蒙，而是法老原来的名字——图坦卡顿（帕特·雷姆勒摄）

彩图 9　少年法老正用弓猎捕沼泽鸟，王后安赫塞纳蒙手持另一支箭（乔治·B.约翰逊摄）

彩图 10　少年法老将香膏倒在王后的手上。他们几乎总是在触碰着对方，彼此相爱，全神贯注（乔治·B.约翰逊摄）

彩图 11　在揭开石棺盖后，挖掘者第一次看到三个嵌套棺材中的第一个，这是世人从未见过的最为精美的类人棺（乔治·B. 约翰逊摄）

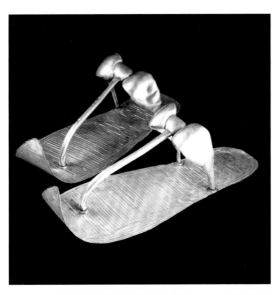

彩图 12　图坦卡蒙的黄金随葬凉鞋（乔治·B. 约翰逊摄）

彩图 13　卡诺皮克罐的罐盖通常会做成荷鲁斯之子的头像，其中一个是豺首的杜阿穆特夫（帕特·雷姆勒摄）

彩图14 最外层的神龛外面装饰着令人眼花缭乱的成对的"伊西斯结"和"奥西里斯柱",这些都是有魔力的护身符(格里菲斯研究所供图)

彩图15 在卡特发现图坦卡蒙的战车的15年前,他为西奥多·戴维斯在图坦卡蒙的曾祖父母尤雅和图雅的坟墓中发现的战车画了这幅画

彩图 16　发现图坦卡蒙的战车引起了轰动。哈里·伯顿拍摄的战车的彩色照片最早出现在法国的《画报》杂志上

彩图 17　鹰神荷鲁斯头顶太阳圆盘，被固定在法老战车的主杆上，这是世界上第一个"引擎盖"上的装饰品（《画报》）

彩图 18　木箱上的彩绘将图坦卡蒙描绘为击败努比亚人的战士

彩图 19　已故的图坦卡蒙身着奥西里斯的斗篷，图右是继任者艾伊法老。艾伊身着大祭司的豹皮，用一件礼器触碰图坦卡蒙的嘴唇，保证已故法老在下一世拥有呼吸和生命（帕特·雷姆勒摄）

彩图 20　艾伊的王名被重新绘制过，象形文字有涂改的痕迹，为什么？（帕特·雷姆勒摄）

彩图 21　图坦卡蒙的灵魂或精神替身"卡"穿着短褶裙。当陵墓第一次被发现时，短褶裙上共有 24 条褶皱；而在 1936 年前后拍摄的一张照片显示它有 27 条褶皱。这是为什么？

彩图 22　艺术家威妮弗雷德·布伦顿创作埃及国王系列肖像时，绘制了一幅手持匕首的图坦卡蒙肖像画

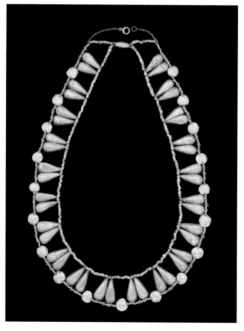

彩图 23　伦敦佳士得拍卖会上的一条项链似乎是用从图坦卡蒙陵墓中发掘出来的珠子制成的

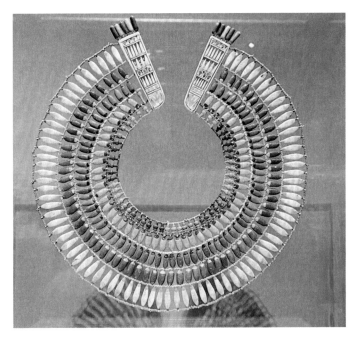

彩图 24 大都会艺术博物馆收藏的宽项圈与从图坦卡蒙陵墓中发现的宽项圈相似，后被证实其确实出自少年法老的陵墓

彩图 25 在开罗的艾哈迈德·苏利曼商店，游客可以买到图坦卡蒙香水（帕特·雷姆勒摄）

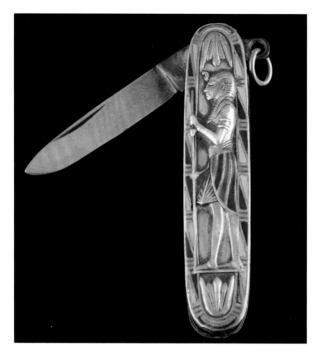

彩图 26　在开罗的艾哈迈德·苏利曼商店，游客也可以买一把守护神雕像造型、制作精美的图坦卡蒙铅笔刀（帕特·雷姆勒摄）

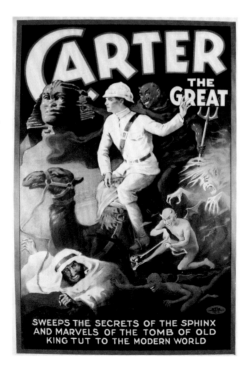

彩图 27　魔术师查尔斯·卡特印刷了巨幅海报，利用自己的姓氏将表演与埃及联系起来

彩图 28　纽约大都会艺术博物馆以超过 1500 美元的价格销售塞尔凯特雕像的复制品

彩图 29　人们可以买到纽约布鲁克林制造的图坦卡蒙男式古龙香水（帕特·雷姆勒摄）

彩图 30 "图坦卡蒙的派对"混装点心被装在金字塔造型的盒子里，盒子上是跳舞的法老（帕特·雷姆勒摄）

第一部分

***

陵墓的历史

世间奇妙。

——霍华德·卡特

第一章

·

失而不得

布置你在山谷中的栖身之地，
你的尸体掩于陵墓；
它屹立于你目光所及的身前……
仿效那伟大的逝者，
他们在陵墓里安息。

——抄写员阿尼，公元前 1400 年

就在图坦卡蒙生活的时代之前的 1000 年，约公元前 2400 年，法老们都被埋葬在埃及北部的金字塔中。这是他们为来世所做的准备。彼时的人很难想象，一个法老的陵墓会遭到盗掘。但是，在数个世纪之后的动乱年代，盗墓贼潜入金字塔偷走了宝藏。千年之后，在法老图特摩斯一世（Tuthmosis I）统治期间，金字塔俨然成了盗墓贼的方向标，公开指引着宝藏的所在之处。寻找一种与以往不同且更安全的方式埋葬埃及法老变得迫在眉睫。

"无人看见，亦无人听见"

破解难题之人的名字我们已经知晓了，一位名叫艾纳尼（Ineni）的建筑师。他的墓葬毗邻帝王谷，而且他的自传就刻在墓壁上以示众神，期望来世能够获得回报。作为图特摩斯一世法老"陵墓的督造者"，艾纳尼可谓至关重要，而前者正是比少年法老图坦卡蒙早200年的祖先。在艾纳尼的所有成就中，最令其自豪的就是为法老建造了一座永远不会被盗掘的陵墓。解决问题的关键在于保密。不再有夸耀卖弄的金字塔，正如艾纳尼在墓壁上的题刻："我独自检视崖墓的开凿，无人看见，亦无人听见……这是我心之所向，智慧是我的美德，无须长者下达命令。多年以后，那些仿效之人将因我的智慧而赞美我。"[1]艾纳尼的选址正是帝王谷，而且他是对的。他的追随者们模仿了他为法老所做的一切。

帝王谷是地球上最不适宜居住的地方之一。那里寸草不生，到了夏天，气温甚至会超过50摄氏度，白色石灰岩的耀眼光芒令人目眩。即便是在图坦卡蒙时期，帝王谷也同样不适宜人类居住。这就是为什么艾纳尼会选择此地来埋葬他的法老。

这里是隐匿陵墓的完美地点。没有水，没有植被，更没有人愿意待在那里。四周的峭壁和唯一的入口易于守卫，山谷中单调的白色石灰岩，轻而易举地便能使陵墓隐藏在贫瘠的景观中，并在几个世纪后逐渐被遗忘。

公元前1世纪中叶，当希腊旅行家狄奥多罗斯·西库卢斯（Diodorus Siculus）造访帝王谷时，底比斯（Thebes）的祭司告诉他，他们的名单上记录了47座陵墓，但只有15座仍然可见，其余的陵墓都遭到了盗墓贼的破坏。[2]1000多年后的1739年，英国牧师理查德·波科克（Richard Pococke）乘船沿尼罗河而上，抵达帝王谷，但他只找到了9座可以进入的陵墓。[3]波科克是出版第一幅帝王谷地图的人，原本的冒失之举，却成了一个开端。在这之后，拿破仑·波拿巴发起了又一次重要的帝王谷远征。

拿破仑在埃及

在 1798 年拿破仑率军入侵埃及之际，随行的科学家们就向欧洲世界描绘了埃及的奇观。不久，他们成立了埃及研究所，用以研究他们刚刚入侵的国家。在研究所的第一次会议上，拿破仑向科学家们提出了极为平常的问题：埃及能制造火药吗？净化尼罗河水的最佳方法是什么？那里能生产葡萄酒吗？ [4] 当然，科学家们也可以自由地研究他们自己的课题。科学探险队中最年轻的成员之一，年仅 18 岁的工科学生爱德华·德维利耶（Édouard Devilliers），跟随教授一起来到这里。他随身携带着课本，1798 年 10 月在开罗通过考核成为一名土木工程师。随军征伐的大部分时间里，德维利耶都在与 21 岁的工程师让 – 巴普蒂斯特·普罗斯佩·若卢瓦（Jean–Baptiste Prosper Jollois）合作，在他们的叙述中，男孩们似乎忘记了建造桥梁和道路的任务，而是爱上了文物古迹。他们最值得称道的成就，就是绘制了著名的丹德拉黄道带（Dendera Zodiac）的第一幅精确图纸，这幅雕刻在天花板上的埃及星座图在巴黎引起了轰动。然而，对于我们的故事而言，更重要的是，男孩们对帝王谷进行了第一次专业测绘，甚至发现了一座新的陵墓。

当拿破仑的军队进入埃及时，帝王谷里已有 11 座被打开的陵墓。年轻的工程师们探索了帝王谷偏远的西部支脉，他们在峭壁上发现了一个小洞，然后爬了进去。德维利耶和若卢瓦手持蜡烛，透过黑暗，窥视到了众神之中一位法老的生动壁画。当时，他们并不知道，他们发现了图坦卡蒙的祖父阿蒙霍特普三世（Amenhotep III）的陵墓。男孩们在陵墓的地面上发现了小型雕像，有的是木雕，有的是陶瓷制品。而他们依然不知道自己发现了什么。古埃及人相信，来世与今世相似，甚至会更好。德维利耶和若卢瓦所发现的雕像是供法老驱使的仆役俑。每年，当尼罗河水漫过河岸时，全埃及的农民便会被召集起来，从尼罗河内陆挖渠以灌溉土地。在来世，当你的名字被召唤时，这些小雕像便会作为你的替代者而工作。在它们的正面还写着咒语："当召唤我的名字到田中劳作时，以我之名回答'我在这里！'"。[5]

　　这些小型雕像手持农具，肩上挂着一袋袋种子。由于这些仆役俑代表亡者，所以它们被称为巫沙布提（ushabtis），这一名字源自古埃及单词"wesheb"，意为"应答"。德维利耶和若卢瓦将一些雕像作为纪念品带回家。时至今日，德维利耶的后代仍保留着他带回法国的四尊巫沙布提俑。这两位年轻的工程师还发现了绿色片岩质地的阿蒙霍特普三世小型头像，该头像现藏于卢浮宫。[6] 这两位年轻的工程师、冒险家的工作，可以参见《埃及记述》（*Description de l'Égypte*）一书，这是一部由科学探险队的学者们返回法国后创作的不朽著作，书中详尽描述了科学家们在埃及的所见所闻。书中收录了11 卷巨幅版画，其中许多是德维利耶和若卢瓦的作品，如图坦卡蒙祖父的第一幅肖像画和若干法老的巫沙布提俑的插图。[8] 两位年轻的工程师还出版了帝王谷地图，自豪地将他们发现的陵墓标注其上（图 1.1）。

图 1.1　拿破仑的工程师绘制的第一幅帝王谷地图（帕特·雷姆勒摄）

在战争期间，两位年轻人在枪林弹雨中冒着生命危险勘测和记录陵墓，他们对帝王谷的仓促勘察足可视为一项了不起的成就。德维利耶和若卢瓦绘制了帝王谷的第一幅精确的墓葬分布图，却不知道这些墓葬为谁所有。直到 20 年后，他们的同胞让－弗朗索瓦·商博良（Jean–François Champollion）破译了象形文字。

不请自来的帕多瓦巨人

在拿破仑远征后的几十年里，前往帝王谷寻宝的冒险家络绎不绝。19世纪初，乔瓦尼·贝尔佐尼（Giovanni Belzoni）在帝王谷进行了第一次大规模的挖掘。身高两米的贝尔佐尼原本是一个意大利马戏团的大力士，在受训成为水力工程师后，摇身一变成了冒险家，前往埃及去追逐财富了。从 1815 到 1819 年，贝尔佐尼沿着尼罗河自上而下发掘遗址。他不仅是近代进入埃及第二大金字塔——卡夫拉金字塔的第一人，也是走进拉美西斯大帝（Ramses the Great）在遥远的努比亚（Nubia）建造的阿布辛贝尔神庙（Abu Simbel）的第一人。[9] 为了搜罗能够带走并贩售的埃及文物，贝尔佐尼首先盯上了帝王谷附近的一处贵族陵墓。这趟陵墓之旅在他的笔下成为一场终极冒险：

> 这还不算完。尸体所在的入口或通道被乱石阻断，从天花板上方滑落的流沙快要把整个通道填满了。有的地方只容得下一只脚，而你不得不像蜗牛一样，在玻璃般尖锐的石头上缓慢爬行而过……手持蜡烛或火把的阿拉伯人，赤身裸体，满身灰尘，他们自己就像活生生的木乃伊，这个场景简直难以形容。我发现自己有好几次陷入此种形势，而且常因筋疲力尽而昏倒过去，直到最后渐渐习惯，我才对自己所受的痛苦变得麻木，除了那令人窒息的灰尘。不幸中的万幸，我失去了嗅觉，否则我将不得不尝尝那

令人厌恶的木乃伊味。就是在这样的地方，我走了五十码①、一百码、三百码，甚至六百码，就在快要到出口处，我找到一处可以休息的地方，然后设法坐了下来。但当我靠在一个埃及人的身上时，它却像一个硬纸盒似的被压垮了。我想用双手支撑起身体，却无处着力，直到最后完全陷入支离破碎的木乃伊之中，骨头、破布和木箱哗啦一声，扬起了一团尘土，我一动不动地躺了一刻钟，直至一切重归平静。[10]

　　结束了这场冒险后，贝尔佐尼动身前往帝王谷寻找宝藏。王陵开凿于山谷的峭壁之上，势必会有大量石屑被移除并倾倒在陵墓之外，数千年来，这些石屑一直未被发现。贝尔佐尼正是通过这些碎石堆找到了陵墓所在。许多陵墓的入口被堆积物覆盖，难以寻觅。悬垂的峭壁坍塌后会掩盖住入口，暴雨穿过山谷时，也会携卷着淤泥、沙子和巨石堵塞入口。随着时间的推移，这些陵墓逐渐被碎石填满，长达几个世纪之久。贝尔佐尼阅读过造访帝王谷的古代旅行家所留下的记述，但他并不相信地理学家斯特拉波（Strabo）之言。比贝尔佐尼早了近2000年到达帝王谷的斯特拉波写道，当他到达那里时，祭司告诉他那里有47座陵墓。然而贝尔佐尼只看到了11座陵墓。

　　贝尔佐尼雇用了大约20名当地工人，他们挖掘了最有可能有宝藏的地点，尽管发现了几座陵墓，但它们都在古时就被劫掠一空。其中最美丽的当数拉美西斯大帝之父塞蒂一世（Seti I）的陵墓。墓壁上刻有咒语以确保塞蒂一世安全地通向来世。《门之书》（*The Book of Gates*）、《赞美西方的太阳神》（*The Book of Praising Re in the West*）和《冥世之书》（*The Book of What Is in the Netherworld*）则绘有协助塞蒂一世战胜敌人的众神画像。[11] 墓室上方绘有天象图，勾勒出了深蓝夜空中的众多星座。贝尔佐尼沉醉于陵墓的绚丽色彩，它们明艳得仿若还在塞蒂一世被安葬的那一天。他花了

---

① 1 码等于 0.9144 米。——编者注

整整一年的时间拓印壁画雕刻，以便为在伦敦举办的埃及陵墓展制作复制品。这场展览引起了轰动，在整个欧洲掀起了一股埃及热。

尽管陵墓早就被洗劫一空，贝尔佐尼还是在里面找到了一些有交易价值的文物。墓室内摆放着一具刻有精美纹饰的石棺，塞蒂一世正安息其中（见彩图1）。贝尔佐尼用饱含诗意的笔触如是描绘：

> 这具石棺以品质最优的雪花石膏制成……对于这件美丽而珍贵的古代文物，我只能说，任何欧洲所见的埃及文物都无法与之媲美。[12]

贝尔佐尼没有夸大其词。它的确是一件令人叹为观止的杰作。贝尔佐尼把石棺从陵墓里拖了出来，拉到尼罗河，再运往英国出售。他本打算把石棺卖给大英博物馆，但是3000英镑的价格对于博物馆而言实在太高了，最终，贝尔佐尼把它卖给了古董商约翰·索恩（John Soane）。如今，它是伦敦约翰·索恩爵士博物馆的明星展品。塞蒂陵墓是贝尔佐尼的伟大发现，除了出售塞蒂一世的石棺之外，他还举办了一次非常成功的墓葬壁画复制品展览。但贝尔佐尼不知道的是，就在距离塞蒂墓不到百米的地方，沉睡着有史以来最伟大的考古发现——图坦卡蒙陵墓。事实上，贝尔佐尼甚至都不知道图坦卡蒙其人。

在贝尔佐尼之后，不乏其他寻找宝藏的冒险者光顾帝王谷，但他们全都失望而归。冒险者们不仅没找到宝藏，甚至连法老的木乃伊都没有丝毫发现。几个世纪以来，陵墓一直被劫掠，但从未有人发现木乃伊，因为盗墓贼肯定会留下对其而言毫无价值的尸体。那么，埃及的法老究竟在哪里？

王室木乃伊的真面目

19世纪70年代，卢克索（Luxor）的古董店里开始出现刻有埃及法老和王后之名的精美文物，有关王室木乃伊之谜的答案也随之浮出水面了。这些珍稀艺术品开始流入市场之时，正值埃及政府因修建苏伊士运河而破产，外国列强因埃及对其负债而成为埃及真正的控制者。法国负责古物管理，奥古斯特·马里耶特（August Mariette）是新成立的古物管理局的首任局长。他的最大贡献之一，就是试图阻止几十年来列强对埃及文物的掠夺。

马里耶特担任古物管理局局长时，出现在古物市场的优质王室文物，吸引了来自世界各地的收藏家和博物馆馆长。甚至连马里耶特本人也被迫为新的博拉克博物馆（Boulaq Museum）购买了两本《亡灵书》，这两部古老而宏大的杰作险些被其他人买走并带离埃及。[13] 马里耶特下定决心，要在所有文物流失或破坏殆尽之前找到它们所出自的陵墓，但直到1881年他去世前，也没能来得及完成这项调查。他的继任者加斯顿·马斯佩罗（Gaston Maspero）将文物搜寻列为首要任务，并最终发表了一篇有关发现的情况的文章。[14]

文中的证据指向了阿布德·艾尔·拉苏尔（Abd er Rassouls）家族，这是一个住在帝王谷附近的盗墓贼家族。经过紧张激烈的审问，拉苏尔兄弟中的一人，将马斯佩罗的助手埃米尔·布鲁格施（Émile Brugsch）带到一条可俯瞰帝王谷的蜿蜒小路。在距离哈特谢普苏特女王（Queen Hatshepsut）神庙废墟不到两千米的无人区，一列柱状岩石拔地而起。就在一处岩石底部的附近，有一个差不多3米长、2.5米宽的长方形竖井，垂直向下延伸了约12米。在将一根棕榈木置于坑顶并固定好绳索后，拉苏尔和布鲁格施依次下到井内。[15] 当年轻的助手从井底的入口挤进去时，他首先看到的是一具巨大的棺椁，在它后面还有三具棺椁，右边的棺椁旁边是一条墓道，绵延20多米直至基岩。墓道中散落着数百个亮蓝色的小型陶质巫沙布提俑，它们作为下世的仆人与死者一起下葬。布鲁格施对此大感惊奇：

很快，我们就发现了装有瓷质随葬品、金属和雪花石膏器皿、帷幔和小件饰物的箱子，直至走到墓道的拐弯处，一堆木乃伊箱子映入眼帘，数量之多，让我大吃一惊。[16]

此外，还有装着四个罐子的卡诺皮克箱，在制作木乃伊时，死者的器官会被置于罐中。古埃及人认为，当复活时，罐子和箱子上的咒语将帮助死者重新组装身体，从而在来世获得完整的躯体。

墓道通向一间五米见方的墓室，里面几乎全是华丽的棺椁。布鲁格施不过是博物馆的一名助理，并非伟大的学者。但他在开罗期间，曾跟随他那学识渊博的哥哥海因里希（Heinrich）修习埃及学课程。借着昏暗的烛光，布鲁格施开始识读棺椁上的名字：阿蒙霍特普一世（Amenhotep I）、图特摩斯一世、图特摩斯二世（Tuthmosis II）和图特摩斯三世（Tuthmosis III），他们都是埃及第 18 王朝的法老，图坦卡蒙的祖先。旁边则是埃及第 19 王朝的法老：拉美西斯一世（Ramses I）；他的儿子塞蒂一世——贝尔佐尼在 75 年前就发现了他的陵墓；然后是塞蒂杰出的儿子拉美西斯二世，也就是众所周知的拉美西斯大帝。迄今为止，从未被世人发现的法老木乃伊，一下子就被布鲁格施找到了 12 具。而且，还有更多的王室成员正在墓室后面等着他。

最后一间墓室里安息着埃及第 21 王朝的法老和王后，为这个王室所有的《亡灵书》已经出现在了古董市场上。这里发现了皮涅杰姆二世（Pinedjem II）、赫内托韦王后（Queen Henettowey）和这个威严家族的其他成员的木乃伊。[17] 这一切都让布鲁格施百思不得其解。不同朝代的法老和王后的木乃伊是如何被埋葬在一起的？这就好比英格兰的诺曼国王和都铎国王在同一个墓穴里被发现，实在是说不通。

埃及学家最终拼凑出了整个故事。到了第 20 王朝，也就是图坦卡蒙被安葬在帝王谷的两个世纪后，帝王谷中的大部分陵墓都被洗劫一空了。直至第 21 王朝，对帝王谷的一次官方检查才揭露了猖獗的盗掘行为。与其继续徒劳地去保护这些孤立的陵墓，还不如将被亵渎的法老尸体加以修复、重新包裹、贴上木质标签，在必要时放入新的棺椁，再将其转移到秘密的公共墓穴，于是 3000 多年来它们一直安然无恙。代尔巴赫里停灵庙（Deir el Bahri）是法老皮涅杰姆二世的杰作，他确信尸身在此不会遭到盗窃，因而将其作为自己的坟墓。在木乃伊上和竖井底部用黑色墨水书写的铭文表明，在皮涅杰姆下葬当天，塞蒂一世和拉美西斯二世的尸身与他一同下葬，并在那里保存了 30 个世纪之久。[18]

代尔巴赫里停灵庙的发现虽然重要且独特，但却鲜有文献记载。在陵墓里待了两个小时后，布鲁格施意识到，蜡烛可能会点燃干燥的木质棺椁，于是便很快离开了。随后，布鲁格施决定将这些木乃伊、巫沙布提俑和其他随葬品尽快转移到开罗。附近的村民多年来都以盗墓为生，一旦他们得知将会有何种巨大的损失，后果将不堪设想。布鲁格施没有时间去记录每个棺椁所在的位置，没有拍摄一张照片，也没有绘制出土遗物图。两天之内，所有的棺椁、木乃伊、卡诺皮克箱和其他随葬品都被吊至地面。随后，300 名男子将这些珍宝从帝王谷运至尼罗河，在那里，它们被搬上蒸汽船，准备送往开罗。当村民们得知王室珍宝已被装运上船，妇女们站在尼罗河畔哀哭，就像他们的先祖缅怀去世的法老那般。

王室木乃伊刚一抵达开罗博物馆，便立刻引起了轰动。过去，从未有人凝视过任何一位法老的面容，现在竟然有 12 位之多。布鲁格施只打开了其中的一具木乃伊，那是最伟大的法老——图特摩斯三世。这具被埋葬在帝王谷的木乃伊曾惨遭盗掘，经过第 21 王朝的防腐师的重新包裹，在代尔巴赫里停灵庙重新入葬。就在那里，它在拉苏尔家族的手中遭到了最后一次亵渎。盗墓贼在法老的心脏部位的裹尸布上挖了一个洞，以便找到极为畅销的心脏圣甲虫。这些巨大的甲虫形护身符覆于心脏之上，以确保心脏永远跟随逝者。拉苏尔家族一定以为，这样一具精心包裹的木乃伊应该会有珍贵的银质或金质心脏圣甲虫。但他们没有想到，木乃伊早在 3000 年前就已遭到偷盗，即便有珍贵的护身符，恐怕也早已被拿走了。

　　当布鲁格施和同事们打开图特摩斯三世的木乃伊时，他们成为现代首次目睹法老面容之人，然而，所见景象却令人震惊。法老的尸体形状可怖。因为遭到古代盗墓贼的破坏，法老的头部与身体已经分离（图 1.2），腿部和手臂脱节，双脚也在脚踝处断裂了。[19] 布鲁格施进行了一次粗略而快速的尸检，但一无所获，然后就停了下来，或许是担心其他木乃伊的保存状况同样糟糕。

　　在接下来的几年里，对王室木乃伊的大部分研究都是在破译那些标记，通过它们，可以识别被重新包裹的法老。最终，大多数的木乃伊在博物馆被打开，不少贵宾出席了这项活动（见彩图 2）。法老们的脸被拍了下来，很快，游客们就将印有拉美西斯大帝头像的明信片寄回家中。作为《出埃及记》中的法老，拉美西斯大帝可能是《圣经》中唯一一张能为世人看到的面容。

　　埃及学家对"王室停灵庙"的发现激动不已，但学者们随之发现其中还是缺失了部分法老。很久以前，商博良就破译了埃及象形文字，语言学

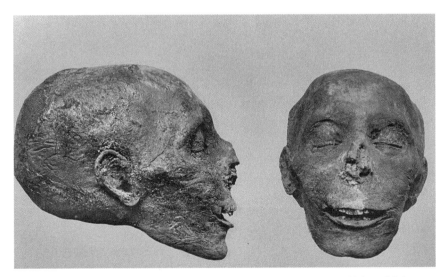

图 1.2　埃米尔·布鲁格施打开图特摩斯三世的木乃伊，这是现代人首次见到法老的面容

家翻译出了神庙墙壁上雕刻的法老名单。几乎所有法老的名字都已被知晓了，但他们并没有全部出现在代尔巴赫里停灵庙中。德维利耶和若卢瓦发现了阿蒙霍特普三世的陵墓，但他的木乃伊不在墓穴之中。还有第18王朝至21王朝的法老的木乃伊仍下落不明。它们究竟在哪里？

第二处王室停灵庙

1886年，马斯佩罗辞去了古物管理局局长的职务，维克托·洛雷（Victor Loret）接替了他的位置。[①] 洛雷决定对帝王谷进行一次全面调查，这次调查的发现包括图特摩斯三世的陵墓，他的木乃伊已经在代尔巴赫里停灵庙中被发现。那是一座精美绝伦的陵墓，墓室内绘有壮观的壁画，但此次调查更重要的发现是其子阿蒙霍特普二世（Amenhotep II）的陵墓。

当洛雷第一次踏进阿蒙霍特普二世的陵墓时，便立刻意识到它曾遭劫掠。地上满是破碎的巫沙布提俑和刻有阿蒙霍特普二世之名的木头碎片。墓内到处都是碎石，洛雷越爬越深。他看到了法老需要的通往来世的残破模型船，以及法老的镀金雕像碎片。随后，烛光落在了令他意想不到的事物上。

> 我拿着蜡烛向前走到了两根柱子之间，却看到恐怖的景象，船上躺着一具尸体，全身黢黑，丑陋不堪。它那张歪扭的脸朝向我，注视着我，头上长着稀疏的棕色长发。我做梦也没想到，这竟是一具未包裹的木乃伊。它的腿和手臂似乎被捆住了。胸骨上有个洞，颅骨上有一道缺口。这难道是一个殉葬者？或者是一个盗墓贼，因分赃不均而被同伙谋杀？还是被盗墓贼杀害的士兵或警察？[20]

---

① 此处疑为作者笔误，维克托·洛雷是1897年接任第五任古物管理局局长的，对帝王谷全面调查的时间应为1898年。——编者注

洛雷对木乃伊知之甚少，也缺乏想象力。其实他看到的是一具王子的木乃伊，王子在下葬后不久就受到了盗墓贼的侵扰，用于防腐的油和树脂在当时还是液体。盗墓贼把尸体放在了一艘模型船上，油脂凝固之后便把王子粘住了。

洛雷遭遇木乃伊时的过度反应并不是稀罕事。代尔巴赫里停灵庙里曾发现了一具未贴标签的木乃伊，被称为无名男子 E，多年来，无名男子 E 一直被认为是被活埋的，因为他看起来像在痛苦地尖叫。这具木乃伊已经有一个世纪未在人前显露了，就在几年前，它的棺椁出现在埃及博物馆的展柜中。经馆方允许，我从棺椁里取出了木乃伊，并对其进行了初步检查。[21] 事实上，所有关于痛苦呼喊和被活埋的猜测都是不常和木乃伊打交道的人的过度反应。木乃伊张开嘴部是很常见的现象。历经数千年的时间，肌腱和韧带会断裂，下颌（下颚）会下垂，因此嘴部张开也是很自然的。事实上，对无名男子 E 的检查表明，他曾被仔细小心地下葬。

洛雷的神经紧绷，但他对地下木乃伊世界的冒险还没有结束。恢复镇静之后，他继续向陵墓深处走去，最终到达一间墓室，墓室里放置着一具没有盖子的石棺。洛雷向石棺里望去，看到了一具棺木，棺木的头部和足部均饰有花环。里面躺着的是阿蒙霍特普二世的木乃伊，这是迄今为止发现的第一具仍在其原始墓穴中的王室木乃伊。

洛雷开始检查墓室旁的四间侧室。三间小型墓室里有法老的雕像、法老来世所需的圣油瓶、去往来世的模型船，以及肉和水果。就在其中一间侧室里，洛雷再次感到震惊：

> 我们走向右边的几间墓室。走进第一间墓室便看到了十分怪异的景象：三具尸体并排躺在左侧的角落，他们的脚指向门。墓室的右半部分放满了小型棺椁，上面是木乃伊状的盖子，还有涂有树脂涂层的木质陪葬雕像。这些雕像被置于棺内，显然，

盗墓贼打开棺椁后并未发现任何宝藏，便将雕像随意地留在了里面。

我们走近那些尸体。第一具似乎是一个女人。厚厚的面纱遮住了她的前额和左眼。她那残破的手臂放于身侧，指甲上翻。破烂的裹尸绑带所剩无几。浓密的黑色卷发在头部两侧的石灰岩地板上散开。她的面容保存完好，透出一丝高贵与庄严。

中间的木乃伊是一个大约15岁的孩子。身体赤裸，双手合十置于腹部。他的头看起来几乎是秃的，但仔细一看发现，除了右太阳穴处留着一束漂亮的黑发外，其他地方的头发都是被剃光的。这正是被称为荷鲁斯之锁的王子的发型。我立刻想到了韦本森努王子（prince Webensennu），他是阿蒙霍特普二世至今不为人知的儿子，我在大厅里注意到了他的随葬雕像，后来又找到了卡诺皮克罐的碎片。年轻的王子脸上满是笑意和顽皮，丝毫让人无法联想到死亡。

靠墙的最后一具尸体似乎是个男人。他的头发全部剃光了，离他不远的地方有一顶假发。男人的脸上露出可怕又滑稽的表情。嘴巴从一侧斜向脸颊中间，嘴里咬着一块亚麻布，亚麻布的两端从唇角垂下来。半闭着的眼睛流露出一种奇怪的表情，他可能是窒息而死的，看起来就像只叼着一块布的顽皮小猫。死神对女人的庄重美丽和男孩的顽皮优雅予以尊重，转过头来却嘲笑那个男人的表情，并以此自娱。

值得注意的是，就像船上的那具尸体一样，这三具尸体的颅骨也都被凿了一个大洞，每个人的胸部都被打开了。[22]

侧室的三具木乃伊和船上的那具木乃伊遭遇相似，也出自那些按部就班的盗墓贼之手。为了找到珠宝，盗墓贼会先砍开木乃伊头部的裹尸布，再迅速剥开外层的亚麻布，打开木乃伊的胸部以便寻找心脏圣甲虫，故而，所有的尸体都有着类似的损坏。洛雷对这四具木乃伊的身份没有清晰的概念，其判断也必然是混乱的。他描述的裸体男性很明显是个年轻的女性。时至今日，仍未确定侧室中三具尸体的身份。有赖于图坦卡蒙陵墓的惊人发现和现代技术，直至一个世纪之后，陵墓中的一具木乃伊的身份才最终被确定。那具木乃伊是图坦卡蒙的祖母，详情书中稍后会介绍。

在发现三具木乃伊后，洛雷的冒险之夜仍未结束。墓室的一间侧室以石灰石块密封，只在天花板附近有一处小的开口。洛雷爬到开口处，凭借微弱的烛光勉强辨认出了九具棺椁，六具整齐地靠在墙上，三具置于前方。这是他所能看到的，也是他所能处理的。于他而言，那是一个未能找出九具木乃伊真相的夜晚。

洛雷或许会因深夜徘徊于木乃伊之间而感到不安，但他是一位谨慎的埃及学家。在接下来的几天里，他仔细地绘制了陵墓图，并清理了随葬品。完成所有工作后，洛雷才拆除了堵住侧室入口的墙，以确定九具木乃伊的身份。他发现了萦绕在所有人心头的失踪法老：图特摩斯四世（Tuthmosis IV）、阿蒙霍特普三世、麦伦普塔赫（Merenptah）、西普塔（Siptah）、塞蒂二世（Seti II）、拉美西斯四世（Ramses IV）、拉美西斯五世（Ramses V）、拉美西斯六世（Ramses VI），以及一名身份不明的女性。现在，埃及第 18 王朝至 21 王朝的大多数法老已被发现。

正如代尔巴赫里停灵庙的王室木乃伊一样，阿蒙霍特普二世陵墓中的这些木乃伊是被埃及第 21 王朝的一位法老所收集的，以保护它们免受亵渎。塞蒂二世木乃伊的绑带上，讲述了阿蒙霍特普二世墓中的诸多木乃伊悲伤故事的来龙去脉。在皮涅杰姆一世（Pinedjem I）统治的第 12 年，冬季①第 4 个月的第 6 天，法老将被蹂躏的王室尸体重新包裹，放在阿蒙霍特

---

① 古埃及曾根据尼罗河泛滥时间和农业生产情况，把一年分为三季：洪水季、冬季（生长季）和夏季（收获季），每季 4 个月。——编者注

普二世的墓中保管，直到被洛雷发现。[23]

现在，几乎所有新王国的伟大人物都有了交代。图坦卡蒙仍然不知所终，但没有人真正关心他。他是一个连埃及学家都不知道的神秘人物，没有留下庙宇，没有事迹记录，也没有雕像，研究者们甚至不清楚他是否真的存在过。但这怎么可能呢？

渺无影踪的法老

图坦卡蒙是如何从历史中彻底消失的，答案就在距开罗以南650千米的一座城市——"圣城"阿比多斯。这里是古埃及最神圣的城市之一，冥王奥西里斯（Osiris）赋予了这座城市特殊的地位。在古埃及神话中，奥西里斯被他邪恶的兄弟赛特（Set）杀死并肢解，碎尸散落在尼罗河中。奥西里斯的遗孀女神伊西斯（Isis）悲痛万分，取回丈夫的尸块后重新进行组装，再用强大的魔法将其复活。最终，她的丈夫成为第一个征服死亡的人，并化身为冥王。传统观点认为，奥西里斯被埋葬在了阿比多斯。这一观点使得这座城市成为所有埃及人都想去的朝圣地，并为奥西里斯献祭。人们认为，献祭后将获得奥西里斯的允许前往来世，也会和奥西里斯在西方获得永生。

在图坦卡蒙去世50年后，塞蒂一世成为法老。他在圣城阿比多斯建造了一座神庙，将其奉献给奥西里斯。和埃及的其他寺庙一样，它建有先贤厅，在帝王年表上罗列了从埃及第一位法老梅内斯（Menes）到塞蒂一世本人。[24] 这就是埃及的法老们彰显其高贵血统的方式。

在阿比多斯神庙的先贤厅里，刻有法老名字的王名圈覆盖了整面墙（图1.3）。在王名圈的左侧，我们能够看到塞蒂一世和他的小儿子（即拉美西斯大帝）正在举行年度仪式。他们每年会进入先贤厅一次，站在王名圈前，念诵祖先的名字。古埃及有句谚语，"说出死者的名字使之复活"，这正是塞蒂一世和年轻的王子所做的事。墙壁上刻着我们熟知的所有名字：

图 1.3　阿比多斯神庙的帝王年表上有 76 位法老，但未见图坦卡蒙的名字 ［克拉克·哈金斯（Clark Haskins）摄］

萨卡拉阶梯金字塔（Step Pyramid of Saqqara）的建造者佐塞尔（Zoser）、吉萨大金字塔的建造者胡夫（Khufu）、伟大的勇士法老图特摩斯三世，这些耳熟能详的名字都位列其中，直到塞蒂本人。

　　帝王年表以时间顺序排列，因此很容易找到某位法老的名字。如果想找到图坦卡蒙，我们只需沿着墙走到列有埃及第 18 王朝，即图坦卡蒙王朝的法老那一部分。我们可以看到伟大的建设者，图坦卡蒙的祖父阿蒙霍特普三世。其子阿赫那顿（Akhenaten）应紧随其后，但阿赫那顿没有出现。图坦卡蒙应该是下一个，同样也没有出现。我们知道在图坦卡蒙之后是法老艾伊（Aye），他曾是阿赫那顿的大臣，他也失踪了。阿蒙霍特普三世之后的名字是霍伦海布（Horemheb），他是埃及第 18 王朝末期夺取政权的将军。帝王年表从阿蒙霍特普三世直接到了霍伦海布，仿佛阿赫那顿、图坦卡蒙和艾伊从未存在过。

镌刻阿比多斯神庙的帝王年表时，仍然有一些曾在图坦卡蒙统治下生活过的人还活着，有人还记得他。但为什么他没有被列入埃及的法老之中？

异端法老阿赫那顿

图坦卡蒙陵墓或埃及的其他任何地方，都没有记载图坦卡蒙的父亲是谁，但我们有一个还不错的想法，他就是通常被称为"异端法老"的阿赫那顿法老。[25] 图坦卡蒙的祖父阿蒙霍特普三世去世时，其子阿蒙霍特普四世继位，埃及随之发生巨变。这位新的法老为自己竖立起巨大的雕像，这

图 1.4　图坦卡蒙之父阿赫那顿是唯一一位被刻画成畸形的法老（帕特·雷姆勒摄）

在埃及是前所未有的。法老被塑造得仿佛畸形一般，宽臀、窄胸、乳房突出，面部、手指和脚趾又细又长（图1.4）。[26] 其中一尊巨大的雕像展于埃及博物馆的一楼。游客们总是好奇地问："他怎么了？"为什么法老要把自己刻画成畸形？

几个世纪以来，法老们总是以人间之神的形象示人。他们是有着宽阔肩膀，身材健硕的战士，这一传统根深蒂固。假如没有铭文，有时很难通过雕像来区分法老的身份。正是阿赫那顿，彻底颠覆了埃及的艺术，而这仅仅是开始。

阿赫那顿初登王座时，他的名字还是阿蒙霍特普，就像他的父亲一样。但在执政几年之后，他就将名字改为阿赫那顿。这可不是一件小事。因为背后的寓意不同，名字在古埃及极为重要。阿蒙霍特普意为"愉悦的阿蒙神"，预示着法老会被阿蒙神青睐。阿蒙霍特普四世改名是对阿蒙神的冒犯，以阿赫那顿之名将其取代更加糟糕，因为此名意为"对阿顿（Aten）有益的人"。此举使得相对次要的阿顿神凌驾于阿蒙神之上，而后者在当时的埃及是至高无上的神祇。随之而来的最后一击，使图坦卡蒙在3000年里寂寂无闻——他那被视为异端法老的父亲，宣布阿顿神是唯一的神祇，并且关闭了埃及所有供奉其他神祇的神庙。

我们足以想象此举所带来的破坏力有多大。成千上万的祭司失业了。民众又该何去何从？他们一生都在向众神祈祷，并坚信这是至关重要的事。现在该怎么办？倘若没有冥王奥西里斯，还有永生吗？就在这一刻，世界发生了翻天覆地的变化，不再一如往昔了。阿赫那顿是有史以来第一位一神论者。在他之前，从未有人说过"只有一个神祇"。阿赫那顿比摩西携《十诫》下山的时代更早。回想一下，摩西下山时以色列人在做什么？他们正在崇拜金牛犊，仍然信仰多神教。阿赫那顿比基督诞生早了几个世纪，比"只有一个上帝，安拉就是他的名字"早了几千年。根据历史记载，一神论起源于埃及，始于图坦卡蒙的父亲阿赫那顿。

　　一神论塑造了我们的世界。正是一神论的出现，使人们有了致命的宗教分歧，想想十字军东征，或者圣战。一神论迫使实践者作出"非此即彼"的选择。你不能信仰两三个神，只能崇奉一个真神。如果有人崇奉另一个神，那么他就犯下了过错。顾名思义，一神论意味着分裂。如果你不相信我的神祇，那就是你的过错。这类问题在一神论出现之前并不存在。埃及人从未因宗教而与他国交战。他们从不否认异域神祇的存在，他们甚至会崇拜异域神祇。当拉美西斯大帝等待来自赫梯（Hittites）的新娘时，他向赫梯的风暴之神巴尔（Bal）献祭，祈求新娘的旅程平安。

　　那么，想象一下，一神论的引入对古埃及人来说是多么的令人不安，他们从未听过这样的概念，他们习惯于崇奉数百位神祇而不必选择。更何况这位新神既不为人熟知，也不受欢迎。阿顿神没有神庙，更糟糕的是，他与旧神不同。他不像奥西里斯那样以男人的形象出现，也不像伊西斯那样以女人的形象出现，甚至不像以动物形态出现的巴斯泰托（Bastet）女神。阿顿神的外形为日盘，是一个物体。[27]

　　这个新神是如此奇怪，甚至令埃及人生厌，以至于他们并没有急于加入法老的新宗教，他们仍然想崇奉旧神。因此，在阿赫那顿统治的早期，他决定离开底比斯（卢克索），去贫瘠的沙漠中营建一座新的城市。他打算建立一座新的首都，在那里只信仰阿顿神。阿赫那顿带领着约两万名追随者出走沙漠。阿赫那顿告诉人们，当他们行至卢克索以北 280 千米时，得到了阿顿神的神示，要他在此地停留并建造圣城。这并非阿赫那顿的幻觉，他的确看到了什么。一年中有好几次，太阳会在阿玛纳山（Amarna）的山阙中升起。（象形文字"地平线"由此衍生。）这就是为什么阿赫那顿将新城命名为阿赫塔顿（Ahketaten），即"阿顿的地平线"。

　　在阿顿的指示下，阿赫那顿在沙漠中建造了自己的圣城。[28] 在那里，他与美丽的妻子纳芙蒂蒂养育了六个女孩和一个男孩。正如我所指出的，名字在古埃及很重要，阿赫那顿给所有的孩子起的名字中都有"–aten"，如"贝凯塔顿"（Beketaten，即阿顿的仆人）、"梅利塔顿"（Meritaten，即阿顿的至爱）、"纳芙纳芙鲁顿"（Nefernerfruaten，即美丽无比的阿顿），等等；他为男孩取名为"图坦卡顿"（Tutankhaten，即阿顿的形象）。

异端者之子

因此，图坦卡蒙出生在阿玛纳，在阿顿教中成长，唯一所知的神祇就是阿顿，而且与埃及其他地区隔绝。在阿赫那顿决定在阿玛纳修建圣城时，他竖起了界碑来确定城市的界线。界碑所书铭文宣称，阿赫那顿永远不会离开新城，而且据我们所知，他的确从未离开过。由于法老隔绝于埃及的其他地区，致使他不能带领军队作战，也无法参与国家的具体治理，但他对此似乎毫不在意。阿赫那顿是一位宗教神秘主义者，这位缺席的统治者只专注于新宗教，而埃及此时却陷于危难中。[29]

当阿赫那顿在其统治的第 17 年，约公元前 1334 年去世时，埃及人不得不作出几项决定。首先，谁将成为新国王？似乎只有一种可能，因为阿赫那顿只有一位男嗣——十岁的儿子图坦卡顿。但图坦卡顿并非真正意义上的王室成员，纳芙蒂蒂王后不是他的生母。一种可能的猜测是，他的母亲是阿赫那顿的侧妻基亚（Kiya）。[30] 因此，为了巩固自己的王位，小图坦娶了与之年龄相仿、同父异母的姐姐安赫塞帕顿（Anhesenpaaten）为妻。不久之后，阿顿教被摒弃了，他们的名字也被改为图坦卡蒙和安赫塞纳蒙（Ankhesenamun）。

其次，新统治者是继续追随新宗教，还是回归旧宗教并返回底比斯？并不是所有迁居新城的法老追随者都感到满意。新宗教的信徒们在这座城市生活了十年，一直与埃及的其他地区隔绝，他们的亲朋没有随之而来。随着阿赫那顿这位宗教领袖的去世，未来充满了不确定性。人们很快便决定回归旧宗教，搬回底比斯。在作出这一决定后不久，阿玛纳就被遗弃了。

后来，整个城市都被拆除，所有土石在后来的营建工事中被用作填料。可见，图坦卡蒙之所以沉寂于历史，皆因他的父亲是试图征服埃及所有神祇的异端法老，与之有关的任何东西或任何人都被从历史上抹去了。这就是在阿比多斯神庙的先贤厅里，我们没有找到阿赫那顿、图坦卡蒙或艾伊的名字的原因。他们都被阿顿教异端所玷污。图坦卡蒙死后，他的名字从所有雕像上被凿去，他也从法老名录中被删除，仿佛从未存在过。他十几岁的妻子安赫塞纳蒙也是如此，至今，她的墓葬仍未被找到，如果真的存在的话。

第一次世界大战爆发前，德国考古学家在阿玛纳发掘的过程中，发现了著名的阿赫那顿之妻纳芙蒂蒂的雕像。在阿玛纳被废弃时，这尊雕像被遗留在雕塑家的工作室。没有人想要它，也没有人想留下 17 年动乱的纪念物。因此，在 19 世纪末失落的法老陵墓被发现时、代尔巴赫里停灵庙被发现时、古物管理局局长洛雷在阿蒙霍特普二世陵墓发现第二处停灵庙时，都没有人想到图坦卡蒙，因为他根本不为人所知。直到霍华德·卡特出现，一切都发生了改变。

第二章

——————●——————

最佳"非绅士"

就在洛雷在帝王谷发现第二批大规模的王室木乃伊时，年轻的艺术家霍华德·卡特正在几百千米外的一处遗址拓印墓壁上的铭文。卡特生于艺术之家，他的父亲主要是为富有的赞助人画肖像画。卡特是 11 个孩子中最小的一个，而且继承了父亲的天赋，当然，他还有几个兄弟也成了艺术家。多年来，卡特的父亲一直是阿默斯特勋爵家族（Lord Amherst's family）的肖像画师，当卡特还是个小男孩时，就陪同父亲去过阿默斯特勋爵收藏埃及文物的私邸迪灵顿大厅（Didlington Hall）。阿默斯特是埃及探索基金会的早期赞助人，这个英国协会旨在发掘和记录古埃及遗迹。其中一位发掘者需要艺术家帮助临摹埃及中部的贝尼哈桑（Beni Hasan）的墓葬壁画，便向阿默斯特夫人致信，询问她是否认识某位艺术家。他建议这位艺术家最好是"非绅士"，这样不仅比有良好教养之人更易差遣，还可以节省一些开支。[1] 年轻的卡特几乎没有受过正规教育，完全符合这一条件。阿默斯特夫人便推荐了这个 17 岁的男孩。卡特在大英博物馆度过了整个夏天，他的第一份工作就是临摹陵墓壁画。1891 年 10 月，他登上了一艘开往亚历山大港的轮船。

临摹首作

卡特很快就证明了他的能干与勤奋，而且在贝尼哈桑考古营地朴素的环境中也能自得其乐。他被雇来临摹墓葬壁画，因为它们时刻面临着人为和自然因素的破坏。在公元前 2000 年前后，图坦卡蒙出生前七个世纪，该地区的统治者在尼罗河西岸的峭壁上开凿了他们的墓穴。这些墓穴十分庞大，带有柱子。在墓穴的墙壁上，古代艺术家描绘了日常生活的场景。可以从中看到人们在田间劳作，成群的女杂技演员，栖息于湿地的鸟群，还有沙漠狐狸。贵族墓穴中的这些场景与法老墓葬形成了鲜明的对比。法老的墓葬中没有日常生活的描绘，帝王谷的陵墓里布满了宗教场景。临摹古埃及人日常生活场景是年轻的卡特对埃及学的入门，他表现得很好。对于一个十几岁的少年而言，他的画拥有惊人的魅力（见彩图 3）。当贝尼哈桑墓葬的出版物问世并将"霍华德·卡特先生"列为绘图者时，他一定为此感到高兴。[2]

同年，卡特还参与了埃尔贝尔沙（El Bersha）贵族墓葬群的发掘，临摹了左蒂霍特普（Djotyhootep）墓葬的壁画。该墓因壁画上绘有 170 名男子拉着绳索拖曳重达 38 吨的巨型雕像而闻名。卡特的绘画至今仍令人钦佩（图 2.1）。[3] 这是一个美妙的场景。一名男子站在雕像上拍手，有节奏地鼓励男子们拖动绳子。另一人站在雕像所在的滑橇上，将油倒在地上以起到润滑的作用。这些人并非奴隶，而是志愿者。这是平民乐于参与且为之自豪的活动。象形文字甚至说，欲成事当以弱奉强。

次年，年轻的卡特被派往阿玛纳，跟随弗林德斯·皮特里（Flinders Petrie）学习田野发掘的基本知识，这些技能在后来派上了用场。皮特里是埃及学界的传奇人物，他通常被视为现代埃及学的奠基人。皮特里在年轻时学习过测绘，并前往埃及对吉萨（Giza）大金字塔进行了勘测。勘测过程中，他在吉萨高原一座废弃的墓葬中过着俭朴的生活，绘制的金字塔图却十分精确，至今仍被引用。皮特里发现，大金字塔是如此平整均匀，从金字塔的一角到另一角的高差竟不超过 1.5 厘米。这里还有一个关于皮特

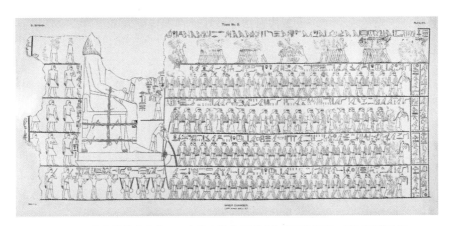

图 2.1　左蒂霍特普墓是唯一一座绘有拖曳巨型雕像壁画的墓葬。壁画已遭破坏，现仅存霍华德·卡特的临摹图

里节俭的小故事。年轻的新手注意到皮特里的发掘营地没有厕纸。他不敢问这位大人物，便去向皮特里夫人询问。答案是："哦，弗林德斯爵士和我用的是锅铲。"

皮特里可能是用碎陶片来代替厕纸的，但他其实是意识到陶器对城市史研究至关重要的考古第一人。例如，如果某个古城遗址出土了未经装饰的陶器，而附近另一处遗址出土的是带有装饰的陶器，那么就可以推断出，装饰是一种革新，后者的年代也更晚。再向前推进一步的话，如果又一处城址出土了带有把手和装饰的陶壶，这亦是一种革新，其年代比出土了有装饰但无把手的陶壶的城市更早。这些结论在今天看来是显而易见的，但在皮特里所处的时代，他是唯一一个观察破罐子的人，其他人的眼中只看到了美丽的物件。

年轻的发掘者

当卡特来到阿玛纳发掘现场接受培训时，皮特里对这位年轻的艺术家不甚了解，对他的测绘也难以放心，因此将其安排在了远离核心区域的一处遗址，以免这个年轻人造成过多的破坏。在卡特成名多年后，皮特里回想起了年轻时的学徒：

> 霍华德·卡特 17 岁时来到我身边，为泰森·阿默斯特（Tyson Amherst）先生进行发掘。他的兴趣完全集中在绘画和自然史上，我当时不觉得他能做什么。为了让他远离核心区域，我让他去清理一处寺庙遗址。他在那里发现了残破的女王半身像和大量碎片。[4]

这堪称史上奇事，两位伟人的生命轨迹彼此交织，却没有意识到彼此的重要性。皮特里虽然很年轻，但他是当时埃及技术最精湛的发掘者，并已经在阿玛纳的发掘中揭开了图坦卡蒙生活的早期线索。皮特里和卡特都未曾想到，25 年后，卡特发现了图坦卡蒙的陵墓，并成为有史以来最著名的埃及学家。事实上，卡特在阿玛纳遗址工作时，可能清理过刻有图坦卡蒙之名的随葬品，却不知道图坦卡蒙是谁。毫无疑问，年轻的艺术家听过皮特里和其他人讨论这个神秘人物可能是谁，但当时的他肯定无法想象，自己将永远与如今著名的少年法老联系在一起。

结束了跟随皮特里的田野训练后，在接下来的几年里，卡特一直在与尼罗河东岸的卡纳克神庙（Karnak Temple）遥遥相望、位于代尔巴赫里的哈特谢普苏特女王神庙里进行发掘。当卡特汇报工作时，他并不知道自己已经踏上了埃及学的道路。代尔巴赫里是一处难能可贵的遗产，它对于重新发现重要的古埃及历史至关重要。

代尔巴赫里在阿拉伯语中意为"北方修道院的所在"。哈特谢普苏特女王去世 1000 多年后，科普特基督教（Coptic Christian）①的修道士将她的

---

① 科普特基督教是埃及的主要基督教教派之一，属于东方正统基督教的一个分支。它起源于早期基督教时期，成立于公元 1 世纪，可以追溯到使徒时代。科普特基督教承袭了古埃及的文化和传统，并融合了基督教的信仰。其名称"科普特"（Coptic）源自古埃及语中的一词，意为"埃及人"。科普特教派坚持使用科普特语进行宗教仪式，这是一种古埃及语的变体。——编者注

寺庙用作修道院。哈特谢普苏特的名字渐渐被历史遗忘了，这处遗址不再因女王，而是因作为曾经的修道院为人所知。1798 年，当拿破仑的学者们考察埃及遗迹时，这座神庙已被瓦砾覆盖，他们对其甚至没有留下只言片语。是象形文字的破译者让 – 弗朗索瓦·商博良重新发现了哈特谢普苏特。1829 年，商博良来到代尔巴赫里，成为第一个能够阅读墙上的象形文字的人，他立刻意识到不对劲的地方。几乎在所有神庙中只能看到一位法老的名字，就是那座神庙的建造者。在这里，商博良却发现了两位。一位曾见于其他遗迹，是伟大的勇士法老图特摩斯三世。另一位他称之为"小法老"，是其从未见过的哈特谢普苏特法老，而且这位法老被置于图特摩斯三世的前面。商博良还注意到在多处遗址中，哈特谢普苏特的名字被凿掉了，并被另一位法老的名字取而代之。有时是图特摩斯三世，有时是图特摩斯二世，或是图特摩斯一世。这究竟是怎么回事？1893 年，19 岁的卡特在这里发掘时的情况便是如此。

这项耗时数年的发掘，由伟大的瑞士考古学家爱德华·纳维尔（Édouard Naville）主持。越来越多的壁画被揭示出来，情况却越来越令人生疑。哈特谢普苏特竟然是一位女性。对于 3000 年前发生的事情，每个人都有自己的推测。有的人认为哈特谢普苏特领导了一场宫廷政变，夺取政权后，她便将图特摩斯一世、二世和三世囚禁了起来。随后，她又被推翻了，庙壁上得以恢复法老的正名。尽管这听起来很牵强，但仍然是有可能的。因为法老们从不在神庙铭刻历代法老的名字，以免使神庙的建造者黯然失色。为何图特摩斯三世却反其道而行之？

如今，我们已经知道了事情的来龙去脉，但要弄清楚真相其实并不容易。哈特谢普苏特嫁给了同父异母的哥哥图特摩斯二世，成为哈特谢普苏特女王。图特摩斯二世去世时，唯一的继承人图特摩斯三世成为埃及法老。他是图特摩斯二世的另一位妻子生的，问题是，继位时他不过是一个十几岁的孩子。于是，哈特谢普苏特女王成为摄政王，代继子执政。所有的证据都表明，摄政王得到了所有人的支持。执政数年后，哈特谢普苏特女王宣布自己为哈特谢普苏特法老。她身着法老的服饰，贴上假胡须，继续治理着国家。因此，数年来图特摩斯三世和哈特谢普苏特共同执政，而这一点让商博良等人困惑不已。

直至图特摩斯三世成年，哈特谢普苏特去世，图特摩斯三世才得以真正执掌国事，并且成为一位伟大的勇士法老。在其亲政数年后，他决定将这位女性统治者从埃及的历史中抹去。雕刻师们被派往各地，所经之处凡有哈特谢普苏特的名讳便抹掉。在代尔巴赫里，她的名字被图特摩斯一世、二世和三世之名所取代，以此彰显继承的"合法血统"。当然，在卡特复制铭文时，这件事并不为人所知。对卡特而言，虽然没有能力解答这一考古谜题，却有幸见证了墙壁上的历史一幕。

代尔巴赫里是哈特谢普苏特女王的陵寝，祭司们在那里献祭以求其灵魂的安宁。在哈特谢普苏特女王执政时代，这座庙宇被称为"杰塞尔杰塞鲁"（djser djseru），即"圣中之圣"。哈特谢普苏特女王在墙壁上描述了执政期间令其引以为豪的成就。其中最重要的是，她曾派遣贸易考察队，沿红海沿岸行进，直达南部的邦特岛（Punt）。壁画中，抵达邦特岛的船只受到邦特女王的欢迎，并满载着香料、异域动物和商品回国。这是有关撒哈拉以南非洲探险的最早描述，堪称是一部早期的民族志研究。

墙壁上的另一个非常重要的场景是描绘哈特谢普苏特女王的两座方尖碑从阿斯旺（Aswan）的花岗岩采石场被运至卡纳克神庙竖立起来。壁画中，两座方尖碑在由20多艘船只拖曳的驳船上首尾相连。有关方尖碑的运输方式，这是我们所获得的唯一的古埃及视觉资料。

卡特在整个考古发掘期间，都在代尔巴赫里复制壁画和铭文。[5] 这是他从"只是一个艺术家"到考古学家的成长时期。复制神庙壁画和铭文的人，如今被称为碑铭学家。就像卡特一样，他们是技术精湛的艺术家，大多数人也是埃及学家。他们拥有埃及学学位，能够阅读和翻译象形文字。这是极为重要的技能组合，因为如果某个象形文字或词汇残缺了，他们很可能能够搞清楚缺失的内容。在卡特的时代，他们只是复制。然而，却又并非仅是复制。卡特的工作是临摹墙壁上的场景，再将其逐平方地转移到图纸上，使场景缩小到适合复制到书中的大小，最后一步是给铅笔草图着墨以便出版。卡特可以做到这一切，而且做得很好，也许比他那个时代的任何人都做得好。我之所以这么说，是因为一位埃及学大师对卡特的作品如是评价。

里卡多·卡米诺斯（Ricardo Caminos）是一位令人敬仰的碑铭学家。他也是一位藏书家，我始终难忘第一次看到他的图书馆时的场景。卡米诺斯所藏图书都是以皮革装订的，甚至连平装小说也是如此，要知道，这样的老派装订可是价格不菲的。不管怎样，卡米诺斯对卡特在代尔巴赫里的作品的评价值得引用："据我了解，鲜有碑刻画能如此有效地传达刻壁的意境。它达到了碑刻学的最高水准。"[6]（见彩图4）

卡特作为一位艺术家的才华也得到了纳维尔的赞赏，后者一再称赞其艺术才能。[7]不仅如此，纳维尔还发现了卡特在其他方面的潜力。他注意到卡特有很强的组织能力，能够在现场监督工人们发掘。不久，卡特就开始告诉工人们应该在哪里挖掘，在哪里倾倒碎石。年轻的艺术家正在成为一名考古学家。纳维尔对卡特的发掘技术也颇为欣赏，并且请求埃及探索基金会另派一位艺术家来接替卡特的复制工作。卡特介绍了自己的兄弟韦尔内（Vernet）前来。韦尔内也是一位才华横溢的艺术家，却因无法适应埃及的气候，只和卡特共事了一季便离开了。

在阿默斯特勋爵的一个女儿的著作中，呈现了卡特的不同绘画风格。[8]阿默斯特勋爵共有七个女儿，其中一个成了著名的园艺史学家，并且撰有一部相关主题的著作。[9]卡特在代尔巴赫里工作时，也为她的书绘制了插图。卡特所绘的插图非常逼真，乍一看就像照片似的（图2.2）。

在纳维尔的指导下，卡特掌握了越来越多的发掘技术，很快就能独当一面了。卡特在25岁时，开始为古物管理局效力。第二年，便被任命为上

图 2.2　卡特为艾丽西亚·阿默斯特（Alicia Amherst）的《英格兰园艺史》（*History of Gardening in England*）所作的插图几近于摄影作品，展现出与埃及神庙绘图完全不同的风格（帕特·雷姆勒摄）

埃及总督察。这一职位举足轻重。他所负责的区域，涵盖了如今的十多处世界遗产，包括卢克索神庙、卡尔纳克神庙和帝王谷等。任职期间，卡特命人在陵墓入口处安装了铁门以防破坏和盗窃，在陵墓中安装电灯，便于游客观看壁画，并且对神庙进行修复。卡特似乎格外重视防盗，甚至还曾发生过一起近乎福尔摩斯故事般的事件。

大侦探卡特

卡特准备将那具曾令维克托·洛雷深感不安的王室木乃伊——阿蒙霍特普二世的陵墓公之于世。为此，他将法老木乃伊重新置于石棺内，还展示了洛雷当时发现的一些随葬品，并且安装了一道铁门，以便在夜间将陵墓封闭。尽管采取了预防措施，1901 年 11 月 20 日，盗贼仍闯入了陵墓，不仅木乃伊遭到破坏，一些随葬品也不幸被盗。卡特的报告显示了其追查罪犯的决心。

1901 年 11 月 28 日。第二天，我再次前往阿蒙霍特普二世的陵墓。根据此前监察署的报告，陵墓的挂锁被粘在一起，一些小铅纸让它看上去完好无损……我在门下发现了更多的小铅纸和一小块圆形树脂，这很可能是松脂。它正好是锁舌的插孔大小，这给了我一点小线索。11 月 11 日，陵墓被破门而入，锁被一根杠杆压着，之所以看起来完好皆因树脂将其粘在一起。在两起案件中，材料和方法都如出一辙。

在进一步说明之前，我必须补充一点。对于伊马杜瓦（Yi ma dua）墓被盗案，我严重怀疑穆罕默德·阿布德·艾尔·拉苏尔（Mohamed Abd El Rasoul），而且尽可能地在观察此人。他不仅是臭名昭著的盗墓贼，而且其住所也离陵墓很近……

我仔细比较了两座陵墓中的足印，发现它们极其吻合。在两起案件中，都留下了裸足的足印，且均属一人。然后，我拍了几张尽可能接近等比例的裸足足印照片，非常仔细地对它们进行了测量。

在此期间，足迹鉴定者从帝王谷一路追踪到古尔尼村（Goorneh），直至索勒曼（Soleman）和艾哈迈德·艾尔·拉苏尔（Ahmed El Rasoul）家。这些人最终落网……

1901 年 11 月 30 日。我又去一趟监察署……请求允许我检查穆罕默德·阿布德·艾尔·拉苏尔的足印。通过足迹比对，我发现它们与我在阿蒙霍特普二世陵墓和伊马杜瓦墓拍摄的照片完全一致。测量值精确到毫米。[10]

卡特抓到了他想抓的人。

作为总督察，卡特的职责之一是管理发掘者，而且他们中的许多人也确实需要监督。在那个时代，只需少量的钱和知识，外国人就可以获得发掘许可。倘若有所发现，古物管理局将保留一半文物，发掘者可以将另一半带回祖国的博物馆或大学。德国人就是这样获得了著名的纳芙蒂蒂半身像。在阿玛纳的发掘季结束之际，所有文物被分为两组，埃及官员挑选了没有纳芙蒂蒂半身像的那组，于是德国人便将纳芙蒂蒂带回了柏林。

西奥多·戴维斯（Theodore Davis）是挖掘者之一，他是一个富有的美国律师和商人，在埃及的私人游艇"贝都因人"（The Bedouin）上越冬。这是一艘相当精致的船，不仅配备了钢琴、水晶吊灯、管家，还有十几个工作人员。戴维斯白手起家，15 岁时背井离乡，成为不断向西扩张的铁路公司的"观察员"。观察员们受遣勘察土地，看哪块土地富有矿产或木材，最适合铁路公司购买。这可不是一件简单的工作，观察员要携带重达 45 千克的背包深入荒野，在零摄氏度以下的冬季露宿，还要忍受夏季的蚊虫叮咬。这样过了几年，戴维斯在艾奥瓦州成为一位律师的学徒，并在 20 岁时获得了律师资格。后来，他到了纽约，开启了自己的发家史。那是一个"强盗大亨"的时代，通过一系列非常可疑的股票和土地交易，戴维斯发了财。他曾三次受到国会调查前的传唤，虽然这个行贿高手每次都受到了严厉的惩罚，但没有服过一天刑。[11]

来到帝王谷的百万富翁

在埃及越冬期间，戴维斯决定进行墓葬挖掘工作，但整个过程需要有经验的人来协助。当卡特听说戴维斯对发掘感兴趣时，便提出建议可以在帝王谷为其提供发掘许可。这正是卡特作为总督察的职责范围，而他也将监督整个发掘过程。卡特曾发现过图特摩斯四世的一件残破的巫沙布提俑，而且确信图特摩斯四世那未被发现的陵墓一定就在附近。戴维斯对寻找失落的法老陵墓兴奋不已，立刻便签署了协议。在认真发掘的第一年，挖掘队就发现了被盗掘的图特摩斯四世的陵墓。古代盗墓贼遗落了不少随葬品，包括美丽的蓝色巫沙布提俑，以及饰有战争场景的法老战车的残件。戴维斯对自己的发现激动万分，将考古发现集结整理，并自费出版了一部华丽的书籍，其中法老战车上的战争场景即为卡特所绘。[12]

戴维斯与卡特在发掘图特摩斯四世的陵墓时，在陵墓外的碎石中发现了一个圣甲虫，上面写有哈特谢普苏特女王的名字。卡特据此推断，哈特谢普苏特的陵墓必定就在附近。事实证明他是对的。拿破仑的学者们在早些时候，就已经发现了哈特谢普苏特陵墓的入口，但里面塞满了因暴雨卷挟冲入山谷的岩石巨砾。当时，学者们曾试图进入，但只行进了20多米就被迫放弃了。当然，他们并不知道陵墓的主人是谁。在拿破仑探险之后的几十年里，这座陵墓逐渐被冲入山谷的碎石所掩盖。戴维斯和卡特重新发现入口后，卡特开始系统地清理陵墓，但这并非易事。

哈特谢普苏特陵墓是帝王谷中最长的，长约229米，深约91米。当卡特和工人们行进到大约90米时，空气闷热异常，以至于将他们带的蜡烛都融化熄灭了。后来，卡特把电线接进陵墓，通电照明后才得以继续向前推进。

当卡特抵达墓室时却发现，这里也被堵住了，必须先进行清理。由于墓室内氧气含量太低，卡特不得不安装了一台气泵，通过锌管将空气送入墓室中。尽管如此，空气状况还是很糟糕，卡特每周只能在墓室中工作一两天，但最终还是清理了墓室中的所有碎石。作为回报，他发现了两座精美的石棺，一个是献给哈特谢普苏特的，另一个是献给她的父亲图特摩斯一世的。[13]当女王成为法老，在帝王谷建造自己的陵墓时，便将她深爱的父亲的尸体和石棺搬到了陵墓之中，这样他们就可以一同永生。于是，戴维斯再次斥资出版了一部华丽的书籍来记录此次发现，其中精美的绘图皆出自卡特之手（见彩图5）。[14]这些早期探索让卡特对帝王谷的地形有了深入的了解，对他日后寻找图坦卡蒙大有裨益。

帝王谷所发现的墓葬并非都属于王室。偶尔会有平民被授予葬在帝王谷的殊荣。其中一位是将军马赫普里（Mahepri）。在卡特和戴维斯合作之前，马赫普里的墓葬就已被发现了，但在墓外的一个壁龛里，卡特发现了一个小木盒，上面写着马赫普里（意为"原野之狮"）。盒中有两块瞪羚皮腰布，这通常是在夏季炎热时穿着的。隐私部位以皮革遮盖，其余部分的皮革被划成网状，以便空气流通。卡特在戴维斯抵达埃及参与发掘之前就发现了这些，在戴维斯即将返回卢克索时，卡特将其邀请至家中，把木盒和腰布赠给了他。

与戴维斯同行的，还有他的伴侣艾玛·安德鲁斯（Emma Andrews）。每年戴维斯都会与她在"贝都因人"上度过在埃及的时光。他们之间的关系很奇怪。安德鲁斯显然是他的情人，但她也是戴维斯的妻子的表亲，后者常年住在纽波特（Newport）的戴维斯公馆。但更奇怪的是，安德鲁斯也和他们一同住在纽波特的宅邸。总之，安德鲁斯对这些腰布印象深刻，她说："这是我在埃及见过的最棒的东西了。"[15] 你可能会奇怪，腰布怎么可能会是古埃及最好的东西呢？但这只能由你自行判断了，而且必须去一趟波士顿。

戴维斯对自己的发现总是很慷慨，他将其中一块腰布捐给了波士顿美术博物馆（Boston Museum of Fine Arts）的埃及部。这件文物并不是埃及有史以来最精美的物品，但你不得不想想，"他们是如何做到的呢？"如果你仔细观察就会发现，它看起来像是从瞪羚皮上切下了一颗颗"小钻石"而组成的网状结构。在制作腰布时，古埃及工匠使用的工具只有青铜刀，但青铜却没有锋利的边缘。所以还有另一种可能：他们使用的是黑曜石。黑曜石被称为火山玻璃，古埃及的防腐师使用的就是黑曜岩刀片，它们甚至比现在医生使用的外科手术刀还要锋利。当你看着腰布啧啧称奇时，我想那就是安德鲁斯在卡特家看到它时所感受的。

另一块腰布也曾经这般精致，我之所以说"曾经"，是因为它已不复存在。戴维斯将第二块腰布捐给了芝加哥菲尔德博物馆，标签上称其为现存最早的共济会围裙。共济会一直宣称其起源于古埃及，这固然已是不短的时间跨度，但声称马赫普里的腰布是共济会围裙，那时间跨度就更长了。

不过，可能就是这一说法导致了它的消失。就在 100 多年前，这件围裙在博物馆被盗了，此后再也没有露过面。也许，它被带到了某个共济会的小屋，可能今天依然躺在那里，但却已无人识得它的真面目。

卡特—戴维斯团队取得了瞩目的考古成就，他们发现了两座皇家陵墓和一些小型文物，但卡特在古物管理局的工作导致两人的合作不得不终止。卡特负责管理上埃及文物后，就被调往了埃及北部，成为埃及最大的考古遗址之一、占地上千亩的萨卡拉（Saqqara）的督察。黄沙之下是成百上千的地下墓穴，地面上还保存着几座金字塔，包括埃及的第一座金字塔——萨卡拉阶梯金字塔。即使在 20 世纪初，旅游业还未成为价值数百万美元的产业之前，每年都有数千名游客到访萨卡拉。

卡特驻扎在萨卡拉期间，戴维斯则继续在帝王谷进行发掘。早些时候，他曾与卢克索的总督察詹姆斯·奎贝尔（James Quibell）谈及，计划在帝王谷已发现的两座墓葬之间的一小块空地上进行发掘。奎贝尔向其解释说，这片区域太小了，不可能发现墓葬，但戴维斯坚持说他希望能有始有终。

后来，时任古物管理局局长的加斯顿·马斯佩罗被问及对此的意见，他也表示赞同奎贝尔的观点。尽管如此，戴维斯仍然坚持要将该地区全部发掘完成。马斯佩罗和奎贝尔都知道戴维斯不会造成任何破坏，便允许其继续清理这片区域。于是，工人们开始清理大堆的石灰石碎屑，这些是古代凿山修建两座陵墓时掉落的碎屑。这是一项艰难的工程，高达十米的石堆随时有塌方的危险。戴维斯每天早上都会视察现场，监督工人并查看进展。有一天，他来到工地时发现人们兴奋不已。监工告诉戴维斯，他们在基岩上发现了一级台阶，表明那里可能有一座墓葬。

图坦卡蒙的曾祖父母

几天后，戴维斯与阿瑟·韦戈尔（Arthur Weigall）一同参观了这处遗址，后者将接替奎贝尔担任上埃及督察。经过清理，墓门的顶部已暴露出来了，证实这里的确有一座墓葬。马斯佩罗极为警觉，立刻派遣了一名警卫驻扎墓外值夜，第二天，戴维斯才被允许继续组织清理。第三天，韦戈尔和戴维斯骑着驴子来到墓葬处，决定如何继续发掘下去。13 级台阶向下延伸，直至基岩，台阶的尽头是一堵由石块和灰泥砌成的墙，一直延伸到天花板，只在顶部留有约 45 厘米的缝隙。他们凝视着黑暗处，但只能看到一条长长的下坡，通向远处的基岩。一个小男孩被举到缝隙处，再用绳索下吊到了墙的另一面，片刻后，受惊的男孩回来了，手里拿着一只金箔覆盖的绿色圣甲虫、一个车轭和一支镀金的木质权杖。

显然，他们发现了一座重要的陵墓，但它曾惨遭盗掘。车轭、圣甲虫和权杖很可能是盗墓贼从墓室中取出后，当发现它们只是镀金，而非纯金时，扔在斜坡上的。这与 2011 年的文物失窃颇为相似。埃及博物馆在夜间被人闯入，窃贼盗取了一些图坦卡蒙文物，但当发现它们只是镀金，而非纯金时，便将其他文物砸碎，并将它们丢在一边。

尽管陵墓已遭到盗窃，但它可能非常重要，重要到守卫它的埃及警卫都无法被完全信任。韦戈尔决定在晚些时候返回陵墓守夜。戴维斯和韦戈尔先是回到了"贝都因人"游艇上，戴维斯邀请了当地的几位埃及学家共进豪华晚餐，谈话的内容无疑是关于这究竟是谁的陵墓，以及次日拆除了墙壁，进入墓室之后将会发现什么。

第二天早上，兴奋的考古学家们陪同戴维斯和安德鲁斯前往陵墓。他们在那里遇到了韦戈尔，他和探险艺术家约瑟夫·林登·史密斯（Joseph Lindon Smith）一同在墓中守夜。史密斯曾参与过多次考古发掘，以其美丽的神庙和陵墓绘图而闻名。当马斯佩罗到达时，工人们已经开始拆除墙体，考古学家们则在外等待着。这项工作持续了很长时间，因为必须仔细检查每一块岩石，看上面是否有灰泥印章，它通常表明墓主人的身份，或是陵墓被盗后，何时被陵寝官重新密封的。随着墙体被拆除，韦戈尔和史密斯沿着 13 级台阶走下斜坡，此时又被一堵石墙拦住了去路。他们如法炮制，在石墙顶部打开了一个缺口。两人仔细观察了一下，然后回到上面向马斯佩罗和戴维斯汇报。两人都震惊了。"真是太不可思议，太棒了。"韦戈尔咕哝道。史密斯脱口而出："下面什么都有，就差一架大钢琴。"[16]

史密斯留在上面，马斯佩罗和戴维斯在韦戈尔的陪同下，拿着蜡烛走下台阶。到石墙前，三人移开顶部的一些石头，让戴维斯先挤进去。然后是马斯佩罗，由于他体态肥胖，在韦戈尔的帮助下，费了半天劲才挤进缝隙。三人进入墓室后，开始寻找墓主人的名字。戴维斯发现了一口大棺材，棺上覆盖着沥青。这是古埃及丧葬仪式的一部分，沥青经常被倒在棺椁上。棺椁周围是一串象形文字。戴维斯叫马斯佩罗过来翻译。马斯佩罗将蜡烛递给戴维斯，在摇曳的烛光下，他发现了"尤雅"（Yuya）这个名字，这是阿蒙霍特普三世的岳父。太令人兴奋了！戴维斯拿着蜡烛靠得更近了，想看看上面的碑文，但被马斯佩罗拽了回来，蜡烛差点就点燃了涂有沥青的棺材！

这发现足以让三人兴奋不已。他们从陵墓出来走到耀眼的阳光下，告诉其他人他们看到的景象。戴维斯带出了一张莎草纸卷轴，这是他在墓道中发现的。在离开的路上，精美无比的《亡灵书》被徐徐展开，正是在它的帮助下，尤雅得以通往下一世。《亡灵书》由纳维尔翻译完成，戴维斯后来将其单独出版了。[17]

工人们拆除了石墙其余的部分，将电线拉进墓室，以便考古学家能够更仔细地观察所发现的东西。墓室中停放着两具精美的套棺，分别属于尤雅和他的妻子图雅（Tuya）。但这只是开始。一辆壮观的战车映入众人眼帘，这是在帝王谷中发现的第一辆完整的战车。考古学家曾在神庙的墙壁上看过大量关于它们的描绘，法老立于战车上大获全胜。但是此前，人们从未发现过完整的战车实物。考古学家们还有更多的发现，椅子、床榻、亚麻布盒子，以及这对夫妇在下一世所需的一切。这是帝王谷有史以来最为壮观的发现。在写给妻子的信中，韦戈尔难抑激动地写道：

> 墓室中央有两具巨大的镶金木棺。棺盖被盗墓贼掀翻了，里面被翻了个底朝天，两具木乃伊暴露了出来……四周是桌椅、床榻、花瓶……看起来就像人们外出避暑时，伦敦家庭的客厅一样。但可怕的区别是，这可是3400多年前的时尚。马斯佩罗、戴维斯和我站在那里目瞪口呆，几乎战栗着。[18]

尤雅和图雅是提耶王后（Tiye）的父母，提耶王后是一个平民，却嫁给了阿赫那顿的父亲阿蒙霍特普三世。所以，尤雅和图雅是图坦卡蒙的曾祖父母。提耶与阿蒙霍特普三世结婚公告的发现，让我们对她有了些许了解。图坦卡蒙出生前25年，埃及由伟大的阿蒙霍特普三世法老统治着。这是埃及最鼎盛的时期，贸易繁荣、军事实力强大。古埃及是王权母系制度社会，法老只有娶一位"合适的女人"，即拥有纯正王室血统的女人，才能成为国王。然而，阿蒙霍特普三世却无须顾虑，因为他的父亲已经公开宣布他为继承人，那么他的妻子也无须拥有王室血统了。为了纪念与提耶结为连理，他下令雕刻圣甲虫来昭告婚事。

圣甲虫是埃及独有的创作。它们被雕刻成甲虫的形状，圣甲虫（scarabaeus sacer），就是"甲虫"（即蜣螂，scarab）这一现代称谓的由来。埃及人特别喜欢使用双关语，甲虫的象形文字🪲（kheper）也意味着"存在"。所以，如果你戴着圣甲虫护身符，你的生命也将得以延续。

阿蒙霍特普三世雕刻了约100个如拳头般大小的圣甲虫，用来纪念他的婚姻。这些都是发给他国统治者的，就好像过去的电报一样。每个圣甲虫的底部都刻有铭文：

> ……国王的伟大妻子提耶，愿她永生，
> 其父名为尤雅
> 其母名为图雅

她是一位强大国王的妻子。[19]

任何读到字里行间的人都会得到这样的信息：提耶是一个平民，但所有人最好接受她为阿蒙霍特普三世的妻子。

尤雅和图雅墓的发现在全世界引起了轰动。当时的报刊都刊登了有关宝藏的故事、发表了相关的文章，埃及学家们激动不已。最令戴维斯欣慰的，大概莫过于他有条不紊的清理工作被证明是正确的。专业人士们曾坚信，戴维斯在他想发掘的地方将一无所获，但戴维斯是对的。从此时起，戴维斯的发掘方式成为帝王谷发掘的通行做法，包括卡特在几年后寻找图坦卡蒙时也采用了相同的方式。

发掘工作结束后，马斯佩罗慷慨地向戴维斯提供了部分文物，但被戴维斯婉拒了。他觉得这一发现太过重要，不能将文物分开，一切都应留在埃及。因此，尤雅和图雅墓的所有珍宝都被送往新建的埃及博物馆，在西奥多·戴维斯展厅中展出。

开罗市中心的埃及博物馆建于1902年，是一座优美的布扎体系（Beaux Arts）①建筑。1934年，鲍里斯·卡洛夫（Boris Karloff）的经典电影《木乃伊》就是以这里为背景的。参观博物馆犹如一次时光倒流之旅。这里有20世纪30年代的玻璃展柜、手写标签，几乎没有任何高科技的展示手法。登上宏伟的石阶，曾是收藏有图坦卡蒙文物的二楼展厅。[20]观光团时常误以为他们看到的就是图坦卡蒙的文物展览。壮观的战车、嵌套镀金的棺椁，还有不计其数的家具。但这些并不属于图坦卡蒙，而是戴维斯所发现的尤雅和图雅墓出土的文物。

因为一直在帝王谷发掘，戴维斯与古物管理局签订了一份特殊的发掘协议。通常情况下，发掘者需要承担发掘费用，作为回报，他们将获

----

① 布扎体系（Beaux Arts）：即巴黎美术学院体系，是建筑界的教育体系之一，大概在法王路易十四时期形成。——编者注

得部分文物。但是，戴维斯的合同中并没有规定文物的分成。他不是一个寻宝者，其所获得的回报完全取决于马斯佩罗的慷慨。戴维斯在帝王谷的工作从未得到应有的赞誉。他不仅尽心尽责地发掘并有了重要的发现，还迅速地出版了一系列精美的书籍，以公开他的发现。最近，约翰·亚当斯（John Adams）写了第一部戴维斯的传记，读者可以在书中重新发现了不起的西奥多·戴维斯。[21]

戴维斯在帝王谷发现了三座重要的陵墓：与卡特共同发现了图特摩斯四世陵墓和哈特谢普苏特陵墓，独立发现了尤雅和图雅墓。此时，戴维斯需要一位训练有素的考古学家来继续主持帝王谷的发掘工作，于是，他雇用了22岁的爱德华·艾尔顿（Edward Ayrton）。艾尔顿是一位外交官的儿子，出生于中国。19岁时，艾尔顿与皮特里一起前往埃及发掘。就像皮特里的大多数弟子一样，艾尔顿受过良好的训练，在发掘工作中表现出色。

戴维斯已经发现了图坦卡蒙的曾祖父母尤雅和图雅的墓葬。他与图坦卡蒙也不过是咫尺之间了。

在考古学圈流传着一句玩笑话，说戴维斯每年都会发现一座墓葬。事实上，他发现的要更多。戴维斯在不到十年（1903—1911）的时间里，发现了十几座墓葬。通过查看陵墓的编号系统，我们就可以了解他在帝王谷的考古成就。

现代埃及学的先驱之一，约翰·加德纳·威尔金森（John Gardner Wilkinson）首先对这些墓葬进行了编号。威尔金森就读于牛津大学，毕业后，他放弃了传统的职业生涯，在埃及度过了一生的大部分时间，以陵墓研究为职业。威尔金森在商博良破译象形文字后不久，就已移居埃及了，因此他是最早能够确定帝王谷中陵墓归属的人之一。为了更好地研究这些墓葬，以及便于参考，威尔金森认为应该对它们进行编号。于是，在1827年，他拎着一桶颜料，穿越帝王谷，在每座陵墓的入口处写上了编号。现在，这些数字仍然可见，只是游客在进入陵墓时通常不会注意到它们。

在威尔金森的时代，可见的陵墓有 28 座。后来，探险家和埃及学家接踵而至，他们在帝王谷发现了更多的陵墓。当戴维斯抵达时，帝王谷中有已知陵墓 42 座，编号为 KV-1 至 KV-42，其中 KV 代表帝王谷。因此，当他和卡特发现他们的第一座陵墓——图特摩斯四世陵墓时，它被编号为 KV-43。直至戴维斯停止发掘，他的最后一座陵墓被编号为 KV-61，这是一项惊人的成就。KV-62 号之后将会分配给图坦卡蒙陵墓，但这尚需一段时日。而卡特即将重新登场。

"萨卡拉事件" 始末

20 世纪早期，埃及仍在外国人的统治之下，而且当时的普遍观点认为，欧洲人比非洲大陆上的任何人都更优越，包括埃及人。这种态度直接引发了埃及学所称的"萨卡拉事件"（Saqqara Incident）。一天，一群醉醺醺的法国游客试图进入塞拉皮雍（Serapeum），那里安葬着神圣的阿皮斯圣牛。游客中有一些人没有购买门票，当地警卫阻止他们入内，他们却挤了进去。卡特被叫来了，这群人却变得更加嚣张，甚至开始攻击警卫。卡特告诉警卫们可以自卫，警卫们照做了。但是在殖民主义时代，当地人触摸欧洲人是闻所未闻的，法国人向他们的同胞、古物管理局局长马斯佩罗投诉，声称警卫袭击了他们。很快，这件事就上升到了民族自尊问题，在当地报纸上引发了争论。马斯佩罗是一个好人，也知道事件的原委，但他要求卡特通过向法国领事道歉来平息事态。卡特拒绝了，而且站在警卫一边，要求惩罚法国人。马斯佩罗告知了戴维斯相关的情况，并让戴维斯向卡特致信敦促其道歉。卡特说坚决不道歉。马斯佩罗觉得自己别无选择，只能对卡特痛下狠手。他把卡特调到了没有重要古迹的工业小镇坦塔（Tanta）。于是卡特愤而辞职（图 2.3）。[22] 他不知道的是，他刚刚迈出了通往图坦卡蒙的第一步。

失业后，卡特回到了卢克索，那里不仅有他担任总督察时结识的旧友，

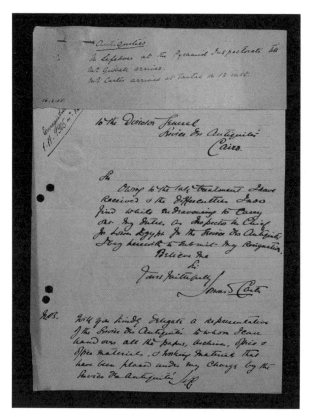

图 2.3　卡特的辞职信，成为发现图坦卡蒙陵墓的契机（安东尼·马克斯摄）

当地旅游业也欣欣向荣。之后的三年里，卡特通过向游客出售他绘制的精美的陵墓壁画来维持生计。为了帮助卡特，戴维斯雇用他绘制尤雅和图雅墓的器物图，以便用于出版。卡特还通过出售古物获得佣金，这在当时是合法的。生活虽不轻松，但他挺过去了。

在发现尤雅和图雅墓之后，戴维斯安排艾尔顿主持清理帝王谷的下一个区域，并且对其进行系统发掘。虽然这不是一个有望发现墓葬的区域，但戴维斯依然希望能够将其彻底清理。1907 年 1 月 7 日，艾尔顿发现了地表上的石阶，随后又有 13 级台阶出现。这座陵墓将被称为 KV-55，但没有哪座墓像它这样如此富有争议。

发现图坦卡蒙之父？

台阶的底部是一条墓道，清理过后又暴露出了另一组台阶，尽头是一堵用大块的石灰岩片砌成的墙。这堵墙是 3000 年前修建的，用来重新封闭墓穴，而且在古时这座墓就已为人熟知了。墙后是一条继续向下的墓道，里面几乎填满了碎石以防盗掘。然而，顶部可钻入的缝隙表明，它没有起到丝毫作用，这座墓葬极可能已遭盗掘。夜幕降临，所有在场的人都停下了手头的工作。第二天上午，墓道又被清理了一部分，电灯通入陵墓后，真正意义上的勘察开始了。

有六种关于开启陵墓的说法流传了下来，且各种说法无法达成一致。第二天早上，所有人都想看看戴维斯到底发现了什么，现场阵容很庞大，但并没有像探险艺术家史密斯所说的那样夸张。史密斯在回忆录中如是描述，在场的几个人都下去要一探究竟。他们在石墙顶部的缺口处搭了一块木板，慢慢地爬向墓穴深处。马斯佩罗爬到木板顶端，发现了一块镀金的木板，但无法确切地辨认出那是什么，因为肥胖的身躯让他难有寸进。于是，他让史密斯挤进那处狭小的空间，费了好大劲将其绘了出来。当马斯佩罗看到这幅画时，他告诉史密斯，这幅画非常重要，因为他看到了提耶王后的王名圈。她是尤雅和图雅的女儿，阿赫那顿的母亲，也就是图坦卡蒙的祖母。

史密斯援引了马斯佩罗的话，"为了感谢你的大力协助。我允许你沿着木板进入墓室，并观察墓道内的状况。"[23]

史密斯的记述存在着诸多谬误。首先，马斯佩罗不在现场，卡特也没有在那里。其次，其他人的记录均未记载史密斯是第一批进入陵墓的人。这一切不过是史密斯的幻想。公平地说，这本回忆录写于陵墓发现后的 50 年，但这并不是一个孤立的事件：史密斯的记述在细节上漏洞百出，几乎总是把他自己置于事件的中心。

可以肯定的是，韦戈尔、戴维斯和艾尔顿最先进入了陵墓。他们确实看到了一块近 2.5 米高的镀金木板，上面雕刻着提耶王后崇拜太阳圆盘的浮雕。戴维斯对提耶王后陵墓的发现激动不已。当他们最终到达墓室时，又发现了其他的镀金木板。他们从未见过这样的东西，也不太确定到底发现的是什么。事实上，这是环绕王后棺椁的神龛。卡特后来发现图坦卡蒙陵墓时，考古学家才发现两座墓葬的这一相似之处。这些木板十分脆弱，薄薄的金箔剥落得到处都是，地面上布满金屑，这些金屑也飘浮在空中，沾在了三人的衣服上。

墓室中央是一具精美的棺椁，上面镶嵌着玻璃和半宝石。它被天花板的渗水和掉落的石头严重损坏了。棺盖已经裂成了两半，但中间有一条刻有铭文的金带。确定墓主人身份的王名圈已被小心地去除了。考古学家挪开了棺盖，露出的木乃伊被厚厚的金片环绕着，头部周围是秃鹫形状的金色"王冠"，秃鹫是法老的保护神之一。木乃伊也被渗入棺椁的水损坏了，软组织所剩无几，裹尸布被轻轻一碰就成了碎屑。这具木乃伊曾佩有一条金珠项链，但绳子早就断裂了，棺内只剩下了珠子（图 2.4）。

墓室内的随葬品看上去杂乱无章，但这看起来不是通常意义上被盗掘的墓葬，因为盗墓贼绝对不会放过木乃伊周围的金冠和金箔。这种混乱的状况必定另有原因。除了棺椁和神龛，墓室里还有四个壮观的雪花石膏罐，制作木乃伊时它们被用来存放死者的脏器。每个罐盖上都雕刻着一位美丽女性的头像。罐子的底部没有装饰，曾经刻上去的铭文已被抹去了。

找到提耶王后的陵墓实在令人兴奋。当天晚些时候，戴维斯听说帝王谷恰好有"两名外科医生"，便请他们前来检查木乃伊的骸骨。二人都断定，这具木乃伊是一位老妇人。之后的事情愈发变得有趣了。韦戈尔把骸骨交给了开罗医学院的解剖学教授格拉夫顿·史密斯（Grafton Smith）。史密斯教授对王室木乃伊进行了第一次系统的研究，他也是第一位检查木乃伊的专业解剖学家。然后，史密斯教授给韦戈尔的回复震惊了所有人，尤

图 2.4　KV-55 中损坏的棺椁盛殓的可能是图坦卡蒙父亲的尸体

其是戴维斯。

> 你确定寄给我的骸骨是在墓葬中发现的吗？这并不是一个老
> 妇人，而是一个年轻人。这当中一定有什么问题。[24]

史密斯教授是对的，"两名外科医生"的结论与事实相去甚远。遗骸的性别可以通过多种指标加以判断，如骨盆差异，男性眶上嵴（眉毛区域）更加明显，眼眶（眼部区域）形状不同，等等。毫无疑问，这具骨架是一名男性。[25] 外科医生怎么会错得这么离谱？我考虑了很久。推测他们可能并不是真正的外科医生，只是普通游客。当戴维斯提出"这里有医生吗？"的请求时，他们出于对木乃伊的好奇，作出了回应。戴维斯一定曾告知对方，刚刚发现了提耶王后的陵墓，"两名外科医生"便迎合了他的说法，称其是一位老妇人。

如果木乃伊是男性，那会是谁？这一问题已经争论了 100 年，众说纷纭，莫衷一是。根据各种骨骼指标，史密斯教授估计他死亡时的年龄为 25 岁，误差在 5 岁左右。所以不管怎样，他都是一个年轻人。今天，如果请诸位埃及学家进行投票，我想大多数人可能会说他是图坦卡蒙的异教徒父亲阿赫那顿。但这种观点远非定论，因为其归因有误。从骨骼来看，它似乎属于一个年轻人，最多 30 岁。而就我们对阿赫那顿的生平所知，他死亡时至少有 35 岁了。[26] 还有一种可能，那就是阿赫那顿同父异母的兄弟斯蒙卡拉（Smenkare）。但我们对此尚无定论。

在 KV-55 号陵墓中，发掘者发现了刻有保护阿赫那顿木乃伊的"神奇砖块"。尽管棺椁上的王名圈被去除了，但保留下来的头衔表明这是为阿赫那顿所做的。此外，这具木乃伊有着细长的头部，这是阿玛纳时期的典型艺术风格。女性的卡诺皮克罐、阿赫那顿或斯蒙卡拉的木乃伊，以及提耶王后的丧葬神龛，为什么会出现在帝王谷的同一处墓穴中？考古学界对此达成了一种共识。

阿玛纳王朝末期，在阿赫那顿去世后，新法老决定放弃阿赫塔顿，返回底比斯。如此一来，修建在阿赫塔顿的皇家陵墓结局会是怎样？不能把它们丢给盗墓贼吧。KV-55 似乎就是答案。收集皇家陵墓中的一切，将其全部带回帝王谷，然后迅速地在一处空墓穴中将其重新埋葬。这一切甚至极有可能是秘密进行的。阿顿已不再受到崇拜了，又有谁会授权做这样的事？图坦卡蒙是新任法老，这些遗体属于他的父亲、叔叔和祖母。因此，当戴维斯认为他发现了提耶王后的陵墓时，其实他发现的远超出他的想象，这是阿玛纳时期王室陵墓的二次葬。但戴维斯并不这样认为。当史密斯教授说他发现的并不是提耶陵墓时，戴维斯很不高兴。戴维斯将这一次发现的经过结集出版，给这本华丽的书题名为《提耶王后之墓》（The Tomb of Queen Tiyi）。[27] 他在书中留出了两页，让史密斯教授对骸骨进行了简短描述，说明它们属于一名男性。

史密斯教授在后来出版的有关王室木乃伊的专著中，又对这些骸骨进行了详细的分析，并且得出结论，此人就是阿赫那顿。此外，他认为尸体存在的颅骨畸形是病理性的，即脑积水。但史密斯教授的这一推断可能有误。脑积水患者的脑部会有过量的脑脊液，脑脊液积聚会对颅骨造成压力，导致颅骨扭曲及某些区域的颅壁变薄。KV-55 中发现的颅骨并未出现颅壁变薄的情况，而且相当细长，不像脑积水造成的颅骨呈球状。这个颅骨的形状，即头颅指数，很不寻常，它达到了正常范围的高值。我不认为这与任何病理有关。

戴维斯已发现了两座与图坦卡蒙直接相关的陵墓，图坦卡蒙的曾祖父母尤雅和图雅的陵墓，以及 KV-55，那里安葬着来自阿玛纳时期的近亲，很可能是图坦卡蒙的父亲。戴维斯和艾尔顿继续在帝王谷中发掘，他们也离图坦卡蒙越来越近了。一次极为偶然的机会，让他们发现了隐匿在岩石之下的第一条线索，证明图坦卡蒙可能被埋葬在帝王谷里。那是一个印有图坦卡蒙名字的彩陶杯。[28]1907 年，戴维斯和艾尔顿发现了一处小型灰坑，其内似乎残存着某种古代的食物。和鸭骨、杯子、酒罐、花环混合在一起的，还有印有图坦卡蒙之名的木乃伊裹尸布。戴维斯并不确定自己发现了什么，显然他也不认为这有多重要。灰坑中所发现的胸花，一般是古埃及的人们参加社交活动时佩戴的。人们先是从莎草纸上剪下一个大领子的形状，然后在上面缝上花朵，制成胸花（图 2.5）。戴维斯曾经将一个胸花递给游客，让他们试着把胸花撕开，以显示莎草纸即使在3000 年后也十分结实。

赫伯特·温洛克（Herbert Winlock）是大都会艺术博物馆的一位年轻的考古学家，他拜访了戴维斯，并注意到这处宝藏。温洛克意识到这一发现的重要性，便询问戴维斯是否可以把这些物品送给博物馆，戴维斯很高兴地把发现都交给了他。几年后，温洛克在代尔巴赫里附近发掘，发现了一个名为伊比（Ipy）的防腐师的窖藏。也许就是在那时，温洛克第一次意识到戴维斯发现的应该是另一个防腐师的窖藏。[29]防腐师在制作木乃伊时，

图 2.5   图坦卡蒙葬礼上一位哀悼者佩戴的胸花（帕特·雷姆勒摄）

通常会剩下一些材料，如裹尸布、钠（用于尸体脱水），等等。由于它们与死者有关，具有神圣性，所以不能被随意丢弃。防腐师通常会挖一个小坑，把多余的材料埋起来。戴维斯发现的很多东西都与防腐师伊比的窖藏相吻合。包括装满钠、裹尸绷带和动物骨头的罐子。在下葬时，一家人会聚在墓穴附近吃最后一顿饭，而这就是骨头的来源。戴维斯发现的是图坦卡蒙葬礼上多余的防腐材料和最后一顿饭的食物残骸。

温洛克的职业生涯蒸蒸日上，先是成了发掘者，之后担任大都会艺术博物馆埃及部的负责人，最后成为大都会艺术博物馆馆长。直到 1941 年，也就是图坦卡蒙陵墓被发现很久之后，他才公布了戴维斯对防腐师窖藏的发现。[30] 如今，这些发现可以在大都会艺术博物馆里看到。它们就放置在埃及展区的一间侧厅里。鲜少有人会到那里参观，但这是真实的历史。想象一下，佩戴胸饰的那些人——图坦卡蒙的遗孀安赫塞纳蒙；图坦卡蒙的大臣艾伊，他将接替图坦卡蒙成为埃及国王；霍伦海布，即将夺取政权并结束王朝的将军。你几乎可以重现他们吃的整顿饭——鸭子和葡萄酒。饭后，仆人们把所有的东西收集起来，挖了一个小坑并埋了起来，它们在那里保存了 3000 年，直到戴维斯发现了它们。

就连裹尸布也在述说着故事。埃及所有的布都是以亚麻植物做成的亚麻布，古埃及没有棉花。在制作木乃伊时，需要大量的亚麻布用于裹尸，而这通常取自死者的床单。旧床单被撕成适合裹尸的条状。有时，如果死者生前很富有，你还可以看到"浆洗标记"，墨迹会告知仆人床单的去向，诸如"在某某的床上"之类的话。有时，这些墨迹只是标记了床单的品质，如"很好"或"非常好"。图坦卡蒙的裹尸绷带有两点值得玩味。首先，上面大多写有他的名字和题字的年份，如"图坦卡蒙统治的第八年"。因此，仅从绷带就可以判断出他至少统治了埃及八年。其次，绷带是由床单撕裂而成的，所以总有一边是参差不齐的，有时两边都是。图坦卡蒙的大部分绷带也是如此，但有些却有两道锁边。这些是唯一发现有两道锁边的裹尸绷带。这意味着这些绷带是专门为法老的葬礼而编织的。古埃及人对待这位法老的葬礼可谓一丝不苟。这一发现的重要性远远超出了当时人们的想象。当戴维斯发现这些遗物时，他正站在距离图坦卡蒙那完好无缺的陵墓仅不到 100 米的地方。

"帝王谷的陵墓如今恐已穷尽"

戴维斯已发现了两个直接的证据，表明图坦卡蒙陵墓就在帝王谷的某处。他先是发现了印有图坦卡蒙名字的彩陶杯，还有防腐师的窖藏。但这还不算完。1909 年，他有了最后一个关于图坦卡蒙陵墓的发现。戴维斯发现了一座未完工的小型墓葬，里面的随葬品有一个巫沙布提俑和一些金箔，上面写着图坦卡蒙的名字。戴维斯据此得出结论，他发现了被盗掘的图坦卡蒙陵墓。他在出版的一本精美的图书中公布了自己的新发现，在描述图坦卡蒙发现的序言中，戴维斯总结道："帝王谷的陵墓如今恐已穷尽。"[31]不久之后，他放弃了在帝王谷的发掘许可权，而这却为卡特打开了大门。

由于缺乏经费的支持，卡特无法独立完成发掘。他需要一位富有的赞助人。威尔士第五代卡纳冯勋爵乔治·赫伯特（George Herbert）扮演了这一角色。卡纳冯勋爵是一位富有的贵族和收藏家，热衷于饲养赛马和赛车，同时也不幸地遭遇了世界上最早的一次近乎致命的车祸。卡纳冯勋爵拥有一辆首批在英国注册的汽车，并于1901年将其带到了德国。他在开车穿过乡间时，在路中央差点与两辆牛车相撞。他突然转向以避开它们，结果车胎撞上路边的岩石并发生了爆胎，车翻了个底朝天。幸运的是，车子落在了沟里，而不是路上，否则卡纳冯勋爵恐怕会被压死。在这次车祸中，他的手腕和下巴骨折，还患有严重的脑震荡和其他损伤，致使他的余生始终健康状况不佳。后来，卡纳冯移居埃及养病，并觉得墓葬发掘应该会非常有趣。

卡纳冯获得了发掘许可，但位置却是在卢克索西岸一处没什么前景的区域。在发掘的头两年里，他挖掘了许多已知但遭到了盗掘的3000年前的底比斯市民的墓葬。他发现了一座失落的古墓，属于埃及第18王朝时期底比斯市长提提基（Tetiky）。墓葬已被洗劫一空，但壁画仍然值得记录，还有一些有趣的仆人俑幸存了下来。

在另一座墓葬中，卡纳冯发现了一块写了字的石板，后来被称为"卡纳冯石碑"。上面有一段有趣的历史记录，讲的是外国入侵者希克索斯人（Hyksos）被驱逐出埃及的故事。石碑以祭司体书写而成，这是一种草书体的象形文字。然而在发现它时，卡纳冯并不知道其中的含义。他在发掘季结束时离开了卢克索，随意把石碑放在了古物管理局办公室的一只篮子里，没有留下只言片语。后来，当这一考古成果被公布时，在埃及学界引起了不小的轰动，因为它记录的时期鲜有相关记载。[32] 部分原因是埃及人从未记录过失败，他们肯定也不会留下有关被入侵和征服时期的记录。后来，艾伦·嘉丁纳爵士发表了石碑的全文，并宣称这是一份真实的历史文献，而非虚构的故事，引起了考古界的轰动。[33]

卡纳冯头两年的发现并不像戴维斯在帝王谷的发现那样令人惊叹，但却足以让他对发掘这件事兴趣盎然。他也意识到，需要一个熟练的发掘者来帮助他，马斯佩罗建议他雇用卡特。马斯佩罗试图通过这种方式来弥补自己在萨卡拉事件中对卡特的不公。因此，是萨卡拉事件和一场很早以前的车祸，最终使卡特和卡纳冯走到了一起。现在，他们都在走近图坦卡蒙的路上，只是他们还不知道，他们的联手将带来惊人的发现。他们发现了三座被多次埋葬的墓穴，共发现了 64 具棺饰和一块象牙游戏板，上面是名为"猎犬和豺狼"游戏的棋子。卡纳冯可以得到部分棺椁，虽然它们不够精致，也不适合作为个人收藏，但却可以卖给世界各地的博物馆，从而获得继续发掘的经费。

在埃及有监管发掘的早期，存在着活跃且合法的古董交易，卡特作为卡纳冯的中间人，经常能从卢克索的特许古董商那里购买最精美的艺术品。他曾为卡纳冯购买了图坦卡蒙的祖父阿蒙霍特普三世的手镯上的三块漂亮的石质饰板。这些饰板可能是盗墓贼从法老的墓中盗出的。今天，我们在大都会艺术博物馆中依然可以看到它们。

法老在建造神庙时，也会举行类似于我们今天施工前的奠基仪式。他们在未来神庙的四个角落挖坑，埋下建筑工具模型和符咒，以确保施工能够顺利进行。卡特和卡纳冯发现了哈特谢普苏特女王神庙的地基，这又是一个重要的发现。在与卡特一起发掘了三年后，卡纳冯觉得自己的发现已足够发表了，便自费出版了五年挖掘的成果。[34] 他聘请专家撰写论文，从不同角度描述他的发现，其中还收录了几篇卡特的文章。

从他们共事的时间来看，很显然这两个人合作无间。实际上，卡特只在卡纳冯的五年发掘生涯中的最后三年给予了协助，但在书的序言中，卡纳冯对卡特在整个发掘中的工作作出了高度评价："霍华德·卡特先生一直负责所有事项。我们的工作取得的所有成就，都归功于他在对一切事物的系统记录、绘制和拍摄的过程中，所秉持的不懈观察和细心。"

当通往图坦卡蒙的大门被逐渐打开时，卡特和卡纳冯正计划着他们的下一个发掘季。戴维斯确信帝王谷已没有什么可找的了，于是放弃了他在那里的发掘许可权。那是 1914 年，卡特和卡纳冯抓住时机，迅速出手，取得了帝王谷的发掘许可权。卡特确信，图坦卡蒙陵墓就在帝王谷，只是仍未被发现而已。现如今，两人开始了严肃认真的追寻，他们坚信图坦卡蒙正在帝王谷那成吨的杂乱石灰石碎屑下面等着他们呢。

他们低调地开始了，起点是一个不可思议的地方，那就是位于帝王谷西部偏远地区的阿蒙霍特普三世的陵墓。拿破仑的学者们曾调查过这座陵墓，但里面堆满了坚硬的碎石，他们很快就放弃了。不久之前，哈里·伯顿协助戴维斯进行了调查，但戴维斯很快就放弃了这里的事业。现在，卡特和卡纳冯决定看看他们能找到什么。也许他们只是想能在碎石中发现更多的饰板。或者更有可能的是，他们觉得不应该在此时进行大规模的调查，因为与德国的战争一触即发，他们的发掘可能不得不中止。无论如何，卡特的决定很快得到了回报。

他们先是清理陵墓前成堆的残渣，几天后，卡特发现了完好无损的地层沉积物，而他也知道自己该找什么了。令人惊讶的是，他们找到的一些小型物件是为阿蒙霍特普三世的父亲图特摩斯四世所刻的。卡特推断，这座陵墓先是由图特摩斯四世开始修建，后来由阿蒙霍特普三世接手并完成。他们在陵墓里的残渣中，还发现了一些损坏了的王室之物。其中有几尊残破却精美的仆人俑，它们作为卡纳冯的藏品的一部分至今仍藏于海克利尔城堡（Highclere Castle）。他们的发掘仅持续了一个月，便不得不停下来了。在战争爆发前夕，卡纳冯动身返回英国，卡特则在开罗的英国情报办公室担任文职。

英国人希望战争能快点结束，好在"圣诞节前回家"。但事与愿违，冲突持续了四年。虽然卡特在开罗工作，但他仍然能够前往卢克索。在他的一次定期访问期间，正值反德情绪高涨，卢克索的德国发掘营地被炸毁了。它是埃及学的一部分，卡特也曾参与其中，但此时只能止步于此。

卡特的情报工作收入微薄，但最后他还是被解雇了。为了维持生计，他为嘉丁纳爵士临摹卢克索神庙的壁画，用于出版一部壁画和铭文研究的专著。嘉丁纳给了他一份可观的薪水，而卡特对于能够重新担任考古艺术家的工作十分开心。他还通过文物交易赚了一些钱。在战争年代，卢克索几乎没有外国人，卡特可以以合理的价格从古董商那里挑选心仪的精品。战争终于宣告结束了，时隔两年，卡特与他的赞助人才恢复了联系。是时候认真寻找图坦卡蒙了。

战后的埃及发生了变化。皮埃尔·拉考（Pierre Lacau）成为马斯佩罗的继任者①。虽然他也是法国人，但与前任有着截然不同的处事风格。他不像马斯佩罗那样和善，是个遵守规则的人。更重要的是，拉考认为所有的重大发现都应该留在埃及。卡特与他讨论了未来可能的发掘地点，也提到了阿玛纳。拉考毫不犹豫地拒绝了。他认为文物应该留给古物管理局，即便不是那里，也应该是一家知名的博物馆或大学，但肯定不是卡纳冯这样的私人。

拉考的态度极具时代标志性。埃及的民族主义情绪不断高涨，1918 年，民族主义运动领袖萨阿德·扎格卢勒（Saad Zaghloul）率领代表团与英国埃及事务高级专员雷金纳德·温盖特爵士（Sir Reginald Wingate）会晤，要求埃及实行自治，但遭到对方的拒绝并被逮捕。骚乱迅速蔓延至整个埃及，这就是卡特和卡纳冯在帝王谷重启发掘时的背景。

卡特和卡纳冯打算沿用戴维斯的发掘技术，将帝王谷的每一寸土地都

---

① 1899 年，马斯佩罗再次任职古物管理局局长一职，直至 1914 年。——编者注

挖至基岩。卡特认为，拉美西斯六世陵墓正下方的一处未挖掘的三角形区域或有收获。但拉美西斯六世陵墓很受游客的欢迎，要想清理这一区域需要关闭陵墓，这无疑无法实现，因此三角形区域的发掘不得不搁置了。

1919年的发掘季无果而终，但1920年的发掘季出现了转机。2月26日，卡特和卡纳冯在梅伦普塔墓（Merenptah）附近的废墟中，发现了13个大型雪花石膏存储罐。这些容器表面涂有黄绿相间的蜡，形成了花卉图案。罐上刻着梅伦普塔和他的父亲拉美西斯二世的名字。这些罐子曾在拉美西斯统治期间使用过，后来被重新用于梅伦普塔的防腐和安葬。因为罐内存放着圣油、钠和用于法老丧葬的其他物品，遵循仪式它们被埋在了帝王谷。拉考允许卡纳冯保留六个罐子，就当时的形势而言，这一划分很公平。

卡特打算在下一个发掘季回到拉美西斯六世陵墓前的区域，但旅游业使他无法关闭通往陵墓的道路，便只能转移到帝王谷的另一片区域，却以失败告终。此时，卡纳冯也认为在帝王谷里似乎不可能有任何发现了。1922年夏天，卡纳冯请卡特到海克利尔会面。卡纳冯表达了自己的立场，但卡特反驳说，拉美西斯六世陵墓前还有一块空地没有清理。卡特甚至表示愿意自己支付发掘费用，并应允卡纳冯可以保留所发现的所有文物。卡纳冯被卡特打动了，同意再支付一个发掘季的费用，而这将是他们寻找图坦卡蒙的最后机会。

第三章

———•———

美妙之物

　　1922 年 11 月 1 日，卡特开始了他的发掘，他心知这或许是自己的最后一个发掘季。他在拉美西斯六世陵墓前的一处未被破坏的三角地带工作。第一件事是清理古代工人的棚屋。在帝王谷里建造陵墓的工人们住在山谷另一边很高的山脊一侧的偏僻村庄里。他们长途跋涉，沿着山脊一侧行进，再跨过山脊进入帝王谷，所以有时他们就在工作地点附近搭建临时的圆形石屋过夜。家人们每天在不同时间为他们送饭。这个如今被叫作代尔麦地那（Deir el Medineh）的地方，在当时受到了严格的管理。棚屋四周是防护墙，只有一个可进出的大门。这里聚居着画家、雕刻师和泥瓦匠，他们深知法老宝藏的秘密，因而受到密切的关注。

　　由于帝王谷从未有人居住，也很少有人光顾，所以这些工人睡过的小屋得以保存了下来。卡特先对其进行了记录，然后开始着手拆除，以便团队能够发掘到基岩。经过一天的清理，11 月 4 日，一名工人发现了地表上的一级台阶。这是一个很好的迹象。通常情况下，要在基岩上凿出约 66 米高的台阶，再水平地将石灰岩挖空以成墓穴。清理工作仍在继续，到 11 月 5 日晚上，他们已经发现了 12 级台阶，露出了一扇灰泥门的上半部分，上面还保留着王室墓地的封印（图 3.1）。卡特几乎肯定自己发现了一座法老

图 3.1 王室墓地的封印，上面刻有木乃伊之神阿努比斯和被囚禁的俘虏（格里菲斯研究所）

的陵墓，但他无法确定是哪位法老。透过墓门顶端的一个小孔，他看到灰泥门后面的通道被碎石填满了，这是用以阻止盗墓者的。陵墓很可能还完好无损。令卡特困扰的是那只有不到 2 米宽的狭窄阶梯，其他王室陵墓的入口通常十分宽阔。他竭力抑制住自己的兴奋，让工人们用沙子和碎石填满阶梯，然后给仍在英国的赞助人发电报："我们终于在帝王谷有了惊人的发现。这是一座宏伟的陵墓，封印完好无损，我将其恢复原样，等待您的到来。恭喜！"我们知道，卡纳冯对找到图坦卡蒙是心存疑虑的，他在收到卡特的电报后，就打了电话给艾伦·嘉丁纳，问嘉丁纳是否认为这有可能是图坦卡蒙的陵墓。作为一位谨慎的学者，嘉丁纳对卡纳冯说自己无法给出答案，因为发掘非其专长。

卡特等了两个多星期，卡纳冯终于在女儿伊芙琳（Evelyn）的陪同下，于 11 月 20 日抵达了亚历山大港。卡特前往开罗迎接他们，三人乘坐火车一同前往卢克索。而我们现在只能想象他们之间的对话了。

当他们抵达卢克索时，阶梯再次被清理干净，在封印的墓门下方，出现了图坦卡蒙的王名圈。随着墓门的拆除，发掘者们看到了碎石中的一条狭窄的小路，几乎可以肯定这是古代盗墓贼所为。这座陵墓也曾被人闯入。

这个发现迅速传遍了卢克索，传到了正在发掘的其他团队那里，然后传遍了全世界。当时的报刊就法老及其墓中的宝藏提出了种种猜测。此时，没有人真正知晓实际的情况，但一家法国画报《虔诚者》（Le Pélerin）却描绘出了一幅极富想象力的画面，绘声绘色地描述了当墙壁被拆除后，卡特和卡纳冯进入陵墓的场景（见彩图 6）。[1]

11 月 23 日，工人终于将长 9 米，向下通往墓室的甬道清理完毕。雪花石膏罐、陶器和各式工具散布在石灰岩碎渣中。终于，他们找到了第二扇灰泥门。有清晰的证据表明，这扇门曾被破坏过，然后又被重新密封起来。卡特在门的左上角开了一个洞，插入蜡烛测试里面的空气状况。没有人能比卡特更贴切地描述整个场景了：

> 起初，我什么也看不见，热气从墓室内逸出，蜡烛的火焰随之摇曳。但不久，我的眼睛逐渐适应了光线，墓室内的细节慢慢从薄雾中显现出来，异兽、雕像和到处泛着金色光芒的黄金。在旁观之人的眼中，这一刻似乎凝滞了——我惊讶得哑口无言。卡纳冯勋爵再也无法忍受这种悬念，他焦急地问道："你能看到什么吗？"我所能做的只是说："是的，美妙的东西。"[2]

卡特凝视着墓室，里面塞满了图坦卡蒙在下一世所需的所有物品——战车、雕像、游戏板、亚麻布、珠宝、床榻、椅子，甚至还有一个宝座，它们都堆在一起。古代盗墓贼显然在偷盗行动中被抓住了，或是被吓跑了，因为它们几乎没有受到任何扰乱。陵墓几乎完好无损。

　　这是漫长的一天，面对未知的紧张情绪让所有人筋疲力尽。封闭陵墓、派驻守卫，挖掘小队离开了。第 27 天，他们返回了陵墓，拆除了曾屏息窥探过的那堵墙。电灯被拉进了陵墓，他们第一次看清了墓室和随葬品的规模。之前在烛光下所看到的墓室大约是 8 乘 4 米大小，里面堆满了前所未见的随葬品（图 3.2）。其中有一套三件齐腰高的长榻，通体为镀金木质，上面饰以兽首，这是在图坦卡蒙木乃伊的丧葬仪式上使用的。紧靠北墙有两尊真人大小的镇墓俑，守护着墙后的东西，几乎可以肯定那里就是主墓室。考古小队进入的不过是陵墓的前室。

　　此刻，他们已身处墓室，在良好的照明下，卡特和卡纳冯又看到了一间较小的墓室，由前室的西壁凿穿而成，面积约为 4 乘 3 米，高约 2.5 米，即所谓的副室（Annex）。里面也装满了珍宝。

图 3.2　前室的珍宝

组建全明星团队

卡特和卡纳冯已经意识到他们所面对的是一项艰巨的任务。面前是成百上千件脆弱不堪的文物，谁知道墙后面还有什么？可能是一间又一间墓室，里面装满了更多的珍宝。这是一个不可思议的发现，也是一份令人深感惶恐的责任。每一件文物在被移走之前都必须记录清楚其所在位置，有时甚至在转移之前都必须原样保存在墓葬中。正确发掘这座陵墓需要耗时数年，卡特很快就意识到他需要协助。

卡特是幸运的，他拥有了如此迷人且极具历史性的发现，每个人都渴望能够参与其中。大都会艺术博物馆为卡特提供了主要的帮助。他们在埃及已经建立了一支经验丰富的大型团队，能够给予卡特最大的支持。最终，大都会艺术博物馆为卡特的团队提供了几名成员，也许阿瑟·梅斯（Arthur Mace）是其中最关键的人物。梅斯有着数十年的发掘经验，更重要的是，他是一位非常有耐心且优秀的文物保护专家。他曾是大都会艺术博物馆考古队的一员，参与发掘了利斯特市（Lisht）发现的塞涅布悌斯夫人（Lady Senebtisi）的墓葬。[3] 当时出土了一件塞涅布悌斯夫人的衣服，珠饰腰带由一万多颗珠子穿缀而成。珠串的线已经腐烂了，梅斯将蜡加热熔化，把蜡液倒在珠子上，使其固定在原位，就这样将衣服顺利地从墓中取了出来。随后，再将珠子重新穿上线，加热后去除表面的蜡，珠饰腰带的原样完整呈现了出来。梅斯在利斯特工作时，他的岳父母担心自己的女儿的生活设施匮乏，便给女儿送去了一架贝希斯坦钢琴，它被驼群背负而至。这也成了有关发掘的一则轶事，有一部梅斯的传记，就叫作《驼峰上的大钢琴》（*The Grand Piano Came by Camel*）。[4]

梅斯的文物保护经验对卡特颇有助益。图坦卡蒙陵墓清理工作开始之初，他就在帝王谷附近的一座陵墓里建立了一个保护实验室，在那里孜孜不倦地研究脆弱的图坦卡蒙珍宝。除了文物保护技术，梅斯还很擅长写作，这一点很重要，因为卡特几乎没有受过正规教育，他的信中满是拼写和语法错误。第一个发掘季结束后，卡特和梅斯很快完成了描述图坦卡蒙陵墓发现和发掘三卷本中的第一卷。梅斯完成了大部分写作，并创作出一部引人入胜的考古学经典。心怀感激的卡特没有独自站在聚光灯下，而是将梅斯的名字一同放在了扉页上。

大都会艺术博物馆团队的另一名成员，哈里·伯顿的名字也出现在了扉页上。伯顿也是一名发掘人员，但卡特真的不怎么需要发掘方面的帮助。这是一个完全不需要发掘的发现。一切都在那里，在一个干净的陵墓里。卡特需要的是伯顿的摄影技术，这相当重要。卡特计划在移动珍宝之前对每件文物进行原位拍摄。图坦卡蒙陵墓将成为历史上拍摄最为彻底的发掘地点。同时，也正在为未来的陵墓考察制定新的标准。伯顿在拍摄易损文物方面有着丰富的经验，他知道在移动之前记录它们有多么重要。有时它们就在你眼前变得支离破碎。在《纽约时报》的一篇报道中，伯顿讲述了这样一段经历：

> 我记得在清理被白蚁侵扰的埃及第十八王朝陵墓群时，最初拍摄的照片成了大多数木质文物的唯一记录。那些棺木看起来完好无损，但一碰就立刻化为斋粉。其中一座墓葬出土了一件非常漂亮的小型木质女童俑，看起来保存完好。它孤零零地站着，在拍摄完整个墓室的全景后，我把相机对准了它，打算曝光底片两分钟，可只曝光了 1 分 45 秒，木俑突然垮塌，只剩下了一小堆粉末。我赶快关掉光束，用帽子把相机遮住，然后去冲洗底片。所幸底片的质量很好，虽然雕像已经不存在了，但我们对它有了完整的记录。而这只是许多类似案例中的一个。[5]

在发掘图坦卡蒙陵墓的十年间，伯顿拍摄了数千张精美的照片，至今仍被学者们广泛引用。他甚至还去了好莱坞，学习了操作电影摄影机的短期课程。正因他的好莱坞之行，成就了一部展示卡特和梅斯从陵墓取出文物的经典影片。

　　卡特知道，他需要人手来协助梅斯保护这些脆弱的文物，于是便邀请阿尔弗雷德·卢卡斯加入团队。卢卡斯是一位化学家，供职于开罗政府化验所，但他对考古学有着浓厚的兴趣，还协助了几次发掘工作。在参与图坦卡蒙陵墓发掘后，他出版了《古埃及材料》（*Ancient Egyptian Materials*）一书，成为古物管理局的化学家顾问。[6]

　　卡特正在组建一支全明星团队。他找来了能够翻译任何铭文的艾伦·嘉丁纳。嘉丁纳是我们有些人在埃及象形文字课上仍在使用的那本权威著作的作者。[7]

　　卡特为团队招募的首批成员之一还有阿瑟·卡伦德（Arthur Callender），他是住在离卢克索不远的一名退休工程师，曾在铁路局工作，拥有卡特认为可能需要的各种技能。比如移走沉重的石棺、拆解神龛、拆卸复杂的文物然后重新组装起来。卡特在发现 12 级台阶后就将卡伦德拉进了团队，卡伦德同意了。他们第一次透过墙壁观察墓室时，卡伦德也在旁边，后来在狭窄空间搬动大型文物时，卡伦德发挥了巨大的作用。

　　队伍集结完毕后，卡特专程前往开罗，做了一个坚固的铁栅门作为陵墓的门。他还买了 32 包厚棉布，将近 2000 米的棉絮和外科绷带来包裹易碎的文物。卡特拥有了一生难得的发现和充足的资金支持。他买了一辆福特汽车，以便前往帝王谷。这一切花了大约两周的时间，就绪后，他们准备开始工作了。卡特希望他们最终能更多地了解这位神秘的图坦卡蒙法老究竟是谁。

　　如今，图坦卡蒙是古埃及最著名的法老，但在卡特发现他的陵墓时，人们甚至不知道他是个少年法老。流行歌曲《老图坦卡蒙是个聪明的老疯子》（*Old King Tut Was a Wise Old Nut*）（图 3.3）迅速被推出，以利用这一轰动性的新发现。甚至在埃及学家当中，当时对图坦卡蒙也知之甚少。与卡特的发现同时代的，有两部古埃及史，均由杰出的詹姆斯·亨利·布雷斯特德（James Henry Breasted）所撰。布雷斯特德曾接受药剂师的培训，

图 3.3　在仔细检视随葬品之前，没有人（当然也包括歌曲作者）知道图坦卡蒙是位少年法老

但他很快意识到，比起配药，他对埃及学更感兴趣，于是动身前往德国修习埃及象形文字。欧洲人在开设埃及学课程方面遥遥领先于美国，布雷斯特德师从文献学家阿道夫·埃尔曼（Adolph Erman），成为第一位获得埃及学博士学位的美国人。翻译所有的古埃及铭文是布雷斯特德的学术旨趣。

在 20 世纪初，布雷斯特德开始了令人难以置信的单独行动，他翻译古埃及的所有历史记录：每一场战斗记录、每一次宗教游行、每一场加冕典礼。11 年来，他在尼罗河上漫游，翻译神庙和墓壁上的铭文，而且甘冒风险。1906 年 11 月 14 日，他在日记中写道：

> 我们早上 6 点开始工作，太阳已经下山很久了，工作却还
> 在继续。我昨天一整天都在梯子上，在猛烈的阳光下对着一面刺
> 眼的墙复制。今天早上起床时，我的一只眼睛肿了。即便戴着墨
> 镜，有时也觉得没法在阳光照射的墙上工作。[8]

结束了详尽的调查后，布雷斯特德出版了五卷本的《埃及古文献》（*Ancient Records of Egypt*）。在他 11 年的研究中，他只发现了一座图坦卡蒙统治时期的历史遗迹——胡伊（Huy）墓，此人曾是图坦卡蒙时代的努比亚总督。[9] 后来，在撰写 600 页的《埃及史》（*History of Egypt*）时，布雷斯特德对图坦卡蒙的着墨还不到一页。[10] 因此，当卡特团队开始清理陵墓的前室时，人们非常兴奋，期待着图坦卡蒙的神秘终将揭晓。

陵墓前室里有几个木箱，人们都希望里面装的是莎草纸文件，这样就可以了解图坦卡蒙的统治，但愿望落空了。里面装的大多是极难保存的衣服。梅斯向妻子发送了每日情况，其中不乏他们所处困境的细节。

> [1 月 6 日] 刚才我们正在清理一个箱子，里面装的衣服和鞋
> 子覆满了珠饰。布料腐烂得几乎无法触摸，好像看一眼，珠子就
> 会从鞋上掉下来。而且，树脂渗了出来，把所有的鞋都粘在了一
> 起，你可以想象这是一项多么艰巨的工作。[11]

图坦卡蒙是勇士法老吗？

给梅斯带来麻烦的衣服，装在一个异常精美且极具历史意义的箱子里。木箱的四面绘有场景。两个长边描绘的是作为军事将领的图坦卡蒙击败了敌人。埃及几乎一直处于战争状态。战争的目的在于，让军队每年（无端）出征，痛击邻国，然后带走一切可以带走的东西，如牲畜、奴隶和黄金。让敌人明白，他们最好在第二年及时纳贡，否则埃及人就会回来。战争是一笔好买卖，对埃及的经济作出了很大的贡献。这一切之所以成为可能，

是因为尼罗河。

每年 7 月，尼罗河水位上涨，河水漫过河岸，从南部带来的肥沃的表土，使土地变得富饶。对古埃及人来说，洪水近乎神迹。由于表土悬浮在水中，尼罗河先是会变成棕色，然后，随着上面漂浮的移动缓慢的植被，它又会变成绿色。最后，它会上升九米。埃及人不明所以，把这看作纯粹的魔法。但这一现象创造了埃及的伟大，他们深知这一点。

为了充分利用这一美妙的赐予，农民们开凿灌溉渠，将水和表土引入内陆，创造了尽可能多的农田。古埃及人种植出了远超需求量的粮食，这正是他们能够拥有一支常备军的原因，而且这还不是由农民组建的，而是一支职业军队。古埃及可以多养活两万左右的人口，他们虽然不能对经济作出直接的贡献，却最终会为埃及的国库作出巨大的贡献。这与现代军事力量形成了鲜明对比，后者被视为消耗储备的必要手段。现代军队是不能带来收入的。

其他国家根本没有机会对抗埃及的职业军队，于是埃及得以繁盛起来。人们期望法老能够带领士兵亲征，而非一个有名无实的首脑，图坦卡蒙的彩绘木箱显示了他在战斗中的样子。

图坦卡蒙真的参加过战斗吗？我们不能确定（参见第十二章）。在他统治的大部分时间里，他还只是个孩子。重要的是，他现身于战斗之中，这与其父阿赫那顿所走的道路截然不同。阿赫那顿曾发誓永远不会离开圣城阿玛纳，而且据我们所知，阿赫那顿也的确从未离开过那里。所以他显然不能成为军队的领袖，所有迹象都表明，阿赫那顿统治时，埃及军队曾遭受重创。我们虽然没有当时的战斗记录，却有驻外使臣写给阿赫那顿法老的信件，请求他派遣军队，以便使埃及重新获得外国的尊重。[12] 然而这些请求没有得到回应。阿赫那顿对军事根本没有兴趣。

图坦卡蒙的彩绘木箱就像一张竞选海报。它告诉了我们他的统治会是什么样的。法老再次带领军队，与埃及的宿敌作战。

箱子里的衣服必须加以保存，箱子也是如此。这些画有剥落的危险，所以梅斯和卢卡斯在箱子表面涂了一层薄薄的蜡，确保图像不会消失。每当梅斯战胜了一个挑战，就会出现另一个挑战。梅斯不断给家里写信，描述下一个要解决的问题。

> [1 月 8 日] 我几乎花了一上午的时间在陵墓里熔蜡，来处理一个状况非常糟糕的脚凳和一只珠子缀成的鞋子。我想我会把它们修好的，但我们面前的修复工作数量惊人……很幸运，我能有卢卡斯这样一个好小伙一起工作，我们几乎所有的时间都在陵墓的工作室里度过。[13]

不可思议的黄金宝座

卡特认为黄金宝座是所有陵墓前室的随葬品中最精美的。事实上，在所有文物都从陵墓中清理出来并运到开罗后，他才有时间认真思考，并且宣布这是"埃及迄今为止发现的最美丽之物"。（此时他还没有看到黄金面具）卡特用了两页纸的篇幅来描绘黄金宝座的美丽，靠背所绘的人物是多么的放松，但当谈到宝座揭示了图坦卡蒙的何种信息时，卡特却没有给出应有的答案。他承认，这是阿玛纳时期的作品，甚至对宝座靠背上被抹去的王名圈感到奇怪，而且他也没有夸大自己从宝座中了解到的信息。

几十年来，人们都知道图坦卡蒙与阿玛纳宗教改革有关。阿赫那顿沙漠中的圣城阿玛纳的记述对他早有提及。宝座清晰地表明了图坦卡蒙是阿赫那顿的继承人，甚至还介绍了他的妻子安赫塞纳蒙王后。也许更重要的是，在图坦卡蒙陵墓发现的数千件文物中，黄金宝座证实了我们对图坦卡蒙为何消失得无影无踪的猜测。他是阿玛纳宗教改革的核心人物。

　　宝座并非纯金材质，它是木质的，上边覆盖着金箔，装饰着半宝石、彩色玻璃和陶艺镶嵌物。的确，它是一件引人瞩目的精美文物。卡纳冯勋爵认为这是"迄今为止发现的最不可思议的家具之一"。它与其他图坦卡蒙的宝藏曾一起陈列在埃及博物馆的二楼。[14] 在那里，它与图坦卡蒙的黄金面具、纯金棺具和真人大小的少年法老木雕炫异争奇。哪怕竞争再激烈，宝座的周围总也不乏观赏的人群。

　　几乎每个人都被宝座靠背所绘之事吸引住了（见彩图 7）。它描绘出了两个年轻的人物，象形文字清楚地表明了他们的身份：两土地之主图坦卡蒙，以及他伟大的妻子，两土地的女主人安赫塞纳蒙。年轻的法老姿势放松，他懒洋洋地坐着，一只手臂放在宝座的顶端。安赫塞纳蒙一手拿着浅碗，一手触摸丈夫的肩膀，她正在为他涂抹膏油。对普通游客来说，看到这些已经足够了，是时候去观赏另一个宝藏了。但如果你仔细去看，宝座讲述的是更加耐人寻味的故事。

　　首先是包含法老和王后名字的王名圈。如果你仔细观察，就会发现它们曾被改动过。图坦卡蒙和安赫塞纳蒙的名字已经取代了以前的名字。

　　接下来的线索是场景本身，尤其是法老放松的姿势。除了图坦卡蒙短暂的 20 年的人生之外，你可以搜索所有的埃及历史，都不会发现如此轻松的姿势，这个场面很不寻常。古埃及的法老和王后是世间之神，而非普通人，他们也不会以普通人的形象示人。这有点像英国人对待女王的方式。你从未见过伊丽莎白女王与家人共进早餐的照片。报纸甚至不允许援引女王的话。对埃及法老和王后来说，一切都是官方的、风格化的肖像。从来没有懒散之姿。

　　另一个不寻常的特征是这对年轻夫妇身后的阳光。光线末端是手形，有些拿着象征生命的十字符号。我们知道阿顿神的外形是太阳圆盘，它给予了整个埃及生命。在埃及 3000 年的历史中，只有在大约 20 年的时间里才能见到这种表现形式。这就是图坦卡蒙在历史中悄无声息地消失的原因，他与阿顿神和历史上的一次的重大宗教动乱有关。

如果我们站在宝座的一侧，会看到用象形文字书写的"阿顿"。在导言简短的象形文字课中，我们学习了如何阅读图坦卡蒙的名字，那一阅读规则同样适用于这里。宝座上有一个很大的王名圈，应该是法老的名字，但上面写的不是图坦卡蒙（见彩图 8），而是另一个名字。那么，王名圈中究竟是谁的名字？

最下面的两组象形文字是相同的，都是"tut"和"ankh"，只有上面的不同。如果我们把它读出来，推测出未写的元音就应该是"atn"或"Aten"。所以名字是"图坦卡顿"（Atentutankh）。我们知道阿顿是神，所以它要首先被书写。如果像拼写图坦卡蒙那样重新排列，就会得到图坦卡顿这个名字。这是最初刻在黄金宝座靠背上的名字。而被替换过的图坦卡蒙和安赫塞纳蒙的王名圈呢？它们最初被写作图坦卡顿和安赫塞帕顿。宝座上所有的名字最初都是这样写的。图坦卡顿的名字之所以出现在宝座的一侧，是因为被派去更改名字的工匠漏过了它。这是这对王室夫妇的原名，他们出生于宗教革命的鼎盛时期。在图坦卡顿当上法老后不久，革命正式结束，他的名字改为了图坦卡蒙。

因此，黄金宝座是一部重要的历史文献，充分展现了图坦卡蒙及其所处的时代。他继承了异端法老阿赫那顿的王位，因此很可能是阿赫那顿的儿子。在回归传统神祇的过渡时期，图坦卡蒙成了法老。我们还认识了他的妻子安赫塞纳蒙。而且，陵墓前室中所发现的另一件精美文物——黄金神龛，传达了更多关于她的信息。

体现恩爱的黄金神龛

陵墓前室发现的另一重要史料是一个小型镀金木质神龛，里面曾有一尊图坦卡蒙雕像。它只有 45 厘米高，是一座真实神龛的模型，与在主墓室中相互嵌套的神龛别无二致。当卡特打开它的小门时，只看到了神龛模型的金箔地面上有两个凹陷的小凉鞋印，那里曾矗立着早就被盗墓贼偷走的图坦卡蒙雕像。神龛模型外部雕刻了18幅图坦卡蒙所热衷的活动场景。其中一幅刻画的是少年法老正用弓猎捕沼泽鸟（见彩图9），安赫塞纳蒙手持另一支箭。她为图坦卡蒙带来了鲜花，并在他的颈上系了一条项链。法老将香膏倒在王后的手上。他们几乎总是在触碰着对方（见彩图10）。[15]这对王室夫妇在日常生活中摆出了各种放松的姿势，这是阿玛纳时期的延续，少见于其他时期。如前所述，我们在艺术著作中所见的描绘古埃及的日常生活场景，大多来自非王室成员的墓葬。法老和王后总是以正式的姿态示人。神龛模型四周雕刻的是一对年轻夫妇的写照，他们彼此相爱，全神贯注。这并不是一件为法老的陵墓所草率制作的随葬品，而是一封以黄金书写的情书。我们正在了解到的有关图坦卡蒙的信息比卡特所承认的要多。

梅斯和卢卡斯对于易损文物的保护工作进展缓慢，而其他人的工作取决于他们的步伐。卡特和卡伦德参与了进来，决定下一步应该搬哪件文物，如果这件文物不需要特别保护，他们会在伯顿拍下现场照片后，监督将其从陵墓中移出。一旦涉及易损文物的移动，就完全取决于梅斯和卢卡斯的判断了。例如，伯顿可能会原址拍摄一个木箱，然后必须等待梅斯移除箱内顶层的文物。移除结束后，伯顿才可以拍摄第二层的衣物，或者其他文物。如法炮制，直至木箱内的文物被完全清空。为了加快速度，卢卡斯经常会推迟建于塞蒂二世法老陵墓中的实验室里进行的保护工作。他们会先固定残件，以便将其移出前室，然后暂时封存，以备将来进行保护。两个月后，前室几乎已空无一物，每个人都在想，在两尊镇墓俑守护的墙后究竟会发现什么。卡特和卡纳冯决定暗自一探究竟。

一次无人知晓的非法闯入

就在正式拆除墓壁之前，卡特、卡纳冯和伊芙琳在夜晚返回了陵墓，在通往主墓室的墙壁底部挖了一个小洞。三个人爬了过去，看看等待他们的是什么珍宝。[16] 他们一开始定然很困惑，因为没有完全理解看到的究竟是什么。当他们爬出洞口时，似乎站在了另一堵纯金墙壁面前。事实上，主墓室里几乎所有的空间都被一座巨大的镀金木质神龛占据，它与主墓室的墙壁只有约 45 厘米的距离。曾经用乌木门闩密封的神龛门敞开着，他们看到里面还有一座更小的神龛，它的密封完好无损。图坦卡蒙就在里面等着他们。三个人离开了，在墙边放了几个篮子隐藏了洞口，以掩盖闯入的痕迹。

我们从多个渠道了解到了此次闯入事件。其中一则载于卡纳冯的哥哥默文·赫伯特（Mervyn Herbert）所写的日记。他讲述了与卡纳冯（曾被叫作波奇）和伊芙琳一起开车参加官方开幕式的经历：

> 波奇、伊芙琳和我开着一辆福特车出发，走了几分钟后，他说一切都会非常顺利，而且他能在打开坟墓时就让我进去。然后他对伊芙琳耳语了几句，让她告诉我。

> 她在我严肃地作出保守秘密的承诺后才透露实情。这是一件我永远不会泄露的事情，而且我认为这件事目前无论如何都不应该被人知道。他们已经进入了第二间墓室！在发现还有墓室之后，他们实在忍不住，就在墙上挖了一个小洞（后来又把它填上了），然后爬了过去。[17]

赫伯特还在日记中说，卡纳冯因为担心洞口被人发现，在当天晚些时候的开幕式上紧张得不行。

赫伯特的日记并不是这次闯入的唯一证据，还有照片为证。伯顿的一些照片没有除了秘密入口以外的其他考古价值。它们发表在卡特的三卷本著作的第一卷中。其中的"图 41"显示，陵墓已基本被清空，只留下了两尊镇墓俑和一只篮子，还有一些芦苇堆在主墓室的墙边（图 3.4）。篮子在

图 3.4 卡特和卡纳冯用靠墙的篮子隐藏秘密进入的洞口［《画报》（*L'Illustration*）］

图 3.5 为什么镇墓俑没有被移到安全的地方？（《画报》）

那里做什么？为什么还没有清理？答案是：它隐藏了卡纳冯、卡特和伊芙琳爬过的洞。另一张照片对熟悉发掘技术的人来说更是不可理喻。这张照片拍摄于 2 月 1 日，也就是卡特正式拆除墓壁的当天。拆除墙壁要用到锤子、撬棍，还要搬走重石。为什么镇墓俑没有被转移到安全的地方？在卡特凿穿墙壁时，他搭了一个小平台，他和卡伦德始终站在上面工作。镇墓俑的位置决定了平台只能放在两尊俑之间，也就是秘密入口的正前方，把它隐藏起来（图 3.5）。卡特知道这看起来有多么奇怪，他在书中也提到了镇墓俑。他说，陵墓已经被彻底清理了，一颗珠子都没落下，"出于特殊原因只剩下两尊镇墓俑"。[18] 但他从未详细说明，到底是什么特殊原因。

随着正式进入主墓室，卡特终于可以宣布他已经知道的事情了：图坦卡蒙在镀金的大神龛里没有受到扰动。他还可以宣布"发现"了珍宝库，它是位于主墓室旁边的一间侧室，里面堆满了珍宝。这一季的挖掘工作已经告一段落，主墓室的发掘将不得不等到来年。

孤独的卡特

事情进展的还算顺利，但就在发掘季结束时发生的悲剧，影响了陵墓未来所有的发掘工作。卡纳冯在卢克索时遭到了蚊子叮咬。就在他回到开罗，准备前往英国时，伤口感染了。1923 年 4 月 5 日，卡纳冯勋爵去世。对于多方而言，这都是一个可怕的损失。对卡纳冯夫人和伊芙琳来说，这是家庭的悲剧。对卡特来说，则是失去了一位赞助人和朋友，卡纳冯在与公众和政府互动方面给了卡特莫大的帮助。卡特尽管很沮丧，但仍要将所有文物从前室打包运往开罗。

600 多件文物从前室中被移走。卡特在开罗买的所有亚麻布和棉花都用在了这里。最后，89 箱文物又被封装进了 34 个重型木箱中，以便受到额外的保护。从帝王谷到尼罗河有 8 千米多一点的距离，尼罗河上停靠着一艘由古物管理局派来的蒸汽船，正等待着图坦卡蒙的宝藏。这些文物可以通过三种方式抵达蒸汽船：驼队背运、人力搬运，或者沿窄轨铁路推运。卡特选择了利用铁路。

利用窄轨铁路进行运输的方式经常用于埃及的考古发掘，以便搬运大量的沙泥。没有发动机，装满沙泥的手推车由工人沿轨道推运，这就是图坦卡蒙的珍宝抵达尼罗河的方式。当然，8千米的轨道并不是一次铺设而成，而是由50名工人接力完成的。铺下约100米的铁轨，将装满文物的手推车推至前端，其他工人再把后面空置的铁轨移到前面。整个交替行进过程用时15小时，而且没有发生意外。

这原本是一个非常成功的发掘季，但一场莫大的悲剧让卡特与他的赞助人阴阳两隔。卡特甚至对考古发现表达了些许失望，但这可能是因为他过于悲伤。他本希望通过这次挖掘了解更多关于图坦卡蒙的信息，正如他所说的，"我们正在了解他所拥有的一切，关于他是谁，他做了什么，我们仍在遗憾地寻找答案。"[19] 从事后的视角来判断，卡特对自己实在过于苛刻。其实，他已透露了很多关于失踪法老的信息。

第四章

·

拒之门外

图坦卡蒙陵墓的第二个发掘季应该更加容易进行。卡特已经拥有了一支技术娴熟且合作无间的团队，他也知道应该怎么做。他不仅了解文物的状况，也很清楚主墓室是什么样子的。他虽然将在没有卡纳冯的情况下继续工作，但仍有来自朋友和同事的支持。第一项主要任务就是拆除几乎填满了主墓室的最大且最外层的神龛。

这项工作很困难。因为墓室内空间有限，而且卡特必须处理干燥易碎的木材。古代工匠第一次在主墓室里组装神龛时，木材是新鲜且坚固的，他们可以将镶板敲入正确的位置。神龛的墙壁上仍然可见组装神龛的古老指示。侧板的正面是象形文字 ，意为"前面"，后面是狒狒的后躯，意为"后面"。这些象形文字与神龛屋顶上的象形文字相匹配，相当于"将凸舌 A 插入槽孔 A"的意思。除装配说明外，还有一些象形文字告知工匠如何确定主墓室中神龛的方向。目的是使大门向西方敞开。古埃及人相信下一世在西方。当有人去世时，就说"他往西去了"。死者被称为"西方人"，冥王奥西里斯是西方之主。因此，门朝西很重要。神龛的顶部前后分别是象形文字的"西"和"东"。但不知何故，在组装神龛时，工匠们迷失了方向，把东西弄颠倒了。当图坦卡蒙复活时，他走进的只会是这一世，而不是下一世。

卡特费了很大的力气才拆除了外神龛（图4.1），但他们无法将其从墓室中移出。因为他们凿开的洞口还不够大，拆除下来的大型部件无法穿过，所以他们将这些部件靠在墙边，直至发掘结束后扩大了洞口。随着第一座神龛的拆除，卡特决定打开封闭完好的内部三座神龛的大门。他小心地剪断固定螺栓的绳索，拆下封泥，然后打开门。当最内层的神龛的门打开时，几乎占据了整个神龛的一具雕刻精美的石棺出现在挖掘队面前。他们确信里面会有嵌套的棺具，而最内层棺具里的图坦卡蒙正等待着他们。

图4.1　卡特艰难地拆开围着图坦卡蒙石棺的大型神龛（《画报》）

挖掘队开始拆除剩下的三座神龛，这花了将近三个月的时间。木质神龛覆盖着一层易碎的薄石膏，上面贴有金箔。拆除是一项艰难的工作。随着神龛的拆除，石棺得以露出。它由一块黄色石英岩雕刻而成，每个角落都立有一位长着翅膀的美丽女神，她伸出双臂护佑着图坦卡蒙。棺盖以粉色花岗岩制成，却涂成了像底座的黄色石英岩一样的颜色（类似人造大理石的前身）。这一定是匆忙筹备图坦卡蒙葬礼的过程中出了问题，原有的棺盖损坏了，便使用粉色花岗岩棺盖加以替换。但石匠们也遇到了问题。棺盖上出现了一道裂缝，他们用灰泥和油漆将其掩盖起来。

在古代，图坦卡蒙陵墓的筹备工作过于匆忙，这使得现代的卡特的工作压力倍增。棺盖上的裂缝使它很难在不断裂的情况下被吊起。卡特和卡伦德终于想到了办法。他们把滑车弄进了主墓室，将绳索和铁夹置于棺盖之下，这样棺盖就能被吊起来了。石棺是霍华德·卡特和图坦卡蒙之间的最后的一个障碍了。

石棺（sarcophagus）一词的词源很有趣。它由两个希腊词根组成："sarkoma"即"肉"，"oisophagus"即"吃"。公元前3世纪，希腊人第一次进入埃及时，发现这些石头盒子里装着枯槁的木乃伊，看起来好像他们的肉没有了。所以他们称这些石头盒子为"食肉者"。

卡特希望图坦卡蒙能成为有史以来保存最好的王室木乃伊。他非常熟悉代尔巴赫里保存的木乃伊，其中许多木乃伊看起来就像在睡觉，尤其是塞蒂一世（图4.2）和拉美西斯大帝。这些木乃伊曾被包裹、解开，受到过盗墓贼的侵扰，从一个地方转移到了另一个地方，但它们看起来依然完好。图坦卡蒙在3300多年里从未受到打扰，而卡特只能想象图坦卡蒙的美丽。他计划在2月12日揭开石棺盖。

揭开棺盖将是整个发掘的又一个里程碑，卡特特意为开棺拟定了一份邀请嘉宾名单。他把这份名单发给了古物管理局局长皮埃尔·拉考，后者将其转交给了埃及公共工程部长莫科斯·贝伊·汉纳（Morcos Bey

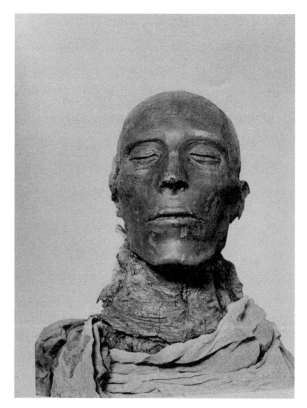

图 4.2　塞蒂一世的木乃伊是保存得最好的王室木乃伊之一

Hanna）。卡特还计划，在次日邀请他的合作者的妻子们观看开棺的结果。

棺盖吊起的时间原本定在 2 月 12 日下午 3 点，当天，卡特与同事、朋友们在帝王谷的一座空墓里共进午餐。这本该是一个令人高兴的时刻，但卡特却有些焦虑不安。他刚刚收到汉纳发来的一沓文件，向卡特说明了接下来几天的陵墓计划。汉纳在显示自己的权威，尽管卡特不喜欢，但他不得不眼睁睁地看着它的到来。

在图坦卡蒙陵墓首次被发现时，世界各地的报社都派出了记者来报道此事。卡特和卡纳冯发现自己陷入了媒体的狂热追逐，他们不断收到采访请求。卡纳冯作出了一个非常糟糕的决定，将图坦卡蒙故事的独家版权交给了伦敦《泰晤士报》。卡特和卡纳冯对其他记者缄口不言，伯顿的照片也只提供给《泰晤士报》。他们以为这样就可以继续安静地工作了。正如人们所预料到的，此举激怒了媒体，尤其是埃及的媒体。这是他们的国家，他们却得不到关于法老陵墓的任何信息，英国人却得到了。更糟的是，控制发掘和作出决定的都是外国人。在第一个和第二个发掘季期间，这些情绪一直在埃及蔓延。时代在变化，但在埃及发掘的许多埃及学家不愿意承认这一点，而那些承认这一事实的人正在对抗着变化。卡特的前同事阿瑟·韦戈尔提醒过他，但卡特没有将韦戈尔的话放在心上。

韦戈尔曾担任卢克索的文物督察，很早就认识卡特了。在他卸任并离开埃及后，成了当时最好的考古作家之一。在韦戈尔所著的一部书的导言中，他写出了精妙之语："考古作家的工作是让死人复活，而不是让活人睡觉。"卡特发现图坦卡蒙陵墓时，韦戈尔正在英国，他受《每日邮报》的派遣，作为通讯员来到卢克索。韦戈尔原本希望能以老朋友的身份受到卡特的欢迎，但卡特因为身陷《泰晤士报》一败涂地的旋涡中，拒绝了这位前同事。

韦戈尔很清楚埃及的政治气候，他给卡特写了一封信，告诉他时代已经发生了改变，而且几乎准确地预测了事态的走向：

> 在发现这座陵墓时，你和卡纳冯勋爵一开始就犯了错误，认为英国在这个国家的威望还在，你可以或多或少地做你喜欢的事情，就像我们过去一样。你发现了这座陵墓，然而，在星星之火可能会将整个杂志炸上天的此时，在需要最大限度的外交手段的时候，在埃及人以你我都不习惯的方式行事的时候……你在通知政府代表之前就打开了陵墓，当地人诟病你借机偷走了你口中的价值数百万英镑的黄金……你们两个正面临着最愤怒的诅咒，在我离开伦敦之前，就已听说你们激起了民愤。[1]

韦戈尔当然有他自己的利益考量，他是被卡纳冯的决定拒之门外的记者之一，但这并不意味着他错了。写这封信后不久，韦戈尔与其他记者联合反对卡特和卡纳冯与《泰晤士报》之间的协议。因此，当埃及政府在开棺之前表明自己的立场时，卡特知道其中的原因。尽管如此，当人群走了一小段路来到陵墓，看到棺盖被揭开时还是非常激动。

当半吨重的棺盖升起，摇荡着摆到一边时，所有人都默默地看着。起初，他们凝视着石棺，对所看到的一切都感到困惑，但很快情况就明朗了。其实，里面是又一具棺木，上面覆盖着亚麻裹尸布，经过几个世纪，它已经变成了棕色。慢慢地、小心地，卡特和梅斯将裹尸布卷起、取下，世人从未见过的最为精美的类人棺（见彩图 11）露出了真容。卡特如是描述所见：

> 我们的唇间发出惊叹的喘息声，眼前的景象是如此美丽：一尊做工极其华丽的金质少年法老像填满了石棺的整个内部……将法老的遗体包裹其中。[2]

他们怀着敬畏之心离开了陵墓，棺盖还悬在滑轮上。可形势很快急转直下。

13 日一大早，卡特的两位合作者的妻子前去观看陵墓，卡特却接到了部长禁止她们参观的通知。事实上，这座陵墓将交给埃及人看守，以确保没有未经授权的人进入。卡特怒不可遏。他赶到嘉丁纳和布雷斯特德下榻的冬宫酒店（Winter Palace Hotel）讨论当时的形势。其他人也很快加入其中。最后，卡特在酒店贴了一张告示，说他无法在这样的条件下工作，他将停止发掘。作为回应，政府控制了陵墓，基本上是将卡特拒之门外。

在反外情绪日益高涨之际，古物管理局局长、法国人皮埃尔·拉考站在了埃及人一边。他知道这是埃及的遗产，而且认为所有考古遗址中最好的文物都应该留在埃及。早在图坦卡蒙陵墓被发现之前，他就已经向其他的外国发掘团队，包括大都会艺术博物馆明确表示了这一点。拉考的进步思想被挖掘考古专家们视为对其职业生涯的威胁。许多项目是由博物馆和大学赞助的，由受托人决定其资金来源。如果他们无法为博物馆带回一些东西，又怎能说服受托人资助下一季的发掘呢？

卢克索的考古界对卡特关闭陵墓、政府随后控制陵墓的举动震惊不已。埃及学家、双方律师，以及卡特认为任何可能有所帮助的人之间的信件频繁来往。

卡特的朋友们知道他是个难对付的人，担心他一怒之下会口不择言。辩论持续了几个星期，卡特的几个同事试图代表他与政府斡旋。汉纳作出让步，提出如果卡特同意放弃对随葬品的所有权，他可能会被允许回到墓中。但当卡特的律师称一些官员如"小偷"一般，竟破坏陵墓上的锁来检查时，卡特的坏脾气再次爆发了。事情正在升温。

卡特决定去美国巡回演讲，而他在埃及的同事则试图解决问题。此举意在让卡特淡出公众视野，让冷静的头脑占上风，而且卡特也能够从演讲中获得一些急需的收入。但卡特可没那么容易被压制。在巡回演讲前，他在英国印制了一本小册子，名为《声明》（*Statement*）（图 4.3）。[3] 他从未打算将其公开发行，我们也不知道卡特印了多少本，但我估计约有 75 本，因为它们非常罕见。该声明有两个目的。首先，让卡特得以发泄愤怒。其次，他可以将它送给对其事业有所助益，并让他重回陵墓的人。

当然，这是从卡特的观点出发所写的声明，阅读时我们必须牢记这一点。然而，它所包含的文件几乎不需要解释。卡特将他与古物管理局的发掘协议、他与官员和同事之间的信件都收录在内。在未经朋友们允许的情况下，就将他们所写的这些机密信件出版，这也造成了一些极度紧张的关系。

发掘特许权第 8—10 条说明了卡特和卡纳冯希望保留部分发现的原因。

    8. 法老、王子和大祭司的木乃伊，以及他们的棺具和石棺，将仍然属于古物管理局的财产。

    9. 现完好的墓葬及其可能包含的所有文物应全部移交博物馆，

不得分割。

10. 对于已搜查过的墓葬，古物管理局应在第 8 条中规定的木乃伊和石棺之外，保留具有重要历史和考古价值的所有文物，且应与持证人共享其余文物。

鉴于所发现的大多数墓葬均适用于本条，故经双方同意，持证人的份额将足以补偿其付出的辛劳。

从第 8 条可以看出，发掘者显然不会对图坦卡蒙的木乃伊、石棺或棺具报以任何期望。这里没有问题。第 9 条提出了一个问题。任何完好

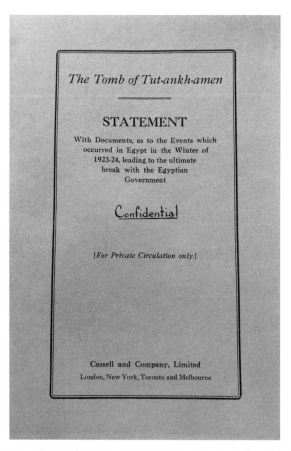

图 4.3　卡特撰写《声明》，陈述他遭受埃及古物管理局的不公对待

无损的墓葬都会"不经分割"地交予古物管理局。这是有先例的。当西奥多·戴维斯发现图坦卡蒙的曾祖父母尤雅和图雅的完整陵墓时，加斯顿·马斯佩罗慷慨地给予了戴维斯一些文物，但戴维斯意识到它们应该留在一起，因此拒绝了。但图坦卡蒙陵墓是完好无损地被发现的吗？并不完全是。它至少被盗掘过两次，卡特和梅斯在三卷本发掘记录的第一卷中明确表示了这一点。[4] 在前室的地板上发现了亚麻布包裹的金戒指，这表明盗墓贼在盗墓时被打断了。填充阶梯和墓道的碎石中发现的隧道、阶梯底部重新封堵的墙体、前室和主墓室之间的墙，所有这些都指向了闯入者。

卡特和梅斯还解释说，他们之所以很难移走前室的匣子和箱子里的东西，是因为盗墓贼把东西扔得到处都是，这些东西后来被墓地官员们毫不在意地换掉了。有大量证据表明，这座陵墓已经被"搜查"过。因此，卡纳冯可以获得部分文物分成，以"补偿其付出的辛劳"。事实上，卡纳冯和卡特讨论过这种可能性，卡纳冯甚至还向几家博物馆承诺过，将为其提供陵墓中的部分文物。在那段愉悦的时光里，他们可能会有所期待。然而，此时这一切似乎都不太可能了，甚至连卡特能否回到陵墓完成挖掘工作都成了未知。

在签订再版协议后，《声明》扼要回顾了第一个发掘季期间的谈判。诸多反复周折都与《泰晤士报》那份倒霉的协议有关。它让所有人看起来像是坏人，卡特和卡纳冯、《泰晤士报》和古物管理局，他们似乎都同意将埃及媒体排除在外的决定。当地媒体想知道，为什么《泰晤士报》驻卢克索记者默顿（Merton）是唯一获准进入陵墓的记者。卡特和古物管理局之间的信件显示了一种尝试性的解决方案。卡特在晚上将每日简报发给默顿，而埃及媒体会在第二天早上收到。开罗和伦敦之间的时差，使他们将在同一时间获得新闻予以发布。然而，这一方案却遭到欧洲媒体的反对，因为他们仍被排除在外，他们必须通过《泰晤士报》才能获得新闻。

在后来的谈判中，卡特将默顿列入了他的团队成员名单，以解释为什么只有默顿才能进入陵墓。古物管理局对此作出的回应是，要求卡特提供所有团队成员的名单，并有权剔除他们认为不合适的人选，或许就是默顿？卡特拒绝提供名单。这让我们了解了形势恶化的始末，但古物管理局要求提供在其国家从事发掘工作的人员名单似乎是完全合理的。在这一刻，焦点从报纸协议转向了更根本的问题：谁应控制图坦卡蒙的陵墓？

当卡特正在拆除主墓室内的大型神龛时，古物管理局在埃及博物馆展出了前一季从墓室中取出的文物。博物馆发布了一份新的藏品指南，其中就包括了图坦卡蒙文物。[5]卡特愤怒地表示，他和卡纳冯夫人（已代替其亡夫成为持证人）拥有唯一出版这些文物的权利。此外，在不清楚这些文物是否属于他们时，埃及人怎么能将其放在博物馆指南中呢？卡特认为，墓葬显然遭过盗掘，按照协议的规定，应当对发现的文物进行分割。博物馆是如何知道这些文物最终会被列入目录的？同样，卡特的言论不可能轻易占得上风。很难说埃及政府无权描述本国出土的文物，更何况它们就在本国的博物馆里展出呢。这种氛围引发了连锁反应，卡特被告知，他不能邀请合作者的妻子们参观坟墓，卡特关闭了陵墓，埃及将卡特拒之门外，然后卡特启程前往美国进行巡回演讲。

即使在巡回演讲期间，卡特也面临着新的问题。大都会艺术博物馆在埃及的发掘人员赫伯特·温洛克得到了卡特的授权，试图帮助解决留在埃及的困难，但温洛克很快发现，自己要处理一个全新的问题。埃及当局进入并检查了卡特团队用来存放文物的4号墓，发现了年轻时期的图坦卡蒙的等比木质头像。它被装在福特纳姆梅森百货商店（Fortnum & Mason）的一个板条箱中，但在卡特有关前室随葬品描述的发现记录和专著里，丝毫没有提及这件文物。很快，卡特的批评者们就暗示他打算偷走它。温洛克给身在伦敦的卡特发了电报，告诉他情况不妙。也许那是前一年他在阿玛纳为卡纳冯勋爵购买的藏品？卡特回电报说，这件头像是第一年图坦卡蒙的发现的一部分，它是在墓道的碎石中被发现的。[6]这个答案被接受了，但卡特在英国期间，他差点又一次挑起了事端。

1924年，伦敦北部的温布利（Wembley）举行了大英帝国博览会（The British Empire Exhibition），以庆祝大英帝国所获成就。那里展示了英国殖民地的工艺品、新发明，还有一个配备了游乐设施的游乐场，就像美国的科尼艾兰（Coney Island）①一样。卡特听说参展的还有仿制图坦卡蒙陵墓，里面装满了他发现的珍宝的复制品。他迅速推断出，这些复制品一定是来自伯顿的照片，而这些照片是属于他的，于是便要求律师发制止函以阻止展览开幕。卡特的所有权本能再次被激发了，但事实上，这些复制品并非基于伯顿的照片。韦戈尔是本次展览的顾问，而他是有机会在文物被搬出陵墓时得到照片的。这些照片被制作成了一系列明信片，在当时颇受游客欢迎。卡特最终就此罢休。

北美巡回演讲取得了巨大的成功。卡特访问了美国和加拿大最大的城市，所到之处受到热烈欢迎。在纽约，他在卡内基音乐厅向2500名听众演讲，并感谢大都会艺术博物馆给予的所有帮助。其后又在自然历史博物馆（Museum of Natural History）作了相同主题的演讲。[7]他还为大都会艺术博物馆做了一场规模较小的非正式讲座，以帮助他们筹集资金，后来也在芝加哥作了同样的讲座。卡特并不是一位出色的演讲者，他的口音在美国人听起来也有点困难，但所有人都很高兴能听到这一发现的第一手资料，当然还有伯顿的那些精彩的照片。

卡特为卡尔文·柯立芝（Calvin Coolidge）总统和他的朋友们作了一次私人演讲，还在耶鲁大学获得了荣誉博士学位（这是他获得的唯一荣誉，他的母国英国从未授予过他这种荣誉）。匹兹堡、伍斯特、哈特福德、波士顿、克利夫兰、哥伦布、布法罗、华盛顿特区、辛辛那提、底特律，无论走到哪里，他都收获了令人振奋的成功，这成为卡特的精神嘉奖（图4.4）。这些讲座也为他带来了可观的收入，可以对日后的生活有所帮助。

①　科尼艾兰是位于美国纽约市布鲁克林南部的半岛，其面向大西洋的海滩是知名的休闲娱乐区，以热狗和过山车而闻名。——编者注

美国的行程安排令人筋疲力尽，加拿大的多伦多、蒙特利尔和渥太华也一样，所有人都张开双臂欢迎他。

当卡特向拥挤的人群演讲时，温洛克正在埃及为卡特重返陵墓进行谈判，并取得了一些成功。在大多数情况下，古物管理局也赞同卡特是清理陵墓这项艰巨工作的最佳人选。他完成了极为复杂的工作，拆除了大型神龛，揭开了开裂的石棺盖，还没有发生任何意外。此外，他还组建了一支合作良好的全明星团队。几乎每个人都想找到能让卡特重返陵墓的方案。最终，温洛克敲定了一项可行的协议，并向卡特说明了现实情况。温洛克向卡特坦言，在开罗，他以难相处而闻名。根据温洛克谈判的条款，卡特和卡纳冯夫人将放弃对陵墓发现的所有权，并支付发掘费用，卡特对此要

图4.4　卡特在华盛顿特区做了一次演讲［佩吉·乔伊图书馆（Peggy Joy Library）］

守口如瓶，而且不得再称官员为"小偷"或"强盗"。虽然这份协议能让卡特有机会重返陵墓，温洛克也可以结束那令人厌恶的谈判代表的身份。但卡特斩钉截铁地拒绝了温洛克的提议，并表示他宁愿从考古界退休。

公平地说，卡特收到温洛克的提议时，他正独自一人待在底特律，因为一场高要求的巡回演讲而疲惫不堪，没有人可以与他讨论这个建议。后来，巡回演讲结束了，他在纽约休息了两周，并向大都会艺术博物馆的工作人员寻求建议，在他们的引导下，卡特最终意识到他有可能回到他曾发现的陵墓。但现在还不是时候。

卡特在纽约休息期间，新印制的《声明》副本也送到了。如前所述，卡特在朋友不知情的情况下，将他们的私人信件收录在内。其中一些信件不乏对拉考局长、埃及的部长和同事们的批评。在《声明》的附录中，卡特将温洛克的信件也收录了进去，大都会艺术博物馆的管理者认为这对他们造成了极大的损害，要求卡特将其删除。因此，在现在仅存的几份《声明》副本中，有几份的附录被删去了。

在纽约待了两周后，卡特回到英国与卡纳冯夫人讨论局势。卡特对朋友，尤其是卡纳冯勋爵，怀有深厚的忠诚感。现在他的赞助人离世了，他的忠诚便转移到了赞助人的遗孀身上。如果他们想继续发掘陵墓，卡纳冯夫人就要以她的名义续签特许权，并继续支付费用。按照合同规定，卡特保护了她对部分文物的所有权，未经她知情同意，将不会将其提供给其他人。

当他们讨论海克利尔城堡的情况时，卡纳冯夫人表示愿意续签特许权并支付继续工作的费用。她也愿意放弃文物分成的权利。与她的丈夫不同，卡纳冯夫人不是埃及文物的爱好者。事实上，她请卡特安排开始出售勋爵的藏品了。卡特觉得，是时候回到埃及，就重返工作进行谈判了。

在开罗，卡特与古物管理局的几位部长和官员进行了交流。每个人都表示，卡特是这项工作的最佳人选，他们都希望他回来。是的，他们会以卡纳冯夫人的名义延续卡纳冯勋爵的特许权，只要她愿意支付发掘费用。特许协议的一个主要变化是，卡纳冯夫人将放弃对发现物进行分割的所有权利。然而，卡特为他的新赞助人争取到了非正式的让步。古物管理局承诺，将慷慨地授予卡纳冯夫人重复的文物，因为这些重复品在埃及并不具有重要的科学价值。这对卡特来说是一次巨大的成功。

那些小的症结都不复存在了。当然，开罗的博物馆可以在指南中描述图坦卡蒙文物。卡特和他的团队也不会再将埃及官员称为"强盗"。卡特兴奋地将这一消息电告卡纳冯夫人。他非常确信协议会通过，所以请她电汇一些资金，以便他可以在帝王谷启动发掘。

卡特抵达卢克索后，发现一切井然有序，但挖掘团队已经发生了改变。卡纳冯已经去世，梅斯也不在他的身边了。作为一名文物保护人员，梅斯给予了卡特莫大的帮助，但是在第二季之后，他却因病无法再参与发掘了。然而，卡特的身边还有卡伦德、卢卡斯和伯顿。由于政治动荡，他们的这个发掘季将十分短暂，但至少能够完成对两尊镇墓俑等剩余文物的保护，然后将这些文物运往开罗。

挖掘队与埃及当局的关系有了极大的改善。卡特可以允许参观者进入陵墓，记者们也被顾及了，总之，这是一个成功的发掘季。然而，这也是卡伦德的最后一个发掘季了。他与老朋友卡特在报酬上出现了分歧。在第一个发掘季开始时，卡特答应支付给卡伦德每季 50 英镑的报酬。第二季因争议而提前结束了挖掘，卡特就只支付给了卡伦德一部分报酬。卡伦德认为这是错误的，为此甚至请了律师。虽然卡伦德在这个挖掘季回来了，但这将是他的最后一季，他们的友谊也结束了。[8] 他们的最后一次合作是在本季结束时，一同前往开罗的博物馆，帮助打开他们送去的一箱箱文物。这意味着卡特在面对最困难的行动时，卡伦德将不会再站在他的身边，比如拆除石棺内的三具棺木。

第五章

---•---

与图坦卡蒙面对面

直到 1925 年 10 月，卡特才开始拆除嵌在石棺内的三具棺木。再也没有梅斯和卡伦德的帮助了，他将和化学家卢卡斯、负责拍摄的伯顿完成所有的工作。拆除三具紧密贴合的棺木是一项艰巨的任务，占据了 1925—1926 年发掘季的大部分时间。想象一下三个紧密贴合的俄罗斯套娃，再加上它们那 3000 年的历史，还有数百公斤的重量，你就会知道卡特面临的到底是什么了。

外棺的棺盖上有四个银柄，每侧两个，它们足够坚固，足以抬起棺盖。第二具是同样精美的类人棺，超过二米长，现在在裹尸布下露了出来。它也饰有花环。花环是丧葬仪式的重要组成部分，甚至有一种被称为"胜利的花环"，象征着死者战胜死亡，届时他将在西方复活。第二具棺木让卡特第一次意识到木乃伊或许没有达到预期的完好状态。棺木表面装饰的一些镶嵌物已经脱落，这说明棺内可能有一些水分，导致木材出现了变质。这有些棘手。但不管怎样，他们都有时间考虑该做什么。工作必须先停下来，等待伯顿抵达埃及，以便他可以拍照、记录一切信息，包括花环的位置和裹尸布的状况。

伯顿于 10 月 15 日抵达卢克索，10 月 17 日他已经完成了拍摄，卡特可以取下裹尸布和花环了。由于第二具棺木的保存状况不佳，卡特决定将棺木整体移出，而不仅仅是棺盖。但是第二具棺木紧贴着外棺，怎样才能把它抬出来？卡特的解决方案是在外棺的外边插上楔子，他希望将外棺从石棺中抬出时，木头还足够坚固，可以撑得住楔子。他用力拽着楔子进行测试，直到觉得有把握了。这又是一次大胆的举动。卡特不想让楔子支撑所有的重量，所以他在外棺底部的下面放置了滑带，以减轻楔子承受的重量。滑带慢慢地将外棺抬出石棺，第二具棺木仍在里面。一切都很顺利，但将其升起时，人们顿觉它比预料的要沉重得多。它很快被放在了置于石棺上的木板上。他们做到了，但这些重量是从哪里来的？

伯顿再次拍照，等他拍完，卡特取下了第二套裹尸布和花环。他们第一次清楚地看到棺木的样子。图坦卡蒙的肖像正凝视着他们，那目光来自3000年前（见彩图11）。

与第一具棺木不同，第二具棺木没有把柄来打开棺盖，而且它恰好嵌于外棺内，两侧边缘只有一厘米左右。棺盖用带有金头的银钉与底部相固定，但两具棺木之间的空间太小了，银钉无法取出。这种紧密的贴合是由专司图坦卡蒙丧葬的官员所设计的防盗装置。盗墓贼要将法老木乃伊上的珠宝拿到手并非易事。但对卡特来说，这同样是个难题。脆弱的第二具棺木，不知什么原因还很重，而且几乎没有可挪动的余地。卡特要寻找一种损害最小的解决方案，他深感责任重大。他写道：

> 在这种操作承受的压力下，让人很难不去在意对如此罕见且精美之物造成无法弥补的损害的风险……一切似乎都很顺利，可是就在关键时刻，突然听到一小块表面饰物掉落下来的声音……该采取什么行动来避免一场灾难？[1]

卡特研究了这个问题两天，才想出一个计划。两具棺木之间没有足够的空间来拔出和移除第二具棺木上的银钉，但可以拔出约0.6厘米。再以坚固的铜线缠绕突出的部分，来支撑第二具棺木。接下来，卡特将楔子插入外棺边缘用以支撑外棺。再用滑轮和精巧的绳索系统，但不是将第二具棺木抬出来，而是将外棺放回石棺中，同时用十根结实的钢丝将第二具棺木悬吊起来。一旦外棺进入石棺，立刻把木板铺在石棺上，再将第二具棺木放在上面。

这是又一次大胆的举动。虽然无法保证第二具棺木的脆弱木质能够支撑其自身重量，但最终它奏效了。显然，这就是为什么古物管理局想让卡特回到陵墓。还有谁愿意在如此危险的情况下尝试这样的壮举？当然，古物管理局是不会有人挺身而出的。350 年前，罗马也上演过类似的事情。教皇西克斯图斯五世（Pope Sixtus V）希望将梵蒂冈方尖碑迁移到距新圣彼得大教堂 400 米处，就像卡特面对的情况一样，没人知道该怎么做。米开朗基罗被要求完成这项工作。他只用一个简单的问题就拒绝了："如果它坏了呢？"卡特为他人所不敢为，而且完成得相当出色。

当所有人从紧张中回过神来，他们又不得不考虑如何抬起第二具棺木的无柄棺盖。现在已经有空间取出固定棺盖的金头银钉了，但即便取出了银钉，卡特还得想出如何在没有把手的情况下抬起棺盖的方法。从何下手？它有多重？现在，卡特已经知道轧辊和楔子可能会固定住古木。如果放置得当，它们只会在棺木未装饰的部分留下小孔，日后还可以将其填充。因此，卡特在不会破坏装饰的地方塞上了轧辊和楔子。轧辊被连接到滑车上，这样棺盖很容易就被吊起了。它被快速放在石棺旁边早已准备好的托盘上。现在，他们可以查看第二具棺木的内部了。在亚麻裹尸布下，他们看到了第三具棺木。

伯顿拍完照片，卡特和卢卡斯小心地取下了易碎的裹尸布和花环。现在他们可以清楚地看到最后一具棺木了。意料之外的重量就是来自最内层的这具棺木。它通体纯金，重量超过 110 公斤。这从未见过的场景，让所有人都感到震惊。通常，棺具、神龛或箱子上所见到的，都是贴于木料外的一层薄薄的金箔。第三层棺具却是个例外。图坦卡蒙在位时间很短，而且是一位未成年的法老。他统治下的埃及不过刚刚东山再起，而非鼎盛时期。如果他能拥有一口金棺，那想想拉美西斯大帝，或古埃及的其他任何一位伟人又该如何。

纯金棺具是一个惊人的发现，但即便如此惊人，至少还有一位经验丰富的埃及学家表示怀疑。当詹姆斯·亨利·布雷斯特德听说卡特发现了一具纯金棺具时，他写信给妻子说卡特是错的："当然，我们都知道，卡特不知道英语的语义。毫无疑问，棺具不过是木头外包裹着黄金。"[2] 布雷斯特德错了，而且大错特错，他也没必要用贬低卡特的语气。事实上，卡特与合作者的关系已经交恶了。布雷斯特德早些时候曾向卡特索要了五张伯顿拍摄的照片，用于他的著作《埃及史》。卡特向其提供了这些已经出版过的照片，但令布雷斯特德惊讶的是，卡特向他收取了费用。这些发生在双方之间的小事显得那么微不足道，尤其当我们想到卡特的成就时——无论是发现，还是成功地清理陵墓，一切都很不容易，哪怕是黄金棺具也会出现其他考古学家从未见过的问题。然而，布雷斯特德从未原谅过卡特。

金棺的光芒被一层黑色涂层所遮盖，那是图坦卡蒙下葬时浇在金棺上的圣油。液体流进了第二层棺具，从底部沿着边缘上升，直至填满了两层棺具之间的空间。几个世纪以来，圣油已经凝固了，几乎将两层棺具粘在一起。将它们分离开成了真正的问题。唯一的好消息是，纯金棺盖没有被油封住，它的把手还可以提起来。卡特完全预料到当棺盖揭开时，他会看到多年来一直苦苦追寻的法老。他是对的。后来，他写下了与图坦卡蒙的第一次相遇：

> 此刻的心情难以言表，既复杂又激动。当人们凝视着黄金棺具，三千多年的光阴已然消逝。在如此生动地追忆湮灭文明的庄严宗教仪式奇观面前，用人类短暂的生命丈量时间，似乎已失去了它通常的视角。但是，沉浸在这种情感之中没有丝毫益处，因为它们不过是源于敬畏和人类的怜悯。情感不是考古研究的一部

分。到目前为止，年轻的法老所留下的一切，于我们而言不过是一个名字的幻影。[3]

与图坦卡蒙的第一次相遇显然打动了卡特，但他觉得有必要抑制自己强烈的情感，因为它在考古研究中没有一席之地。卡特是一个复杂的人，比大多数人想象的还要复杂。

虽然这段经历让卡特感动，但也让他感到失望。图坦卡蒙的保存状况并不好。倒在金棺上的圣油，也被仪式性地倒在了少年法老的木乃伊上，这造成了相当大的破坏。木乃伊被熏黑了，而且被油膏牢牢地粘在了金棺内。卡特与图坦卡蒙的第一次会面也并非面对面，著名的黄金面具掩盖了法老的真容。但也有些许安慰。卡特看到了不计其数的珠宝，这些随葬品置于法老身上，有胸饰、戒指、护身符和刻有铭文的金带。

这太棒了，但许多物品还卡在凝结的油膏里。怎样才能把图坦卡蒙、黄金面具和其他珍宝从棺材里取出来？卡特希望通过加热来将油膏软化。于是，两层嵌套棺具，仍旧保持着一具在另一具里面，还有被粘在金棺底部的图坦卡蒙的木乃伊被带出了陵墓，放在埃及炙热的阳光下。几个小时过去了，什么都没有发生。卡特和卢卡斯必须另想办法。

他们可以用加热过的刀来软化树脂，再移除黄金面具，但这对分离棺木或将图坦卡蒙从金棺中取出没有什么用。卡特决定在法老被困在棺木里时，先对他进行检查。不幸的是，这一次他所托非人。

图坦卡蒙最糟糕的噩梦

卡特在发掘各种文物方面有着丰富的经验，但木乃伊和其他文物完全不同。如果在发掘中发现了木乃伊，一般会请外部专家进行处理。人们对木乃伊的反应与对其他文物的反应不同。木乃伊是死于数千年前曾经活着的人的尸体，面对它时人们通常会不知所措。现在如此，卡特的时代也是如此。然而，现在和过去的一个区别是，现在我们拥有相当发达的学科，叫作木乃伊研究，而且有相关的专家。在卡特的时代，谁有或没有资格检查木乃伊，并没有明确的界定。

开罗大学解剖学教授道格拉斯·德里（Douglas Derry）被赋予处理尸体的责任。1925 年 11 月 11 日，德里在亚历山大卫生服务主管萨利赫·贝·哈姆迪（Saleh Bey Hamdy）的协助下，揭开了图坦卡蒙木乃伊的面纱。其他出席者包括古物管理局局长皮埃尔·拉考和几位官员。当然，伯顿在场记录了这一经过（图 5.1）。

对图坦卡蒙木乃伊的检查进展缓慢，耗时近一周。浇在木乃伊身上的油膏与绷带发生了化学反应，缓慢的自燃使绷带变暗。由于绷带无法在这

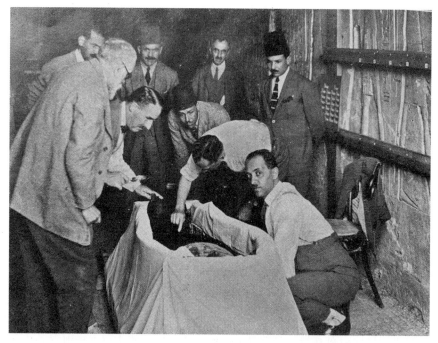

图 5.1　高级官员在打开图坦卡蒙木乃伊的现场（格里菲斯研究所）

种状态下展开，卢卡斯在绷带外层刷上了加热的蜡，当蜡冷却后，就可以将其切块剥下。德里做了一个纵向切口，剥开了第一层，露出了包裹在内的护身符和珠宝。在接下来的几天里，每当一块绷带被剥开时，伯顿就会拍摄护身符和珠宝的位置，然后卡特再将其移除。然后，移除下一层绷带，重复整个过程。

他们首先剥掉了木乃伊下部的层层绷带，最后露出图坦卡蒙的金色凉鞋（见彩图 12）。然后露出了他的双臂，第二天法老手上的戒指和手臂上的手镯被摘下了。在这一过程中，图坦卡蒙的木乃伊被分段从棺木中取出。最大的问题是躯干，它被牢牢地粘在金棺的底部。

德里最初想把木乃伊凿开，后来又改用加热后的刀，这两种操作对已经脆弱不堪的尸体造成了相当大的损害。最后，在绝望中，他从木乃伊的第三节腰椎处将其切成两半，以便分段取出。德里对木乃伊的处理，让可能揭示图坦卡蒙死因的物证被处理得极其草率。卡特完全没有意识到，通过仔细检查可以获得多少信息，以至于他把木乃伊丢给德里任其去粗暴地处理。假如是图坦卡蒙的黄金宝座被卡在油膏中，我怀疑卡特是否会允许将其锯成两半。油膏会经过化学分析，再由化学家配制出一种溶剂，以便能在不造成损害的情况下取出宝座。可怜的图坦卡蒙就没这么幸运了。德里工作之初，木乃伊的状况已经很糟糕了，当他完成时，木乃伊的状况变得更糟糕。

确认！法老是一位少年

图坦卡蒙木乃伊受到了粗暴的对待也有一些好处。木乃伊的胳膊和腿从关节处断开，所以德里可以清楚地看到长骨的顶部和底部。从而估算出图坦卡蒙的大致死亡年龄。年轻人的长骨末端，即骨骺，通过软骨松散地连接在一起，随着年龄的增长，软骨会逐渐长成骨头。这也是年轻人比老年人更灵活的原因之一，软骨可以弯曲，而骨头容易断裂。我们知道骨骺与长骨结合的平均年龄，这种结合的程度是判断年龄的可靠标准。就图坦卡蒙的情况来看，可以很容易地抬起膝盖骨来检查股骨的下端，这是人体最长的骨骼。股骨下端的末端与骨干的融合发生在大约 20 岁时。德里可以看到软骨与骨干的融合尚未完成。这说明图坦卡蒙还不满 20 岁。股骨的顶端是大转子，即与髋关节连接的部分，当你需要髋关节置换时就是置换此处。这一位置会在十八九岁与骨干结合，股骨头将与股骨颈牢牢地固定在一起，但德里仍然可以看到融合线。德里得出结论，图坦卡蒙死亡时不到 20 岁，但超过 18 岁。他的估算是准确的，至今仍然有效。

德里还使用了其他的年龄指标确定图坦卡蒙的年龄，其中大多数至今仍然是标准的。其中一个是臼齿萌出，其遵循着可预测的生长周期。所以，德里想用图坦卡蒙臼齿的状态来验证观察结果并不奇怪。卡特在第二卷发掘记录的附录中记载了，德里观察到"右上和右下智齿刚刚从牙龈萌出，达到了第二颗白齿的一半高度。左侧智齿不易被观察到，但似乎处于萌出的同一阶段。"[4] 这一切都是合理的，再次证实了这位少年法老在去世时的年龄介于 18 至 19 岁之间。但德里是如何检查白齿的？如果观察图坦卡蒙头部的照片，我们可以看到他的嘴唇紧闭（图 5.2）。你根本看不到白齿。X 光可以做到这一点，但直到几十年后图坦卡蒙才接受了 X 光检查。那么德里究竟是如何检查白齿的？答案是，他切开了图坦卡蒙下颌骨周围的皮肤，将半圆形皮瓣拉开，这样就可以从底部向内观察了。然后，他又用棺木上现成的黑色黏性物质，神不知鬼不觉地将皮瓣粘了起来。[5] 德里对木乃伊做了很多事后只字未提的事，比如取黄金面具时对木乃伊头部造成的损害。

图坦卡蒙木乃伊遭到粗暴对待的部分原因在于德里的专业背景，他是一名解剖学家。解剖学家解剖尸体，但不保存尸体。在木乃伊研究出现之前的时代，即使是解剖学家也意识不到木乃伊所包含的大量信息。但是，德里深知自己对木乃伊的粗暴之举，因此对其进行了掩盖。我虽然就德里

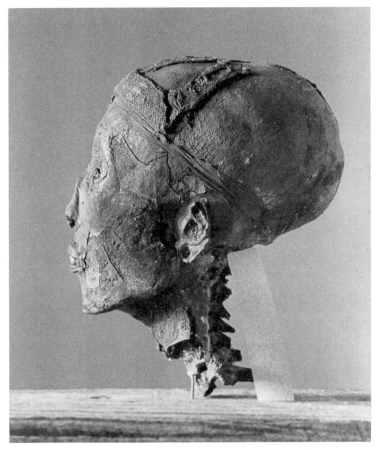

图 5.2 图坦卡蒙的头部与 KV–55 陵墓中发现的木乃伊几乎完全相同（大都会艺术
博物馆埃及艺术档案部提供）

虐待尸体的行为对其表示批评，但作为一名解剖学家，他相当出色，他观
察的图坦卡蒙的年龄等数据，哪怕在多年之后也站得住脚。

　　由于图坦卡蒙是唯一一位在其未经扰动的墓葬中被发现的法老，因此
在德里完成检查后，古物管理局决定将法老依然留在陵墓里。尸体在一个
木质沙盘里被重新拼接起来，借此掩盖解剖所造成的损坏（图 5.3）。图坦
卡蒙的双臂交叉，遮盖住了腰部的切口。但如果你仔细观察，就可以看出
骨头是断裂的，肩部尤其明显。沙盘被放在外棺内，然后再放入石棺中，

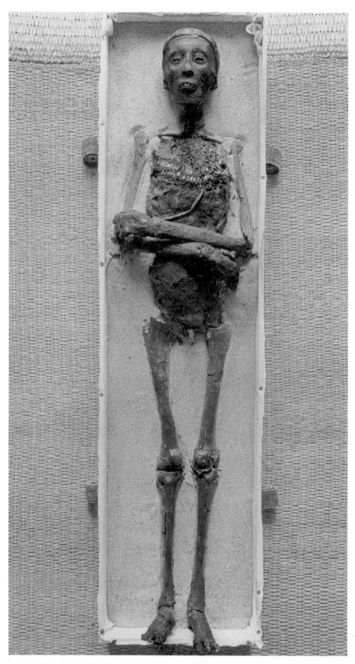

图 5.3　木乃伊从棺木中取出后，各部分在沙盘中被重新拼接起来（大都会艺术博物馆档案馆提供）

就这样未受干扰地保存了半个多世纪。

德里还推断出图坦卡蒙的身高约为 168 厘米，他身材不高，死因不明。有趣的是，前室中的两尊镇墓俑差不多有 198 厘米高。

将图坦卡蒙从黄金棺具中取出后，卡特和卢卡斯接着需要解决另一项非常艰巨的任务，就是将黄金棺具和与其牢牢固定的第二具棺木分离开。

化学家的危险之举

卢卡斯认为需要更多的热量方能使两棺分离。棺具现在放在石棺上的两个支架上。它们被用滑车吊了起来，然后，它们被颠倒过来，凹面朝下，就像一艘翻转向下的独木舟似的。再持续对其施以高热，一层棺具就有望从另一层中滑出来了。由于外棺的木质和黄金内棺都无法承受过高的热量，为避免直接受热，他们用锌板保护黄金棺具，再将湿毯子放在另一具棺木上。卢卡斯点燃了一串普里默斯石蜡灯进行加热，几个小时后，有动静了，金棺开始向下滑动，并与第二具棺木分离开来。加热灯被熄灭了，在接下来的一个小时里，重力使两层棺具充分分离。现在，两层棺具已然分开，但仍裹着焦油状的古老的油膏，过了几个月才被全部清除。当游客们在埃及博物馆看到黄金棺具和第二具棺木，欣赏它们的美丽时，殊不知经过了怎样的努力才使它们重现光耀。

正如我们所看到的，卡特与一支精干的团队共事，他非常幸运地得到了卢卡斯的帮助。化学家卢卡斯可以确定不同物质在何种温度下熔化，进而知道施加多少热量。此外，他还可以对油膏加以分析，找出能将其溶解、又不会损坏棺具的丙酮。甚至决定使用熔化的蜡来固定镶嵌物的位置，也不会对其造成损坏，而且是可逆的。

木乃伊重归石棺，和棺具分离，宣告了这场盛大发现落下帷幕。不会有更困难的善后工作，不会有易损的神龛需要拆除，不会有开裂的棺盖需被提起，也不会有被油膏粘在一起的棺椁。甚至连媒体的狂热也偃旗息鼓了。前室的发现和清理使人们将注意力全部倾注在宝藏上。主墓室则营造出了一种不同的兴趣：木乃伊成为焦点，图坦卡蒙最终显露真容、还意外收获了黄金棺具。而"图坦卡蒙法老"堪称明星。公众现在可以十分确定，他们有一位少年法老，他很年轻时就不幸去世了。喧闹声已经平息，卡特喜欢这样。他可以做他最擅长的事了——平静地工作。

第六章

—— • ——

最后的清理

　　此时，距离发现这座陵墓已过去四年了，尽管存在政治干扰、卡特被拒之门外以及其他问题，但挖掘还是取得了巨大的成就。前室已被彻底清理，其中的珍宝得以保存并运往开罗。尽管主墓室内的工作已完成，但还远没有清空。巨大的神龛已被拆解完成，但较大的嵌板仍靠在主墓室的墙边。在移动之前，需要先将嵌板装箱，然后再将之前开凿的洞口扩大，才能取出镶板。这是陵墓清理的最后一步。石棺将继续留在主墓室，里面是装在沙盘中的图坦卡蒙的外棺。

　　卡特的工作因陵墓参观而变得愈加困难。在他工作期间，每周两天会有游客参观陵墓，由于外棺的棺盖已放回原位，因此大多数人都不知道图坦卡蒙就在里面。神龛的嵌板还靠在墙边，游客离开时会以为挖掘工作还在进行，历史正在被创造。

　　埃及在 11 月下旬正式进入旅游旺季，所以卡特是在 9 月抵达的，这样他就可以在游客到来前有几个月的工作时间。然后，在陵墓每周向游客开放的那两天里，他转而进行文物保护工作。这个安排很有效。

法老的珍宝

　　1926 年 10 月 23 日，卡特在日记中写道："今天早上，装有重新包裹的法老木乃伊的最外层棺木被放进了石棺。我们现在准备开始调查储藏室。"[1] 卡特说木乃伊被"重新包裹"了，但事实并非如此。它已支离破碎，想要重新包裹实在困难，所以它只是在沙盘里重新拼接了，正如我们所看到的那样。

　　卡特和卢卡斯剩下的工作是清理两个储藏室。前室外的一间后来被称为副室（Annex），而主墓室外的一间则被称为宝库（Treasury）。两个储藏室里都塞满了易碎的文物，必须拍照、取出、保存，然后送往开罗。这需要几年的时间，但卡特和卢卡斯都是有耐心的人。他们先从宝库开始了。

　　在发现图坦卡蒙陵墓之初，卡特在清理前室和主墓室时，就用木板将宝库封住以保护里面的随葬品。如今，随着木板的拆除，他隐约地看见了木乃伊之神阿努比斯的雕像，正守卫着宝库（图 6.1）。在古埃及，豺与死亡和木乃伊制作有关。这有其现实原因。由于豺的消化系统缺乏分解动物蛋白的酶，所以豺不喜欢鲜肉，更喜欢被细菌预先分解的肉类，因此它们常在墓地里搜寻腐肉。古埃及人看到在墓地游荡的豺时，便将它们与死亡联系起来，豺得以成为埃及万神殿的重要组成部分。

　　并非所有的豺神都是木乃伊之神阿努比斯（Anubis）。还有引导死者进入下一世的韦普瓦韦特（Wepwaat）。他的名字由两个字组成："wep"，意为"开启"； "waat"，意为"道路"。 因此他是"开路者"。另一个是荷鲁斯四个儿子之一的杜阿穆特夫（Duamutef），他守护着死者的内脏。但主要的豺神显然是阿努比斯，他主持木乃伊制作，并开启不朽的进程。在制作木乃伊的过程中，戴着豺面具的祭司代表神祇。因此，背对宝库，端坐在神龛上的阿努比斯等身雕像，守护法老的木乃伊恰如其分。

　　制作木乃伊是为了保存木乃伊，以便法老在西方复活。与许多神秘学

图 6.1　一尊木乃伊之神阿努比斯等身雕像守卫着宝库

家所认为的相反，埃及人不相信转世。他们认为人在世间只活一次，然后将会在西方复活。这不仅是精神的复活，也是身体的复活，所以需要完整的人体。但内脏是个麻烦事。湿润的内脏倘若留在体内，势必会腐烂。因此，制作木乃伊时需要移除内脏，将其用盐和小苏打浸泡，天然形成的钠化合物能够使器官脱水。只要没有水分，细菌就不会使其腐烂，细胞组织得以永久保存。

一旦内脏完成脱水，它们就会被放入四个罐子中，称为卡诺皮克罐。罐盖通常会做成荷鲁斯之子的头像。有豺首的杜阿穆特夫（见彩图 13），鹰首的克贝克塞努弗（Qebesenuf）、狒狒首的哈皮（Hapi），以及人首的伊姆塞蒂（Imsety）。早期的埃及学著述常说，每种器官（肝、胃、肠和肺）都会放入一种罐中，但这实在说不通，因为人类不止有四种器官。脾脏呢？胆囊呢？埃及防腐师只是把他们取出的所有东西放进四个罐子而已。

在古代和整个中世纪，人们认为古埃及人有着最先进的解剖学研究，因为他们反复实践制作木乃伊。事实并非如此。在医学院的解剖学课上，你将在尸体上先切开腹部皮瓣，这样就可以清楚地看到器官、血管等对应的位置。然而，古埃及人为了尽可能保持尸身的完整，会在尸体的腹部左侧切开一个约九厘米的切口。然后把手伸到里面，盲目地切下他们能感觉到的任何东西。你是无法以这种方式学习解剖学的。

1994 年，我以古埃及的方式将一具人类尸体制成了木乃伊，来了解古埃及防腐师是如何做到的。[2] 我当时与同事罗恩·韦德（Ron Wade）合作，他是美国马里兰州国家解剖委员会的主任。我刚做完内脏切除，问韦德："胆囊在哪里？"他回答："它跟肝脏连在一起。"我完全没看到它。我怀疑古代防腐师也是如此。埃及没有"胆囊"这个词，可能是因为他们不知道它的存在。

肾脏的情况也类似。当我检查古埃及木乃伊时，发现肾脏总是还留在体内。为什么？因为他们根本不知道肾脏在那儿。假如你已经取出了胃、肝、肠等，并且通过九厘米的切口摸到腹腔里面，你会感觉体腔已经被掏空了，因为肾脏位于厚而光滑的腹膜后面。许多防腐师根本不知道它们在那里。他们没有学过解剖学。更不会有人为了医学奉献自己的躯体，每个人都想长生不老。

所以，木乃伊的制作并不像很多人想象的那样。这一过程其实有点随意，通过小切口取出的所有器官都会被放进四个罐子。图坦卡蒙的卡诺皮克罐是独一无二的。它们被一座壮观的镀金木质神龛所拱卫，伊西斯、奈芙蒂斯（Nephthys）、奈斯（Neith）和塞尔凯特（Selket）四位女神张开双臂，守护着法老的内脏（图 6.2）。与主墓室中围绕着石棺的巨大嵌套神龛不同，这里有足够的空间拆解神龛，储存法老器官的容器露了出来。这真是了不起。

由整块雪花石膏雕刻而成的不是罐子，而是一个卡诺皮克箱（图 6.3）。

图 6.2 一座卡诺皮克神龛守护着装有图坦卡蒙内脏的箱子

同样地，箱子周围是四位守护女神。箱盖由一根绳子系在箱子上，绳上有王室墓地的封印——阿努比斯凌驾于九名被绑的俘虏之上。这九名俘虏象征着埃及的九个老对手，有时被叫作九弓（Nine Bows），包括亚述人（Assyrian）、努比亚人和赫梯人。如果你观察法老坐像，常会看到他的脚下有九弓。

图 6.3 卡诺皮克箱以整块雪花石膏雕刻而成（乔治·B. 约翰逊摄）

卡诺皮克箱内部被雕刻成四个方形隔间，每室配有一个法老头形盖。这些隔间似乎是用来装内脏的，但当盖子被取下，真相大白了。它们只有13厘米深，也没有取代四个传统的卡诺皮克罐。相反，每个隔间内都放着精致的微型金棺，而且每具都是图坦卡蒙第二层棺木的微缩复制品（图6.4）。四具金棺内是以亚麻布包裹的图坦卡蒙的内脏。作为丧葬仪式的一部分，微型棺具同样被淋满了油膏。

宝库中所有的物品几乎都与图坦卡蒙寻求永生有关。如储存内脏的卡诺皮克箱，这是已故法老的木乃伊制作的一部分，而保存尸体只是迈向不朽的第一步。其他物品则是为复活之后所准备的，那时法老已居于西方。宝库中所见最多的就是微型仆人俑。埃及人认为，下一世与现世非常相似，而且古埃及人的日常生活以农业为中心，所以他们认为下一世也是以农业为主的世界。死者也必须种植田地和维护灌溉渠，因此他们将数百尊小型巫沙布提俑埋入墓中，以便在来世完成他们的使命。这些小型雕像是随葬

图 6.4　微型金棺里面装着图坦卡蒙的内脏器官（图片由大都会艺术博物馆埃及艺术档案馆提供）

品，它们形似木乃伊，但双手从绷带里伸出，握着农具，所以它们仍然可以工作。如第一章所述，这些小雕像的正面刻有能够使之复活的神奇咒语："当召唤我之名到田里工作时，请以我的名字回答'我在这里'……"

在图坦卡蒙时期，死者通常拥有 365 尊仆人俑，代表一年中一天一个。有时数量会更多，每十名工人就会增加一名监工巫沙布提俑。这些雕像的质量各不相同，取决于个人所能负担的程度。贫穷的埃及人的巫沙布提俑只是用黏土草草制作的，几乎毫无可辨认的特征，也没有象形文字。富有的埃及人则用窑中烧制而成的大型彩陶巫沙布提俑随葬，它们往往是精美的艺术品。图坦卡蒙的巫沙布提俑更是非同寻常。他所有的巫沙布提俑都是个人雕塑，无论是木质的还是石质的，都具有少年法老的特征。卡特在宝库中发现了 413 件巫沙布提俑，在之后副室的发掘中发现了更多。每个小工人都有自己的农具，准备继续为法老服务。六尊雕像的脚底刻有象形文字。其中一条写道："由国王的抄写员，将军米恩－内克塔（Min–Nekht）为他的主人奥西里斯而造，法老内布赫佩鲁拉 ① 将予以审判。"图坦卡蒙被称为"奥西里斯"，因为就像伊西斯和奥西里斯神话中的奥西里斯一样，他将复活并永生。结尾处的短语"审判"指的是古埃及人的信仰，古埃及人相信人在进入下一世之前将接受审判，只有好人才值得进入下一世。

死者必须进入双重真理殿（Hall of the Double Truth），接受 42 位神祇的审判。在这里，他必须通过"无罪宣言"来"将自己与邪恶行为割裂"。[3] 他将否认自己犯过一系列罪行："我没有使灌溉渠改道""我没有诅咒神灵""我没有屠杀神牛"等。如果他通过测试，众神将宣布他"所言为真"，这样就可以进入下一世了。因此，图坦卡蒙的巫沙布提俑上刻着"所言为真"。

其他官员也贡献了几尊巫沙布提俑。其中一个底部的铭文写道："为他的主人图坦卡蒙所造，他有益的仆人，宝库监工玛雅（Maya）。"显然，图坦卡蒙的官员甚至在他死后都对其尽心尽力。

意外的悲剧

宝库中所有的随葬品中，隐藏着一件让人意想不到的文物。一个不起眼的木箱里有两具微型木质类人棺，上面涂有黑色树脂，表明棺具里的东西已经完成丧葬仪式。棺具外侧的铭文并未说明其中是什么。艾伦·嘉丁

---

① 图坦卡蒙的王名。

纳是最先发现它们的人之一，他朝宝库里看时，远远地就注意到了它们。他在写给妻子赫迪·嘉丁纳（Heddie Gardiner）的信中说，他无法分辨它们究竟是婴儿的木乃伊还是仆人雕像。[4]上面没有名字，只写着"奥西里斯"，就好像里面是无名死者（图 6.5）。但这些微型棺能装什么呢？棺具以王室墓地的封印密封，表明是皇家葬礼。当揭开封印，打开棺具时，两具更小的镀金棺呈现了出来。里面有两具包裹整齐的微型木乃伊。稍长的一个有 30 多厘米，另一个大约 25 厘米。卡特取下较小一具木乃伊身上的绑带，对里面的人类胎儿震惊不已。卡特很快意识到其意义重大。几乎可以肯定这两个胎儿就是图坦卡蒙十几岁的妻子安赫塞纳蒙流产的胎儿。如果他们活着并能延续王室血脉的话，可能会改写埃及第 18 王朝末期的历史。因为他们从未出

图 6.5　在宝库内发现的神秘的微型棺（图片由大都会艺术博物馆埃及艺术档案馆提供）

生，所以没有名字，在他们的棺具上只是写着"奥西里斯"。

卡特不是木乃伊热衷者，他通常把木乃伊留给别人。我一直在想：他为什么要打开小木乃伊的绷带？他不需要这样做，只要对小木乃伊进行 X 光检查，他就能知道里面是什么，而不会损伤胎儿。他只是没想到。

他没有再打开较大的一个，数年里，胎儿木乃伊始终没有接受检查。直到 1932 年，卡特将两个胎儿木乃伊送往开罗的卡斯尔·艾勒艾尼医院（Kasr el Einy Hospital），由德里教授进行检查。德里确定已打开的较小胎儿为女性，宫内年龄约为 5 个月。他不知道它是否进行了木乃伊制作。他打开较大的木乃伊，这也是一个女性胎儿，大约有 7 个月大（图 6.6）。这

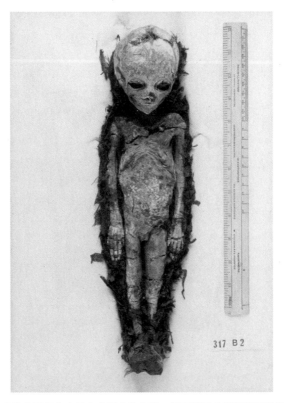

图 6.6 较大的木乃伊为大约七个月大的女胎，很可能是安赫塞纳蒙的流产儿（图片由大都会艺术博物馆埃及艺术档案馆提供）

个孩子比她的妹妹长约 10 厘米，已经发育到可以进行防腐处理了。她的腹部左侧被防腐师切开了一道不足 2.5 厘米的切口，腹腔里塞满了亚麻布。但德里对胎儿的内脏只字未提，也许内脏还在里面。如果它们被取出了，那么一定会有小型的卡诺皮克罐。

德里发现，尽管胎儿很小，但防腐师已将其大脑取出，并将亚麻布塞入了颅骨。当时，没有人把木乃伊的保存当回事，德里凿穿颅骨，取出亚麻布，发现那里有一根金属线用来将布料压入颅骨。这是在木乃伊内部发现的唯一的防腐工具。德里把它扔掉了。他没有将胎儿交还给卡特，也没有将其交给埃及博物馆。几十年来，胎儿在哪里都不得而知。

德里谈及较小的胎儿时表示："没有腹部切口，也没有迹象表明它是如何保存的。"我联系了卡斯尔·艾勒艾尼医院的解剖科主任法齐·加贝拉（Fawzi Gabella）医生，看他能否找到木乃伊。加贝拉毫不犹豫地告诉我，木乃伊在他那里，还邀请我去医院对其进行检查。

加贝拉的妻子扎伊扎丰·巴达维（Zaizafon Badawy）迎接了我，她也是一位在医院任教的解剖学家。她和她的丈夫都很想知道，我们能从胎儿木乃伊身上了解到什么。他们把我带进一间储藏室，里面堆满了小木箱，上面贴着有趣的标签："中央王国公主？""仅有旧王国元首。"加贝拉找到了两个小木箱，比鞋盒稍大。揭开盖子后，我们与图坦卡蒙和安赫塞纳蒙的孩子见面了。

我带来了哈里·伯顿在第一次发现胎儿木乃伊时拍摄的照片。照片拍摄之后的 70 年里，胎儿木乃伊的保存状况有所恶化，但也正因这种恶化，我能够回答关于小胎儿木乃伊化的问题。小胎儿的颅骨现在已经断裂了，这让我们看到，就像她的姐姐一样，颅骨里也塞了亚麻布。此外，她腹部的皮肤裂开了，露出了一点从腹腔突出的亚麻布。这具较小的木乃伊确实经过了防腐处理。想到德里对图坦卡蒙木乃伊的破坏，我甚至不想触摸那极其脆弱的胎儿，只是看了看。不可否认，德里对图坦卡蒙墓中出土的三具木乃伊的处理极不负责任，这不仅造成了无法弥补的损坏，也让大量宝贵的信息就此丢失。但在德里所处的时代，木乃伊研究领域尚处于起步阶段，他和他的大多数前辈一样，认为木乃伊本身没有丝毫价值。

1881 年发现的代尔巴赫里停灵庙本有可能为了解王室木乃伊制作技术提供大量数据，但这些木乃伊遭到了著名的埃及考古学家们的破坏，他们不知道要寻找什么，也没有花时间仔细记下他们打开木乃伊时的情况。木乃伊从卢克索运往开罗时，古物管理局局长加斯顿·马斯佩罗正在法国，于是他的助手埃米尔·布鲁格施动手打开了木乃伊。马斯佩罗在官方报告中对布鲁格施予以谴责，他写道："在他们抵达博拉克的头几周，埃米尔·布鲁格施先生无法抗拒在第一时间看到他们面容的欲望，在我不在场的情况下，未经允许打开了图特摩斯三世的木乃伊。"马斯佩罗忙着翻译棺材上的铭文和木乃伊的标签，好几年后才打开木乃伊。但当他一开始，就陷入了疯狂，一个接一个地撕开木乃伊的绷带。1886 年 6 月 1 日，根据埃及总督的命令，拉美西斯二世的木乃伊被打开了。出席会议的有总督、整个内阁、医生、考古学家、艺术家，等等。

在报告中，马斯佩罗试图给人一种印象，即一切都是科学谨慎地完成的。他解释说，每一次测量都是由在场的两名人员进行，再由另外两名随从加以核实。[5] 事实上，整个程序都很差劲。那天，马斯佩罗打开了三具木乃伊，两位法老和一位王后。这是糟糕至极的埃及学。第二周，仅在一天之内，马斯佩罗就打开了塞蒂一世、塞克奈里·塔奥二世（Seqenenre Tao II）和艾哈迈德一世（Ahmose I）的木乃伊。在 6 月 9 日至 7 月 1 日不到一个月的时间里，代尔巴赫里的 21 具木乃伊统统被剥去了绷带。人们不仅要问，马斯佩罗为何要如此仓促。但这就是王室木乃伊被对待的方式，德里对图坦卡蒙陵墓的木乃伊的处理延续了这一传统。这些胎儿木乃伊是宝库的最后一个大惊喜，耗时两年，卡特和卢卡斯最终将其清理完毕。结束后，他们开始继续清理副室。

副室与图坦卡蒙的酒窖

　　副室与宝库截然不同。相较而言，宝库井然有序。几乎所有的物品都与丧葬和身后事有关，尽管曾遭到古代盗墓贼的侵扰，仍是整整齐齐。副室却一团糟。东西随意地堆在一起。卡特认为这里曾被洗劫过两次，但负责整顿的官员们却疏忽松懈了。卡特在前室发现了显然最初是放在副室中的罐子，3000 年前，窃贼将罐子丢在了那里。造成混乱的原因不仅仅是官员的效率低下。副室遭遇过两次被盗，盗墓贼每次寻找的东西截然不同。第一次盗墓，盗墓贼的目标很明显，就是黄金。而第二次盗墓意在副室中的数十个罐子。

　　这些罐子分为两类。有 34 个陶质酒罐，形状类似于传统的双孔瓶。这些罐子大部分没有被盗墓贼发现。现代的酒瓶上有印刷标签，图坦卡蒙酒窖的罐子上有手写的信息。它标明了年份、葡萄园，甚至是酿酒商的名字。图坦卡蒙的葡萄酒主要来自两个葡萄园，艾顿庄园和图坦卡蒙庄园。古埃及的葡萄酒产区位于北部三角洲。有的罐子上贴有"优质葡萄酒"标签。在所有罐子中，只有四个被贴上了"甜"的标签，图坦卡蒙喜欢干葡萄酒。[6] 有些罐子似乎是家族的传家宝。其中一瓶可以追溯到图坦卡蒙的祖父阿蒙霍特普三世继位的第 31 年，这瓶酒放入少年法老的陵墓时，已有约 35 年的历史了。盗墓贼没有发现这些酒罐，其他罐子也幸免于难。

油膏大盗

　　与副室所出的朴素的黏土酒罐不同，在宝库发现的都是古埃及人精心雕刻的雪花石膏器皿，然而里面空无一物。经过对罐底的残留物进行分析，卢卡斯确定，这些雪花石膏罐曾用于保存油膏。几年前，卡特第一次清理前室时，就在地板上发现了一些空的雪花石膏罐。根据这些线索，卡特拼凑出了发生在 3000 年前的图坦卡蒙陵墓中的场景。

图坦卡蒙下葬后不久，盗墓贼潜入了陵墓，搜寻前室、宝库和副室中的黄金和其他便于携带的贵重物品。前文讲到，卡特在前室发现了用亚麻布包裹的五枚金戒指，这五枚戒指就是盗墓贼这一次遗落的。墓地官员发现陵墓被盗后，尽可能地把东西放回了原处，并将陵墓重新密封起来。但不久之后，又发生了第二次被盗，甚至可能还是同一个盗贼。就像第一次劫掠一样，盗贼必须穿过覆盖着通往陵墓台阶和填满墓道的碎石，然后穿过通向前室重新密封的墙壁。他们的战利品不是金子，而且他们知道它早就不在那里了。这次，他们打算偷雪花石膏罐里的油膏。这起盗墓案向卡特和其他埃及学家揭示出圣油在古埃及之贵重，盗墓贼为此不惜铤而走险。

第二次盗墓必定经过了精心策划。装满油膏的雪花石膏罐非常沉重，难以移动，带着它们，盗贼将无法通过他们在碎石中挖凿的隧道。于是，盗墓贼随身带着像葡萄酒囊一样的皮袋，把油膏倒进去，再返回帝王谷的地上。[7]卡特在清理瓦砾时，发现了盗墓贼留下的一个皮袋。由于副室相对较小，盗墓贼必须将一些雪花石膏罐带到前室分装，于是将罐子留在了那里。

为了拿到墙边的雪花石膏罐，盗墓贼不得不将其他物品移出宝库，于是将它们乱七八糟地扔到了前室，这就解释了卡特发现前室的物品被混乱地堆在一起。偷油膏的贼人逃走了吗？被捕并被处决了吗？他们是怎么卖这些油的，又卖给了谁？也许某天会发现记录审判盗贼的莎草纸。更有可能的是，我们永远不会知道真相了。

图坦卡蒙的戏法

20 世纪 70 年代，我经常会带着学生去埃及考察，我们会参观埃及博物馆，图坦卡蒙文物就存放在二楼。在游客罕至的一侧，有一个雪花石膏花瓶，很少被人注意到。我会把它指给学生们看，并解释说花瓶精致的把手乃是神祇赫（Heh）的形象，因为他手握两片棕榈叶。他向图坦卡蒙展示了"数百万年"。一百万是埃及人能写的最多的数字，它的象形文字非常有趣。一个双手举向空中，面带惊异之情的男人，就像是在说"哇，一百万！" 在我向学生们解释完这一切之后，会让他们先看看花瓶内部，再看看外面，这样他们就能看到两面全无装饰。然后走向墙边一个没有标记的电灯开关前，将它按下。瞧！雪花石膏花瓶内部出现了图坦卡蒙和安赫塞纳蒙端坐的场景（图6.7）。

图6.7　图坦卡蒙那变戏法般的精致灯具（格里菲斯研究所 p0659B）

一位古代艺术家设计了一个小把戏来取悦他的年轻法老和王后。奥妙就在于花瓶内还有一层雕刻的雪花石膏内衬，完美地贴合在花瓶的内壁。场景绘制在内衬的外侧，当花瓶被照亮时，场景就会出现。

我如法炮制了多年，但是就在 20 世纪 90 年代的某个时刻，要么开关坏了，要么花瓶里的灯泡坏了，魔法失灵了。这个花瓶最近被搬到了新的大埃及博物馆，我希望他们能给它一处荣耀之地，让所有人都能享受图坦卡蒙国王的戏法。

最终分配协议

卡特和卢卡斯在清理副室的同时，他也在为卡纳冯夫人与古物管理局协商最终的解决方案。回想下卡纳冯和古物管理局之间最初的特许协议，其中明确写着，如果陵墓曾遭盗掘，则卡纳冯有望获得部分文物。因此，卡特和卡纳冯理所当然期望能够有所收获。由于政治形势发生了变化，卡特被埃及当局拒之门外，原本享有特许权的卡纳冯夫人放弃了对陵墓文物的所有合法权利。尽管如此，卡特还是得到了古物管理局的保证，将酌情考虑，慷慨给予卡纳冯夫人对埃及不具科学价值的重复物品。然而，到了1930 年，政府再次发生了变化，明确规定任何图坦卡蒙的物品都不得离境。不过，埃及政府将对卡纳冯夫人支出的包含发掘在内的费用予以赔偿。律师们也介入了谈判，最终，卡纳冯夫人获得了 35867 英镑，这是一笔相当可观的数目，几乎所有参与谈判的人都认为这是公平的。卡纳冯夫人将其中近四分之一的金额赠予了卡特，以感谢卡特为她和丈夫提供的优质服务。多年来，卡特始终对卡纳冯夫人报以忠诚，而且将保护卡纳冯夫人的利益作为自己深切的责任。

所以尘埃落定：图坦卡蒙的文物不会离开埃及。然而，我们稍后将会看到，这并没有完全实现。

大功告成

在卡特和卢卡斯清理副室的工作全部结束后，他们还有另一项重要的任务需要完成。整个发掘过程中最困难的部分之一，就是拆除墓室内围绕石棺的巨大嵌套神龛。在多年发掘期间，神龛的嵌板始终都被放在主墓室的墙边。它们最初是由坚固的木材所制，上面雕刻着象形文字和神像，并镶嵌有釉质护身符，最后再以金箔覆盖。几个世纪以来，木材已经干燥收缩了，与镶嵌物和金箔无法固定，金箔几乎都翘了起来。1928 年，卢卡斯在陵墓内工作时，曾在神龛表面刷了近 500 公斤的石蜡，以稳定神龛，防止金箔剥落。[8] 这是一种需要大量技巧的保护技术，但卢卡斯已经计算出了石蜡的数量和热量。这种技术的优点在于它既无损又可逆。之后，可以通过加热将石蜡去除。即便嵌板状态被稳定下来，他们也等了好几年才将其从陵墓中取出。

尽管卡特团队竭尽全力，但这些嵌板仍然非常脆弱，必须先将其在墓中装入板条箱才能移动。随后，还要将第一次开墓时所凿的洞口扩大，不过他们希望等到最后一刻再着手此事。像往常一样，卡特和卢卡斯的缜密技术和耐心，使墙壁开凿和拆除嵌板没有出现丝毫纰漏。

游览埃及博物馆的数百万游客对这些巨大而美丽的神龛感到惊奇。他们要感谢卡特和卢卡斯。科学的埃及学的伟大创始人弗林德斯·皮特里在卡特和卢卡斯第一次开始清理陵墓时，在致珀西·纽伯里（Percy Newberry）的信中总结道："我们只能说，这一切都掌握在卡特和卢卡斯手中是多么幸运。"[9] 他说得太对了。

索然无味的余生

1931—1932 年发掘季结束时，陵墓的清理工作全部结束了，卡特出版了《图坦卡蒙陵墓》的第三卷，也是最后一卷。书中收录了两份附录。第一份共三页，是德里对两个胎儿的检查报告。第二份为卢卡斯所撰，这位化学家与卡特并肩发掘了十年的陵墓，它被简单地冠以"陵墓的化学"（The Chemistry of the Tomb）一名。

这套三卷本并未打算对卡特之于陵墓和珍宝所做工作给出最终的定论。这套通俗读物旨在向公众介绍此次发掘。卡特计划围绕所发现的各个方面，出版一套六卷本的科学著作，其中包括艾伦·嘉丁纳对神龛和棺木铭文的翻译、木乃伊制作所使用的材料的详细化学分析、陵墓随葬品蕴含的古埃及宗教的研究论文，以及其他方面的内容。但在陵墓挖掘工作结束后，卡特似乎对这个项目失去了兴趣。事实上，他似乎是对图坦卡蒙失去了兴趣。他本可以再作一次巡回演讲，但却从未计划过。他也可以为杂志撰写热门文章，但他没有这么做。

在余下的岁月里，卡特出奇地孤独。他仍然待在卢克索的卡特城堡过冬，少有访客。他经常会去冬宫酒店喝一杯，在那里，来访的旅游者会认出他并与之攀谈。大都会艺术博物馆的发掘团队仍在尼罗河西岸工作，但他并不经常与团队共进晚餐，他在那里似乎也没有任何密友。多年来，他最喜欢的侄女菲莉丝·沃克（Phyllis Walker）在发掘季期间来看望过他，她似乎是唯一一个在那里待了很长时间的人。

在伦敦，卡特在自己的公寓深居简出，就像在埃及时一样。他收到很多晚宴的邀请，但据我们所知，他没有密友。在他的埃及学同事中，纽伯里是唯一一个与之保持密切联系的人。卡特在美国巡回演讲期间赚的钱，加上卡纳冯夫人的慷慨赠予，使他的退休生活相对舒适，他可以随心所欲地外出就餐、旅行。但如前所述，卡特似乎对图坦卡蒙失去了兴趣。他甚至从未试图出版他曾计划的关于挖掘的最终六卷本著作。现在他有足够的时间来做这件事，但他没有丝毫的欲望。卡特似乎对埃及学失去了兴趣。他也没有参加伦敦埃及探索学会（Egypt Exploration Society）举办的讲座。

似乎在发掘结束后，卡特就在经历产后抑郁症。

在卡特生命的最后几年，他患上了癌症（霍奇金淋巴瘤），由侄女沃克照顾。1939 年 3 月 2 日，霍华德·卡特在家中去世，享年 65 岁。据我们所知，没有埃及学家参加他在伦敦普特尼谷公墓的葬礼。1931 年，卡特立下了遗嘱，委托摄影师哈里·伯顿为其遗产的两名执行人之一。另一名执行人布鲁斯·英格拉姆（Bruce Ingram）也与图坦卡蒙的陵墓有关联。英格拉姆是《伦敦新闻画报》（Illustrated London News）的编辑。卡特向该杂志提供有关图坦卡蒙的绘图和信息时，与英格拉姆有过多次业务往来。英格拉姆并不是他的密友，但显然得到了卡特的信任。

这份遗嘱透露了一些关于卡特的事情。他想起了他那忠实的发掘主管阿卜杜·艾哈迈德（Abd–el Ahmed），并给其留下了 150 埃及镑，相当于几百美元，这在当时是一笔可观的数目。他把位于帝王谷入口处的房子留给了大都会艺术博物馆，该博物馆的工作人员在整个陵墓清理过程中功不可没。剩下的遗产留给了他的侄女沃克，并写道："我强烈建议她向我的遗嘱执行人，咨询遗产中的任何埃及或其他文物的出售事宜。"[10] 这就是伯顿的埃及学背景的至关重要之处。卡特收藏的少量埃及文物，包括几件写有图坦卡蒙名字的文物可以追溯到这座陵墓。伯顿懂得建议沃克不要将其出售，因为这会损害卡特的声誉。但是应该如何处理它们呢？沃克和遗嘱执行人都赞同，谨慎起见，应该将文物交还给古物管理局，或许可以通过外交手段。但埃及博物馆馆长雷金纳德·恩格尔巴赫（Reginald Engelbach）与卡特的关系不过尔尔，也没有合作过。卡特一向是个难对付的人，很多人都想让世人知道他从陵墓里拿走了文物。直至第二次世界大战爆发，时隔七年之后这些文物才被送回埃及。

战争结束后，终于达成了解决方案。埃及国王法鲁克（Farouk）表示愿意提供帮助。这些文物被交给了埃及驻伦敦大使馆，空运至埃及，再由国王转交给博物馆。关于它们的来历，自然没有人敢质疑。

通过谨慎地将图坦卡蒙的文物归还给埃及博物馆，伯顿、沃克和其他相关人员试图保护卡特的遗产。在不知不觉中，他们也无形地保护了卡纳冯勋爵的声誉。当卡纳冯夫人要求卡特出售其亡夫所收藏的埃及文物时，卡特收回了刻有图坦卡蒙名字的藏品，因为他知道勋爵可能会遭受偷窃陵墓文物的指控。法鲁克国王帮助返还的文物可能就是这些藏品。

在卡特发现这座陵墓后的百余年里，他一直享有良好的声誉。在埃及学界，人们普遍认为卡特在组建团队和清理陵墓方面做得相当出色。尽管如此，当一切都完成后，卡特一再表示图坦卡蒙终究还是躲开了他。我对卡特也有类似的感觉。他是一个复杂的人，而且选择不愿意暴露自己，我们永远不会完全了解他。但霍华德·卡特和图坦卡蒙给我们留下了一个我们今天仍在努力求索的遗产。

第二部分

***

揭秘图坦卡蒙

我们正揭开他拥有之物的谜团，但他究竟是谁……我们仍苦苦追寻。

——霍华德·卡特

第七章

·

翻译图坦卡蒙

当霍华德·卡特最终清理完图坦卡蒙陵墓时，他因两个原因感到失望。第一个是我们已经提到过的，他觉得自己没有真正了解图坦卡蒙（"图坦卡蒙最终躲开了我"）。他知道图坦卡蒙拥有什么，却不知道他是谁。第二个令人失望的是，墓中没有出土莎草纸。卡特可能一直希望发现文字记录，以揭示图坦卡蒙的父母是谁，但一无所获。或许卡特希望有一本《亡灵书》，这部配有精美插图的莎草纸卷，旨在帮助图坦卡蒙踏上通往下一世那漫长而危险的旅程。图坦卡蒙却哪一个都没有。但少年法老确实有可以代替《亡灵书》之物，只是以一种让人意想不到的形式存在着。

刻在神龛上的来世指南

《亡灵书》起源于埃及的古王国时期（公元前 2686—公元前 2181 年），比图坦卡蒙早 1000 年，那时是金字塔建造的黄金时代。吉萨高原上的庞大金字塔建成后，埃及第 5 王朝的末代法老乌纳斯（Unas）在萨卡拉建造了一座小金字塔。从外观上看，它并没有什么特别之处，但其内部却有一项革新，它将在数千年内使埃及宗教彻底改变。乌纳斯金字塔内的墙壁上刻满了优美的象形文字，以及帮助他升入天堂的咒语。

蓝色的象形文字在洁白的石灰石墙壁上异常醒目（图 7.1）。矗立在天花板和地板之间的长柱分隔开每个咒语，古埃及人称之为"言说"。这些铭文就是金字塔经文（Pyramid Texts），是帮助法老度过三个复活阶段的咒语：1. 乌纳斯在金字塔中觉醒；2. 他升空飞至亡界；3. 他为众神所接纳。所有咒语背后的魔法原理都是一样的：单词就是行为。也就是说，说出的或在墙上写下的话语会变为现实。这种魔法的概念如此重要，以至于当你走

图 7.1　乌纳斯法老金字塔中的魔法咒语旨在助其踏上通往下一世的旅程，这是首次出现的"金字塔经文"。（帕特·雷姆勒摄）乌纳斯金字塔的这一创新被之后的法老效仿。谁不想要一本通往下一世的指南呢？这些铭文完全是法老及其家族的特权，就连贵族的墓葬里也没有这样的东西。看来，魔法咒语是被精心保守的秘密。这些金字塔经文是新王国《亡灵书》的先驱，但并非直接的前身

进金字塔，就会在前室入口看到第一条咒语，"乌纳斯不会给予你魔法力量"。[1] 之后的咒语指引乌纳斯如何飞升天堂："大道的开启者让乌纳斯升往天界，成为他的兄弟们，众神中的一员。"

《亡灵书》的下一个发展阶段出现在中王国时期（公元前2040—公元前1782年）。古王国不知是何原因走向衰颓，一段被称为第一中间期（公元前2181—公元前2040年）的无法无天的时代接踵而至，金字塔被强盗洗劫一空。平民第一次看到了金字塔经文，每个人都想拥有它。第一中间期持续了100多年，中王国逐渐恢复稳定后，出现了一种新发明——贵族开始在棺椁上刻下咒语，创造出后来被称为棺椁经文（Coffin Text）的形式。但是棺椁比金字塔的内部空间要小得多，无法容纳所有的铭文。新王国时期（公元前1570—公元前1070年）出现了最终的解决方案:《亡灵书》。

将咒语写在莎草纸卷上，你就可以得到想要的所有咒语，不会有任何遗漏。你可以加上插图，神祇画像，甚至是成功进入下一世的图像。你可以列出所有密码以便通过恶魔守卫的大门。你可以拥有一切。于是，《亡灵书》诞生了。现在，你真的拥有了一本通往下一世的指南。制作这些"书籍"成为古埃及的一个主要行业，抄写员为渴望将卷轴放入棺椁的顾客制作《亡灵书》，以指导他们开始下一世的旅程。有一些莎草纸卷长达30米，上面绘制了精美的插图。有一些则极为简短且没有插图。这一切取决于你的经济能力。这些"书籍"通常会事先准备好，死者姓名处留空。顾客购买后，再由抄写员填写买家姓名。这些成为历史上第一批"文档表单"。

《亡灵书》主要流行于能够买得起的贵族阶层。法老不需要它们。他们的陵墓里百米高的墙壁，足以供艺术家们用生动的色彩描绘国王的《亡灵书》。这就是参观帝王谷的游客在墙壁上所看到的。那些神秘的神祇，天空中的飞船，被砍掉脑袋的恶魔和夜空，都是《亡灵书》的一部分。新王国的伟大法老如图特摩斯三世、塞蒂一世、拉美西斯大帝都将他们的《亡灵书》刻于墓壁之上。除了图坦卡蒙。

与其他法老不同，图坦卡蒙没有修建一座巨大的陵墓，里面有大量的墙壁空间刻写宗教铭文，他的意外离世使得古埃及人没有足够的时间来准备他的陵墓。埃及宗教规定，逝者在死后 70 天，需要将尸身放入墓穴，所以在图坦卡蒙法老死后来不及建造陵墓。少年法老不得不将就着葬于帝王谷里为他人准备的一座小型陵墓。尽管如此，他也必须有助其走向下一世的咒语。图坦卡蒙的《亡灵书》写在围绕着石棺和棺具的四座黄金神龛上，没错，正是那些让卡特绞尽脑汁拆除的神龛。

神龛上的文字是让我们了解古埃及宗教如何运作的重要资料之一。唯一与图坦卡蒙神龛相似的是提耶王后神龛的残片，它们是由西奥多·戴维斯在 KV-55 号墓中发现的，但残片上面几乎看不到任何文字。图坦卡蒙的神龛保存了一排排完好的文字和插图。然而几十年来都没有人对它们进行翻译。为什么？

部分原因是所有人都专注于黄金和那些耀眼而精美的"珍宝"，使得乏味的铭文被遗忘了。但原因不止于此。卡特第一次打开陵墓时，他以为自己会发现莎草纸文件，也需要一位翻译。他物色了两位人选。一位是翻译家艾伦·嘉丁纳。嘉丁纳可能是在世的翻译者中最富才华的人，并且愿意伸出援手。而另一位人选詹姆斯·亨利·布雷斯特德却不太愿意帮忙。布雷斯特德一向不喜欢卡特，但始终保持着联系，因为布雷斯特德希望借助卡特的知名度，为芝加哥大学计划在卢克索建立的发掘工作站筹集资金。布雷斯特德曾翻译过历史文件，当然也有能力研究宗教文件。既然有两位优秀的学者就在身边，为什么这些新发掘的宗教铭文没有被翻译呢？依然是卡特的个性使然。在神龛被移出陵墓时，卡特已经把这两位翻译家都得罪了。

正如我前边写到的，当布雷斯特德向卡特索要几张伯顿拍摄的照片，用于他正筹备的书中时，卡特向他索要了费用。布雷斯特德被激怒了，就是此时，他决意不再向卡特提供帮助。而卡特与艾伦·嘉丁纳的关系更糟。嘉丁纳迫不及待地想翻译陵墓出土的所有文字材料，还曾鼓励卡特出版有关陵墓的六卷本著作，并认为自己的翻译将会是其中的一部分，但事实并非如此。

20 世纪 30 年代，卡特给了嘉丁纳一件护身符，但并未告知它来自图坦卡蒙的陵墓。当嘉丁纳将它展示给埃及博物馆馆长雷金纳德·恩格尔巴赫时，后者立即认出它出自法老的陵墓。我们将在后边的部分具体讨论此事，结果就是，嘉丁纳对卡特给他赃物一事感到愤怒，并向卡特写信表示不满。现在，卡特失去了两名翻译人员，而其他人似乎都没有兴趣翻译这些神龛上的文字，于是它们只是被放在埃及博物馆的二楼，被不解其中含义的游客看着。直至后来，事情发生了变化。

译者与芭蕾舞者的完美合作

苏联的埃及学家亚历山大·皮安科夫（Alexandre Piankoff）专攻宗教铭文翻译，多年来一直在帝王谷复制和翻译帝王陵墓出土的文本。塞蒂一世陵墓出土了一部《牛之书》（*Book of the Cow*）。皮安科夫记得，图坦卡蒙的神龛上有相同的铭文，保存情况更好。于是，在第二次世界大战结束后，他请求古物管理局局长艾蒂安·德里奥东（Étienne Drioton）允许翻译和出版神龛铭文。皮安科夫已经翻译并出版了拉美西斯六世陵墓中的铭文，非常适合这项工作。[2] 就这样，图坦卡蒙来世指南的翻译工作提上了日程。

皮安科夫与娜塔莎·兰博娃（Natacha Rambova）合作，后者负责编辑，并在他去世后通过报刊看到了他的最后一份出版物。这看起来很自然，但有时事情并不像表面的那样简单。兰博娃是在埃及学史上留下浓墨重彩的人物之一。1897 年，兰博娃出生于美国犹他州盐湖城的一个摩门教家庭。十几岁时，她成为纽约俄罗斯帝国芭蕾舞团的芭蕾舞演员，由俄罗斯编舞家西奥多·科斯洛夫（Theodore Kosloff）指导。其间，她给自己取艺名为娜塔莎·兰博娃。很快，这个十几岁的少女便成为科斯洛夫的情人。塞西尔·德米尔（Cecil DeMille）聘请科斯洛夫为自己执导的电影编舞期间，两人定居在洛杉矶。不久后，兰博娃离开了科斯洛夫，因为她一直在为剧目设计服装，但科斯洛夫却将其归功于自己。兰博娃很快成为一名杰出的好莱坞设计师，几年后，她结识了无声电影巨星鲁道夫·瓦伦蒂诺（Rudolph Valentino），并与之结婚。这段婚姻只维持了两年，1932 年，兰博娃与瓦伦蒂诺前往埃及旅行，古埃及文化令她着迷，从此开始了她的埃及学家生涯，埃及学伴随了兰博娃整个余生。

皮安科夫与兰博娃出版的神龛铭文，让我们深入了解了古埃及的宗教信仰。它有其秩序与结构，而非仅仅是游客在帝王谷的法老陵墓中穿行时所感受到的一堆神祇。图坦卡蒙的神龛为这位年轻法老的复活指引了一条清晰的道路。你只需要了解一点埃及神话就能发现这一点。

伊西斯和奥西里斯的神话

埃及人对死后生活的信仰核心是一个神话，它在神龛中被反复提及。那就是伊西斯和奥西里斯的故事。根据神话传说，伊西斯和奥西里斯既是夫妻，也是兄妹。他们的同胞兄妹，奈芙蒂斯和赛特也是夫妻。奥西里斯将文明带到了埃及，引入了农耕和养牛，从而使尼罗河流域的早期住民摆脱了苦难。他离开埃及，又将文明带到世界其他地方，留下强大的魔法女神伊西斯来震慑他那邪恶的兄弟赛特。

奥西里斯归来后，赛特用诡计获得了他的精确身体尺寸，建造了一个与其匹配的精美木箱。在一次宴会上，赛特将这只华丽的木箱作为奖赏赠予与之匹配的人，一位又一位宾客前来尝试，都失败了。轮到奥西里斯了，它简直就像辛德瑞拉的鞋子般完美。然而，奥西里斯一进箱子，赛特就把他封在了里面，再把熔化的铅浇在上面，将箱子扔进了尼罗河。一场猛烈的风暴将箱子送到了黎巴嫩的比布鲁斯（Byblos），它被冲到一棵树上。随着时间的推移，这棵树长成了参天大树，树干将奥西里斯包裹其中。比布鲁斯国王建造宫殿时，将这棵树砍倒，做成了一根柱子。

伊西斯得知丈夫的遭遇后，便打算找回他的尸体。她弄清了他的所在之处，又谋了一份差事，成为比布鲁斯女王的侍女。最终，伊西斯得以陈情，说装有丈夫尸身的箱子就在宫殿的一根柱子之中。出于同情，王后命人将柱子剖开，伊西斯找回了亡夫的尸体，并将其带回埃及安葬。邪恶的赛特发现了奥西里斯的尸体，将其砍成了14块，并散布于埃及各地。伊西斯在妹妹奈芙蒂斯的协助下，寻找被肢解的奥西里斯的尸体残块，除了被鱼吞噬的阴茎外，她找到了其他所有部分。伊西斯重新组装了她的亡夫，并为他做了一个人造阴茎。然后，伊西斯化身一只鸟，在奥西里斯的头顶盘旋，念诵神奇的咒语使之复活。奥西里斯是第一个复活之人，他成了冥界之神，西方之主。

几乎所有古埃及葬礼的信仰崇拜，都可以从伊西斯和奥西里斯的神话中得以解析。伊西斯寻回尸体并将其带回埃及的旅程，强调了在埃及的土地上妥善埋葬的重要性。与奥西里斯完全吻合的木箱是类人棺的前身，形状像死者，旨在保护其身体。我们也从这个神话中看到，拥有一个完整的身体对于复活是多么的重要。伊西斯踏遍整个埃及寻找所有的尸块，当她找不到阴茎时，便制作了一个人造阴茎来弥补缺失。最后，同样重要的是，她说了恰当的话使奥西里斯复活了。他死后还保留了生前的身体。故而，木乃伊化成为不朽的关键，为了拥有来世，尸体必须加以妥善保存。

图坦卡蒙的四座神龛都提到了伊西斯、奥西里斯和奈芙蒂斯，但没有提及赛特。因为说出他的名字就会赋予其力量。神龛上的铭文也远不止伊西斯和奥西里斯的神话。铭文中提到了数十位其他的男性和女性神祇，他们的咒语也能确保图坦卡蒙在下一世复活。仅仅是图坦卡蒙的神龛，或许就可以作为教材来教授整个古埃及宗教学课程。

直到今天，埃及学家仍然使用着皮安科夫的神龛编号系统。最外层神龛是 I，最内层神龛是 IV，也就是卡特将它们拆开的顺序。神龛的形状并不完全相同。在埃及漫长历史的早期，曾有一座北方宫殿和一座南方宫殿，经证实所属的法老分别是上埃及和下埃及的国王。这些象征性的建筑建于埃及以石头营造的时代之前，由于它们是以易朽材料所造，所以无一幸存，但我们有关于它们的早期绘画。最内层神龛 IV 的背面和屋顶呈北方宫殿的形状，表明图坦卡蒙统治着下埃及。下埃及位于北部是因尼罗河的流向。尼罗河是唯一一条自南向北流动的主要河流。所以，当你向"尼罗河上游"而行时是在向南走，上埃及就是南部。中间两座神龛的背面呈南方宫殿的形状。因此，内层的三座神龛的形状表明图坦卡蒙是上埃及和下埃及的统治者。

最外层神龛呈赫卜塞德（heb-sed）宫廷的形状，它也许是所有神龛中最重要的部分。赫卜塞德是法老定期举行的一项仪式，目的是让他能奇迹般地重获新生。在古代，统治者不仅是国家的政治首脑，也是军事领袖。在埃及，人们期盼法老能够身先士卒。如果法老年事已高，无法亲自带兵征战，那么国家就会变得羸弱。这可能就是赫卜塞德节的由来。法老会定期（传统上每 30 年举行一次，但许多法老会举办得更加频繁）通过跑步、与年轻的对手摔跤、射箭等方式展示自己的活力。与其说这个节日是一次身体力量的展示，不如说是一次神奇的复兴。年轻的对手会让法老获胜，箭矢永远都会击中靶心。图坦卡蒙第四座神龛的背面是赫卜塞德节所用的帐篷形状（古老的描绘表明它更像一座帐篷，而非一座建筑）。就像法老会在赫卜塞德节恢复活力一样，图坦卡蒙也将在下一世复活。这是一次终极赫卜塞德节。

神龛的形状告诉我们，祭司希望我们以从内到外的顺序来阅读经文，这是有道理的。最内层三座神龛的形状表明，它们与法老作为上埃及和下

埃及之主存在于人间有关。当我们到达最外层神龛时，我们面对的是法老
在下一世的复活。神龛的形状所讲述的内容，也得到墙上经文的强化。最
内层的神龛，也是最靠近图坦卡蒙木乃伊的神龛保护着法老的木乃伊。伊
西斯和奈芙蒂斯立于神龛的门上，她们伸出的双翅守护着死去的图坦卡蒙，
就像帮助奥西里斯复活一样（图7.2）。看她们的头部，就可以分辨出她们。
两人的名字都在上面。拥有王座的是伊西斯，因为她是权力的所在。在古
埃及，王座一词是"ist"。当希腊人进入埃及时，他们加上了希腊语的结
尾，就变成了伊西斯（Isis）。奈芙蒂斯的头上有两个象形文字，应翻译为

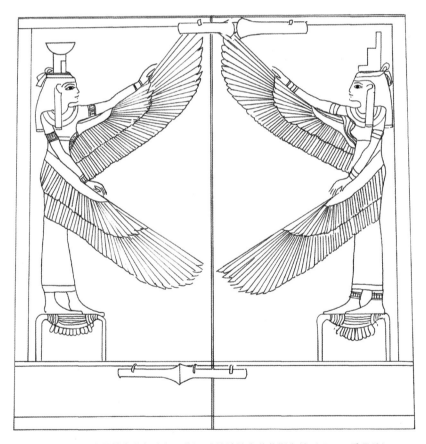

图7.2 最内层神龛的门由伊西斯和她的妹妹奈芙蒂斯守护（玛丽·乔丹绘）

"圣殿女主人"。伊西斯和奈芙蒂斯是这个尘世的女神。她们不会出现在西方，那将把她们描述成死者的女神。她们只守护着人世间的木乃伊。

在最内层神龛的外面，可以看到伊西斯和奈芙蒂斯都说了一些神奇的话。

> 伟大的伊西斯所说的话：我来保护我的兄弟奥西里斯，图坦卡蒙国王……你做了你喜欢的一切改变。奈芙蒂斯说的话：我支持你，我的兄弟奥西里斯，图坦卡蒙国王……你在天上必称义，在人间必有能力！你做了所有你喜欢的改变。[3]

图坦卡蒙被称为"我的兄弟"，因为这样说，他就变成了奥西里斯，伊西斯和奈芙蒂斯的兄弟，而且和奥西里斯一样，他也会复活。

最小的神龛后面的嵌板上写着更多的魔法咒语，清楚地表明这座神龛的目的是保护图坦卡蒙的木乃伊。

> 奈芙蒂斯所说的话：你活着，你不会腐烂，你的身体不会消亡！[4]

为了复活，你需要你的身体，而最内层神龛的目的就是确保身体得到保护和保存。

外面一层神龛（神龛 III）是一个过渡神龛。我们依然关注木乃伊的保存和保护，但我们也发现了通往下一世的咒语。在这座神龛的门上，我们再次看到伊西斯和奈芙蒂斯保护着图坦卡蒙的木乃伊。在神龛里，我们看到了其他神祇加入保护尸体的行列。荷鲁斯的四个儿子之一，保护木乃伊内脏器官的克贝克塞努弗也有话说。

> 克贝克塞努弗说的话：我前来保护你。你的尸骨已聚在一起，你的肢体已重新组合。我为你带来了心脏。[5]

这一声明之所以有趣，有两个原因。首先是间接但明确地提到了奥西里斯，他的绝大部分身体被伊西斯聚集在一起并重新组装。通过这个咒语，哪怕图坦卡蒙的木乃伊出了什么事，它也会被重新组装起来。这个咒语是图坦卡蒙的 B 计划。鉴于道格拉斯·德里对木乃伊的所作所为，图坦卡蒙的确很需要它。

其次，需要注意到，心脏是被单独提及的。这并非偶然。古埃及人相信人是用心思考的，所以它是身体中最重要的器官。用心思考是一个有其合理性的推论。当你兴奋时，会感到心跳加速，但你感觉不到你的大脑。这就是为什么我们会说"我心始终愚钝"，在情人节我们会送心形巧克力，尽管我们应该送的是脑形巧克力。古埃及人不了解大脑的功能，这就是为何我们在卡诺皮克罐中没有发现大脑，因为制作木乃伊时，通过鼻腔取出大脑的过程已经将其破坏了。然而，心脏是木乃伊化之后唯一留在体内的器官。你需要它来思考，这样就可以说出复活的咒语。《亡灵书》第 125 章强调了心脏的重要性，书中描述了应将死者的心脏与真理的羽毛进行权衡，以确定死者是否值得加入其他西方人的行列。

埃及人对心脏尤其重视，所以他们制作了一种特殊的护身符放在木乃伊上，那就是心脏圣甲虫。护身符为圣甲虫的形状。正如第二章所讲的，古埃及单词"kheper"意为"甲虫"和"存在"。因此，如果你有一个甲虫形状的护身符，你将永远存在。但心脏圣甲虫并不是为了保护死者的心脏，而是让你在被诸神审判时保持内心的沉默。你必须让众神相信你没有做过错事，换句话说，你必须撒谎。圣甲虫护身符的平底上刻着《亡灵书》的第 30b 条咒语，恳求逝者的心在逝者向众神撒谎时能够保持沉默："啊，我的母亲之心，我的母亲之心，不要在审判庭上与我为敌。"

因此，心脏对古埃及人来说至关重要，这就是为何克贝克塞努弗特别表示他将带来图坦卡蒙的心脏。问题是，图坦卡蒙的心脏不见了，我们不知道为什么。本书第九章会讨论 1968 年图坦卡蒙木乃伊的第一张 X 光照片。我们后来发现，他的体内没有心脏。少年法老当然会拥有最高规格的木乃伊制作水准。所有迹象都表明，制作过程没有吝惜任何费用。那为什么木乃伊的心脏没有了？我们真的不知道。我们只能希望咒语能弥补身体上的缺失。

除了保护木乃伊，神龛 III 还负责帮助图坦卡蒙前往下一世，这是一次需要乘船前往的旅程。古埃及人的长途旅行只能通过水路完成。（古埃及没有骆驼，是罗马人带来了那些骆驼）所以他们想象了死者乘船在天空中旅行。在神龛内，我们看到图坦卡蒙坐在他的天舟上，身旁簇拥着众神（图7.3）。标题写道："所有与图坦卡蒙同行的众神。"排在最后的是图坦卡蒙，头上有他的王名圈。

在神龛之外，图坦卡蒙正在接近他的目的地——西方。众神鼓励他，"以你优美的姿态来吧，来到西方众神之处，成为他们中的一员。"下一世在西方，因为那里每天都是太阳死亡的地方，西部是亡者的领地。

在下一层神龛（神龛 II），我们看到图坦卡蒙受到了奥西里斯的欢迎。他现在是一个西方人了，可以跻身众神之列。那么，如果图坦卡蒙已经实现他的目标，最后一座也是最大的神龛又有何用途？这是图坦卡蒙的胜利圈，以宣示他成功了。

图坦卡蒙所言句句属实：我是驳船之侧的神。我为你而战！
我是众神之一……我属于你的臣民，奥西里斯啊，我是众神之一。

图 7.3　图坦卡蒙在众神的陪同下乘天舟穿越天空（玛丽·乔丹绘）

众神所说的话：来吧，与我们同在。你的周身与神的无异。

为了确认图坦卡蒙位列众神的合法地位，左侧内侧的嵌板上写道：

寂静之地诸神说的话：让国王，两土地之主，被钟爱的太阳之子内布赫佩鲁拉，南部赫利奥波利斯的统治者图坦卡蒙，立于奥西里斯身侧，成为审判庭中的一员。

至此，图坦卡蒙的长途旅程宣告结束。

以上许多经文出自《神牛之书》（*Book of the Divine Cow*）。最后一座神龛内的后侧嵌板上绘有一头牛的形象（图7.4）。她的名字叫迈赫悌特（Mehetweret），意为"大洪水"。她是掌管每年尼罗河泛滥的女神。根据一则神话，死者会坐在神牛的背上升入天堂。在神龛的图案中，她由空气之神舒（Shu）支撑着，表明她是天空的一部分。这就是为什么她的腹部有

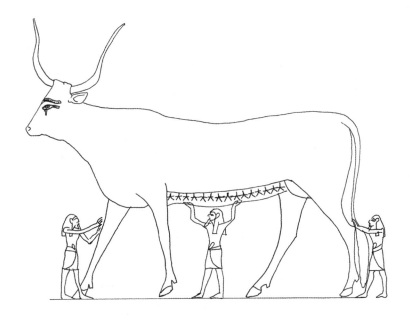

图7.4　神牛迈赫悌特由空气之神舒支撑，表明她是天空的一部分（玛丽·乔丹绘）

星星。她是一位天神。

迈赫悌特还在图坦卡蒙的陵墓中出现过一次，但肯定是你意想不到的地方。前室第一次开放时，最引人注目的一组物品是三张靠墙而立的随葬长榻（见图3.2）。每张长榻前面都有两个相同的兽首：一个是狮子的头，一个是河马的头，还有一个是牛头，也就是神牛迈赫悌特。长榻约有1.4米高，所以肯定不适合用来坐。也许在仪式的不同环节，木乃伊会躺在不同的长榻上，这样的高度让司仪更舒适，他们不必弯腰了。我相信图坦卡蒙的木乃伊曾躺在这些长榻上，当他躺在牛首长榻上时，象征着神牛将他带往下一世。

长榻的前横梁上刻有铭文。令人惊讶的是，狮首长榻上的是有关迈赫悌特的铭文[6]。长榻由四块镀金木构件组成，它们一定是被一块块带进陵墓的，当工人们组装时，由于他们没有（或不能）阅读铭文，才把它们错误地组装在了一起。记住，神龛也没有按照指示定向，复活的图坦卡蒙会走到东方而非西方。

外层神龛内部的迈赫悌特有着显著的特征，她为国王步入下一世作出了巨大的贡献。随着图坦卡蒙位列西方众神，神龛的故事和功能都结束了。最后一座神龛的外部没有任何铭刻。我们能看到的是令人眼花缭乱的成对的"伊西斯结"和"奥西里斯柱"镶嵌（见彩图14）。我们还无法完全肯定伊西斯结的象征意义。有的人认为这是伊西斯所着衣服上系的结。然而，我们能确定这是一个与生命有关的护身符。奥西里斯柱的意义更为确定。它在埃及语中称为节德柱（djd pillar），象征奥西里斯的脊梁。事实上，它的象形文字看起来也像椎骨，有"安定"之意。因此，图坦卡蒙在下一世将获得生命和安定。

皮安科夫出版的图坦卡蒙神龛的铭文释义是20年来对陵墓宝藏的首次实质性研究。这并没有在公众中引起太大的轰动，但埃及学家注意到了。他们看到了未来研究的可能性。大解冻开始了。

第八章

图坦卡蒙的 X 光片

在亚历山大·皮安科夫出版图坦卡蒙神龛的铭文释义之前，埃及学家从未意识到图坦卡蒙的文物作为学术宝库所蕴含的潜力。有文章可供发表，有研究可供开展，有各种各样的可能性存在。但没有人立即采取行动。为什么不立即开始？卡拉·库尼博士（Kara Cooney）曾在一次采访中称之为"恋物"。她指出，埃及博物馆玻璃展柜中的图坦卡蒙珍宝是用来看的，而不是用来触摸的。它们已经成为人们崇拜和迷恋的对象，以至于学者们对接近它们心存顾虑。

20 世纪 70 年代，第一次大型图坦卡蒙展览在世界各地巡回举办时，图坦卡蒙的黄金面具被用在海报和其他宣传展览的材料上。这是该面具首次在世界范围内得到宣传，并在大英博物馆展出。当时的埃及文物管理员哈里·詹姆斯（Harry James）向我讲述了他与著名的黄金面具的邂逅。

当木箱从开罗运抵大英博物馆时，所有用于图坦卡蒙展品的支架和展柜都已就位。打开装有黄金面具的板条箱时，策展人都屏住了呼吸。那就是著名的黄金面具，此刻，它不在埃及博物馆的二楼，就在伦敦，就在他们的面前。他们盯着它看了好一会儿才反应过来，必须将它从板条箱中取出放入展柜。但没有人想碰它。詹姆斯说，他戴上白手套，从板条箱中取出重达 10 公斤的面具，捧着它穿过走廊，前面有两位同事为他开门。最后，他把它放入玻璃展柜，数百万人将一睹它的风采。

由于研究者对接近图坦卡蒙的珍宝心存顾虑，因此下一项大型图坦卡蒙研究项目尚有时日。当项目最终到来时，却不是关于哪一件黄金之物，而是几乎被很多人遗忘的，甚至都不关心的图坦卡蒙的木乃伊。它没有在博物馆展柜中，还在图坦卡蒙的陵墓里静静等待着。

在本书第一部分，我们讨论了图坦卡蒙的木乃伊在道格拉斯·德里手中接受的初步检查和粗暴对待。部分原因在于，长久以来人们一直认为木乃伊是可有可无的，并非必须保存的珍贵文物。几乎就在德里匆忙打开图坦卡蒙尸体的 100 年前，另一位解剖学家对他能找到的每一具木乃伊都做了同样的事。

木乃伊拆解之王

18 世纪，富有冒险精神的旅行者们纷纷奔赴埃及带回木乃伊。由于好奇绷带之下的东西，许多木乃伊都被医生打开了裹布。在所有人中，托马斯·佩蒂格鲁（Thomas Pettigrew）堪称木乃伊拆解之王。佩蒂格鲁是一名海军外科医生的儿子，后来成为著名的医生，还曾为维多利亚女王接种过疫苗。[1]1820 年，意大利探险家乔瓦尼·贝尔佐尼让佩蒂格鲁检查他从埃及带回的一些木乃伊。佩蒂格鲁对这些木乃伊很感兴趣，很快他就购买了一具属于自己的木乃伊，这具木乃伊是 1741 年由查尔斯·佩里医生（Charles Perry）带回英国的。佩蒂格鲁在自己的家中，悠闲地拆开了木乃伊。

十年后，佩蒂格鲁才有机会打开另一具木乃伊。1833 年，他在亨利·索尔特（Henry Salt）的古董拍卖会上以 23 英镑的价格购买了一具木乃伊。他的朋友托马斯·桑德斯（Thomas Saunders）在同一场拍卖中以 36 英镑 15 先令的价格购买了另一具。1833 年 4 月 6 日，两具木乃伊在查林十字医院（Charing Cross Hospital）的演讲厅向簇拥的观众展示了打开过程，佩蒂格鲁正是该医院的解剖学教授。[2] 虽然英国民众对此了解甚少，但对木乃伊的迷恋和佩蒂格鲁的社交关系，使他的公开展示获得了巨大的成功，很快，展示打开木乃伊的过程成了一种时髦。

查林十字医院的表演结束几周后，约翰·李博士（John Lee）邀请佩蒂格鲁打开了从赛尔特拍卖会上购得的一具木乃伊，于是在 1833 年 6 月 24 日，佩蒂格鲁又表演了一场。他先是对埃及的宗教、木乃伊制作的目的和技术发表了一些评论，然后徐徐将木乃伊全部展开。约翰·戴维森（John Davidson）参加了这次拆解活动，他被这件事给迷住了，于是请佩蒂格鲁帮他拆开自己的那具木乃伊。1833 年 7 月 13 日，"本月木乃伊"在皇家学院（Royal Institute）演讲厅、在站立的观众面前被揭开。佩蒂格鲁对"木乃伊拆解者"的名声颇为受用，于是开始四处寻找木乃伊去拆解。

佩蒂格鲁得知戴维森的木乃伊是和另一具被赠予皇家外科学院（Royal College of Surgeons）的木乃伊一同被带到英国的，便去询问自己能否解开属于皇家外科学院的这具木乃伊。他获得了允许，而且对参加这一活动的邀请需求如此之大，以至于必须做好计划来安排那些无法进场的人。皇家外科学院博物馆管理员威廉·克利夫特（William Clift）在日记中写道：

> 明日集会的巨幅通告已经准备好，以尽量避免那些无法获得入场券的观众因失望而带来的负面影响：对于今日见证展开木乃伊可能感到失望的先生们，将有机会从 1834 年 1 月 16 日起每周一、周三和周五的 12 点到下午 4 点在博物馆观看木乃伊。[3]

到拆开木乃伊时，礼堂内已经拥挤不堪了，甚至连坎特伯雷大主教和伦敦主教都因室内空间不足而不得不离开。下午 1 点钟，皇家外科学院院长手执权杖，带领皇家外科学院理事会成员步入剧场，佩蒂格鲁和他的两名助手紧随其后。这是一次巨大的成功。佩蒂格鲁在 1833 年底之前又拆解了两具木乃伊，为他即将出版的《埃及木乃伊史》（*History of Egyptian*

Mummies）提供了绝佳的宣传。[4] 这本书的购买者大多参加过佩蒂格鲁的讲座。书中的插图由乔治·克鲁克香克（George Cruikshank）绘制，他后来成为著名作家查尔斯·狄更斯的插画师。这是描述木乃伊化的全方位历史的首部专著，在近一个世纪里一直都是研究的标准参考资料。

佩蒂格鲁紧接着又进行了一系列六场的关于古埃及丧葬习俗的公开讲座，每次讲座都是以"概述——揭开一具埃及木乃伊"为高潮。靠近木乃伊的座位门票是一几尼 ①，后排座位的门票是半几尼。允许女士入场。数十年里，佩蒂格鲁一直在拆解木乃伊。丰富的经验使他成为自己人生的最后一次、也是最伟大的一次表演的不二人选——汉密尔顿公爵（Duke of Hamilton）的木乃伊制作。

汉密尔顿公爵在自己去世前 30 年，就购买了一具黑色玄武岩石棺用于葬礼。他在汉密尔顿宫的空地上建造了一座陵墓，被 1852 年 9 月 7 日的《泰晤士报》描述为"除金字塔之外，世界上最昂贵、最宏伟的陵庙"。按照公爵的指示，佩蒂格鲁不仅将公爵制成木乃伊，还在公爵的葬礼上担任大祭司之职。[5]

佩蒂格鲁解开木乃伊的做法是德里在打开图坦卡蒙木乃伊时依然遵循的传统方式。一直以来，人们对木乃伊的保存丝毫不放在心上，而是将大部分注意力集中于绑带内所发现的护身符。在佩蒂格鲁的时代，没有对木乃伊进行过任何科学测试，一切都是基于视觉观察。德里在很大程度上也采用了这种方法。幸运的是，对图坦卡蒙木乃伊的研究并没有止步于德里，但在我们检视后续研究之前，还是应对德里参与图坦卡蒙陵墓的发掘提出一点看法。正如我之前所写到的，卡特对木乃伊没有太大的兴趣，而且在选择德里作为挖掘团队的木乃伊专家时，也可能是误判了。100 年前的佩蒂格鲁至少对木乃伊的历史感兴趣，这位"拆解之王"研究过它们，还写了一本关于它们的书，

① 几尼：英国旧时金币或货币单位，1 几尼价值 21 先令，现值 1.05 英镑。——译者注

甚至花时间学习了象形文字的基础知识。而对德里来说，一切都是不同的。他不是学者，也没有发表研究的习惯。他从未发表过关于他解开图坦卡蒙木乃伊的完整记述。事实上，另一位解剖学家格拉夫顿·埃利奥特·史密斯或许是检查图坦卡蒙木乃伊的更佳人选，史密斯不仅拥有关于木乃伊的丰富经验，并且出版过有关王室木乃伊的权威著作。[6] 德里显然没有足够的经验，似乎也意识不到除目测检查之外的可能性。例如，对图坦卡蒙的头部进行 X 光检查有助于揭示少年法老是如何被制成木乃伊的，但这直到德里解开木乃伊 60 年后才做到。此外，对软组织的研究可以揭示是否存在疾病，但德里似乎对此并不感兴趣。的确，木乃伊的软组织很难处理，但这并非完全做不到。

草率处理带来重重谜团

尸体被制成木乃伊时会脱水，经过几个世纪，它会变得脆弱，如果粗暴处理，木乃伊就很容易破裂。这是一个有待解决的问题。阿尔芒·拉弗（Armand Ruffer）是一位沉迷于木乃伊的医生，正是他提出了解决方案。拉弗是一位法国男爵的儿子，曾在牛津大学学习，后来跟随著名微生物学家路易斯·巴斯德（Louis Pasteur）学习，成为一位真正的科学家。在研究白喉血清时，拉弗也患上了这种疾病，和当时许多富有的欧洲人一样，他去埃及疗养。拉弗爱上了这个国家并留了下来，最终成为埃及卫生委员会主席。

当拉弗试图将木乃伊组织切成足够薄的切片以供显微镜观察时，组织非常脆弱，会直接破碎。于是，拉弗研发出一种软化组织的方法，将其浸泡在酒精和 5% 碳酸钠的溶液中进行软化，经过软化的组织足以进行切片和显微镜观察。这种溶液就是今天我们所熟知的"拉弗溶液"，它开辟出了一个全新的研究领域，即研究古代世界疾病的古病理学。[7]

这种研究软组织的技术对德里来说是可操作的，但据我们所知，他没有尝试过。在给卡特的信中，他说：

我收到了装有两个胎儿和内脏的盒子，但还没来得及打开。等我再次仔细检查后，我会给你写信。厄克特教授（Urquhart）和阿齐兹·吉吉斯博士（Aziz Girgis）都曾多次试图从他们所检查的内脏中得到一些明确的信息，可除了几乎可以肯定是胃或肠中的一些肌肉纤维，其他所有的细胞组织都不存在了。显然，这些器官在木乃伊化之前已经经过充分的分解了。炎热的天气里，哪怕只有八个小时，也足以破坏可供显微镜检查的组织了。或许到了 21 世纪，他们会有更完美的方法，就像我们从过去的木乃伊身上获得了很多有价值的信息。[8]

目前还不清楚信中的这两位医生处理了哪些内脏。德里写道，他没有时间打开卡特送来的盒子，所以很可能不是图坦卡蒙的。了解他们尝试了什么，什么有效，什么无效，这对我们会很有帮助。他们尝试使用拉弗溶液了吗？没有人就图坦卡蒙内脏的问题发表过任何东西。如前所述，这两个胎儿失踪了几十年，因为德里从未归还。图坦卡蒙的内脏也是如此。现在，最近发现的一封信表明它们可能存放在德里的医院。如果能知道四具微型棺里放了哪些器官就好了。如果那里有胃，胃里面的东西可能会告诉我们图坦卡蒙是否经历了漫长而煎熬的死亡。肝脏可以告诉我们他可能罹患的疾病。那里有肾脏吗？看起来并不是所有的东西都能装在这些小棺材里。假如我们发现了器官，就可以了解到很多的信息。

胎儿和内脏为何会消失几十年，没有记录吗？答案很简单：没人在乎。卡特从未要求德里归还胎儿或内脏。当时的埃及博物馆馆长雷金纳德·恩格尔巴赫从未问过它们在哪里。这些都是人类遗骸，所以没人想碰它们。图坦卡蒙的木乃伊也类似，它并没有消失，仍然在陵墓中，但没有人想处理它。在他被重新组装在沙盘里并放入石棺后，这具木乃伊被遗忘了几十年。参观陵墓时，很少有参观者意识到他还在石棺里。卡特和德里可能希望他就这样存在着。没有人知道这位少年法老的木乃伊遭受了怎样的破坏。最好让他在石棺里不受打扰。

1968 年，利物浦大学解剖学教授 R. G. 哈里森（R. G. Harrison）请求允许对图坦卡蒙木乃伊进行 X 光检查时，遭遇的就是这样的情况。哈里森的主要目标是调查图坦卡蒙和西奥多·戴维斯发现的 KV–55 木乃伊之间的相似之处。当图坦卡蒙木乃伊被打开时，所有人都对两个木乃伊的颅骨的相似性印象深刻。他们会是兄弟吗？还是父子？哈里森获准检查图坦卡蒙木乃伊，但后勤调度困难重重。文物管理机构禁止研究小组将木乃伊从陵墓中移出进行 X 光检查，哈里森和他的团队不得不携带便携式 X 光设备来到卢克索，穿过尼罗河，到达帝王谷，最后进入图坦卡蒙的陵墓。他们找到了一台旧的产于 20 世纪 30 年代的西门子便携式机器，它经久耐用、运转良好。[9]

当研究小组揭开棺盖开始工作时，所有人都被他们看到的景象震惊了。他们第一次意识到木乃伊的保存状况有多么糟糕。但这并不是唯一让人震惊的，还有不对劲的地方——图坦卡蒙胸骨的一部分和肋骨都不见了。在哈里·伯顿拍摄的照片中，被放入石棺之前，躺在沙盘上的图坦卡蒙看起来很完整（见图 5.3）。德里也从未说过肋骨缺失的事。他可能在保存木乃伊时粗心大意，但他是一位很好的解剖学家，他会注意到骨头是否完整的。此外，还有更多东西不翼而飞了。

图坦卡蒙被放入石棺时，他的胸部有一件贝珠胸饰。现在它不见了。他头上的串珠帽也是如此（图 8.1，另见图 5.2）。胸饰和帽子早已嵌入埋葬时浇在图坦卡蒙身上的树脂中，卡特无法在不损坏木乃伊的情况下将其移除，所以他把它们留在了石棺里。年轻法老的头上还戴着一条金带。它又在哪里？

哈里森甚至还没有对图坦卡蒙进行 X 光检查，仅仅是他刚开始进行的尸检工作，就已催生了有关图坦卡蒙之死的各种理论。本·哈勒医生（Ben Harer）对古埃及怀有浓厚的兴趣，他认为图坦卡蒙的死因是肋骨缺失。他的理论是，尸体所受的创伤与被马踢伤的结果一致，这就是图坦卡蒙死亡的原因。[10]他后来完善了自己的理论，认为更可能是河马杀死了图坦卡蒙。[11]在随后的一篇文章中，他讨论了防腐师如何处理这样一具受损的木乃伊。[12]

然而，大多数埃及学家认为，这种破坏是死后所致。从 1926 年木乃伊被放进石棺，到 1968 年哈里森检查木乃伊，其间木乃伊发生了太多变化。德里在沙盘上重新组装图坦卡蒙时，他的手臂交叉放于腹部。而哈里森打开棺盖时，双臂在图坦卡蒙的身侧。那么，发生了什么？

图 8.1　1931 至 1968 年间，图坦卡蒙头上的串珠帽神秘失踪（格里菲斯研究所 p0813）

一位研究者提出了是卡特摘除了木乃伊肋骨的理论。[13] 这不太可能。卡特对木乃伊感到不适，通常把木乃伊相关的工作交给他人。我不认为他会切除图坦卡蒙的肋骨。此外，在木乃伊被放在沙盘上之后，他何时有时间进行这样的秘密行动呢？

T. G. H. 詹姆斯（T. G. H. James）提出的理论更具可能性，他曾撰写了一部有关卡特的传记。詹姆斯认为，在第二次世界大战期间，帝王谷的安全防范较为松懈，陵墓发生了闯入事件，纪念品猎人拿走了胸饰、帽子和金带，在这个过程中进一步损坏了木乃伊。詹姆斯从未发表过自己的理论，他是一位非常严谨的学者，这不过是推测。然而，其他人发表了其理论的可信叙述。[14]

震惊于图坦卡蒙木乃伊的状况不佳之后，哈里森的团队开始对木乃伊进行 X 光扫描。他们必须迅速工作，因为团队只被允许工作两天，但至少木乃伊断裂状态让他们的任务变得容易了一点。木乃伊可以分成几部分进行扫描。分离的头部可以单独进行 X 光扫描，手臂、手等也可以。第一天，他们做了一组测试曝光，并于当晚在酒店的浴室里冲洗了出来。幸运的是，他们住在冬宫酒店，卢克索的这家老牌豪华酒店里有宽敞的浴室。

他们在一个水槽里进行 X 光显影，在另一个水槽里定影，最后在浴缸里冲洗。影像很清晰。[15] 唯一的困难是拍一组好的牙科 X 光片。胶片可以放入活着的患者口腔内，但图坦卡蒙做不到，因为他的嘴巴紧闭，团队不得不临场发挥。

尼罗河上的犯罪现场调查

我第一次听到哈里森的发现是在英国广播公司（BBC）的一部电视纪录片中。电视屏幕中出现了哈里森在看图坦卡蒙的颅骨的 X 光片（图 8.2）。他指着颅骨底部 X 光片上的密度说："这在正常范围内，但事实上，这可能是因该区域大脑膜下的出血造成的。可能是后脑受到击打所引起，结果导致了他的死亡。"[16] 哈里森谨慎地说"可能是……造成的"，"可能导致"是正确的，因为死因尚不清楚。我在一本书中曾提出图坦卡蒙可能被谋杀的理论，并用这张 X 光片说明少年法老死于后脑受击的可能性。后来，更详细的木乃伊 CAT 扫描结果确凿地表明，少年法老的后脑没有受到过击打。（见第九章）

尽管如此，颅骨的 X 光片还是很吸引人的，哈里森的合作者 R. C. 康

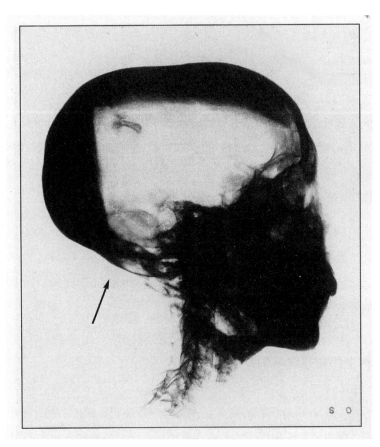

图 8.2　哈里森医生对图坦卡蒙颅骨的 X 光检查催生出了谋杀理论（利物浦大学人体解剖学和细胞生物学系提供）

诺利博士（R. C. Connolly）好心地给我寄了一份复印件。哈里森的 X 光片让我们回溯到 3300 年前，重建图坦卡蒙的木乃伊化过程。然而，我们必须记住，我们看到的不是普通的 X 光片，而是一个木乃伊的颅骨。颅骨内壁的顶部和后部似乎异常增厚，这是一种误导。我们看到的并不是骨头，而是制作木乃伊过程中被引入颅骨的树脂。图坦卡蒙的大脑通过鼻腔取出后，树脂被倒入颅骨中以烧灼内部，防止有任何脑组织残留。一旦树脂进入颅骨内部，它就会硬化，变得像骨头一样不透射线。图坦卡蒙木乃伊的颅骨所显示的是树脂倒入后硬化时的两个液面。这意味着树脂是在两个不同的时间被引入颅骨的，木乃伊两次是处于不同的位置。我们得以重现防腐师在工作时所发生的事。

　　想象一下，图坦卡蒙的尸体躺在防腐师工作的桌子上。一个灵活的钩子插入他的鼻子，在鼻腔后面折断筛骨。（哈里森的 X 光片显示筛窦破裂）钩子探进颅骨并旋转以分解大脑，使其变成半液体状。然后，翻过尸体，使其趴着，让头悬在桌边，大脑在重力作用下会从鼻腔中流出。准备引入颅骨的树脂已经准备好了。树脂被放置在带有两个管状喷嘴的陶碗中。防腐师再次让尸体仰卧，将管子插入尸体的鼻孔，将碗逐渐倾斜，使树脂通过鼻腔进入颅骨，用重力控制着它的去向。由于图坦卡蒙是平躺着的，树脂会在颅骨后部堆积成一小摊。树脂将残留着的、会导致腐烂的脑组织烧灼殆尽。它冷却后，会形成第一个液面。接下来，防腐师再让尸体的头部垂在桌子的末端，使图坦卡蒙的下巴朝向天空。再一次向颅骨中倒入树脂，这次树脂在颅骨顶部堆积成一小摊。树脂烧掉了颅骨前部剩余的大脑，并形成了 X 光片上的第二个液面。因此，X 光让我们得以重建发生在遥远过去的具体事件。

　　我们可以在 X 光片上看到一些经常被误解的东西，因为哈里森从未对其给出过完整的解释。在图坦卡蒙的颅骨内可以清晰地看到一块骨头碎片。许多人认为这"可能"是法老的后脑受到打击所致，骨头是被打掉的。事实上，这一小块骨头是个烟幕弹，它与可能的打击无关。哈里森首先提出这是一块筛骨的碎片，当防腐师强行将钩状器械插入颅骨取出大脑时，筛骨被折断了，碎片掉进了颅骨。但这种解释不可能正确。"ethmoid"（筛骨）一词在希腊语中意为"筛子"，因为这块骨头是多孔的，呈蜂窝结构，损坏后会碎裂。而颅骨内的那块骨头很坚固，不是碎片状的，所以它不可能是一块筛骨。事实上，它看起来像椎骨的一部分。这一定是在木乃伊化之后折断的，否则它会被树脂粘住。

我们可以进一步论证下，假设图坦卡蒙在世时，后脑遭受了重击，并因此死亡。再想象一下木乃伊的防腐过程。大脑被移除了，但碎片仍散落在头骨内。图坦卡蒙躺在桌子上，是准备往颅骨里倒树脂的时候了。骨头碎片掉到了颅骨内的最低点——后脑勺。树脂冷却后，碎片也将嵌入其中。如果碰巧骨头黏附在颅骨的另一侧，第一次灌入的树脂没有将其嵌入其中，那么当图坦卡蒙再次仰卧，头悬在桌边，第二次将树脂引入颅骨顶部时，几乎肯定会将骨头碎片包裹在树脂中。这块骨头不仅是在法老死后松动的，而且是在将树脂引入颅骨后松动的。它最有可能断裂的时间就是德里和卡特使用加热刀从黄金面具中取出木乃伊的头部时。

哈里森的检查完成了几件事。他证实了德里对图坦卡蒙死亡年龄的估计，19 岁左右。他还证实，图坦卡蒙的颅骨特征与 KV–55 号木乃伊的颅骨特征极为相似。哈里森在报告中提到，接下来会有一份更详细的报告发表，但它始终没有到来。哈里森还没来得及发表完整的报告就去世了。显然，对图坦卡蒙木乃伊的研究还有很多工作需要完成。[17]

找不到的胎儿木乃伊

许多研究者对哈里森未能发表完整的研究结果感到失望。1968 年，曾与哈里森团队共事的牙医菲尔斯·利克博士（Filce Leek）试图整理三人未公开的图坦卡蒙陵墓的材料，并在很大程度上取得了成功。利克找到了德里在检查图坦卡蒙木乃伊时的详细笔记，并将其全文收录在他的《图坦卡蒙陵墓的人类遗骸》（*The Human Remains from the Tomb of Tut'ankhamun*）一书中。[18] 里面全是重要的细节，我们都欠利克一份感激之情。此外，利克还在书中收录了卡特在日记中提及的木乃伊的所有资料。这就是为何我们会得知，卡特在图坦卡蒙头上所戴的串珠帽上涂了石蜡，并将其留在原位。

尽管利克成功地使之前未公开的图坦卡蒙陵墓的木乃伊的相关资料重见天日，他自己的研究尝试却并不成功。他对寻找两个胎儿木乃伊的描述，揭示出 20 世纪 70 年代在埃及进行研究是多么地令人恼火：

> 埃及文物部善意地允许对这两具尸体进行解剖和 X 光检查，但当 1971 年 1 月准备进行检查时，遗体的下落却无法确定。打开开罗博物馆图坦卡蒙展厅的玻璃展柜，发现小型类人棺是空的。在瑞德博士（Raid）的帮助下，对其他可能的容器进行了检查，却无果而终，我们在博物馆的两份期刊上也没有发现胎儿的线索。
>
> 在博物馆的期刊索引中，有三条有关棺具的记录，但没有提及胎儿。《入门登记》（*Journal d'entrée*）也没有提到它们。
>
> 在博物馆档案里找到它们的希望越来越渺茫，大家猜测它们可能被保存在德里，在卡斯尔·艾勒艾尼医院收藏的标本中。对解剖学院保留的那部分藏品，以及存放在医院地下室的其余部分藏品进行的检查，同样一无所获。[19]

其实，当利克在卡斯尔·艾勒艾尼医院的地下室搜索时，他与胎儿木乃伊近在咫尺。

假如有"图坦卡蒙的诅咒"，它似乎应验在了那些试图研究他的木乃伊之人身上。德里从未发表过自己的发现，哈里森在发表作品之前去世了，获允检查图坦卡蒙的正畸学教授詹姆斯·哈里斯（James Harris）从未发表过他的牙科检查结果，当利克最终获得检查胎儿木乃伊的许可时，他却找不到它们。就好像图坦卡蒙不喜欢被检查一样。几十年后，研究人员才再次被获准检查图坦卡蒙的木乃伊。届时将用到太空时代的技术。

第九章

---●---

扫描图坦卡蒙

对图坦卡蒙木乃伊的大部分研究都令人失望。其中一些研究者既不了解木乃伊的背景，也缺乏对木乃伊的尊重，还有一些人从未公布研究结果。随着互联网和埃及学期刊的流行，信息更加公开了，你不能研究了图坦卡蒙的木乃伊而不发表一份适当的报告。更重要的是，木乃伊研究已经成为一门独立的学科。古病理学协会成立了，研究人员通过研究木乃伊以了解古代疾病。木乃伊大会也召开了，木乃伊专家们在会上介绍了最新的研究成果。[1] 整个20世纪80年代至90年代，木乃伊专家的数量不断增加，形成了怀有相似研究旨趣的学者群体。随着木乃伊专家数量的增加，他们可以使用的科学技术也越来越多。

在20世纪80年代至90年代，X射线是木乃伊无损检查的最佳方法，但它只适用于检查骨骼这类高密度材料，不适用于软组织检查。今天，医学界已有了两种可以研究软组织的不同技术，磁共振成像技术（以下简称MRI）和CAT技术。这两种技术是完全不同的。

MRI在医学上被广泛用于软组织诊断。如果你的腿断了，你需要做X光检查。如果你有肌肉撕裂或器官病变，就需要做核磁共振。利用MRI来研究木乃伊的问题在于，核磁共振的成像原理是利用软组织的水分中的氢。

脱水的木乃伊不含水，所以如果把木乃伊放进核磁共振仪，是无法得到图像的。因此，尽管 MRI 对活着的病人有用，但对木乃伊却无效。CAT 技术完全不同，它们正在革新木乃伊研究。

CAT 技术对骨骼和软组织都适用，而且可以一次拍摄数百张 X 射线图像，每一张都是身体部分的薄层断面。随后，计算机将这些图像组合起来，形成一幅人体的三维图像。CAT 技术的另一个巨大优点是，不必像使用标准 X 射线那样，为不同的成像而重新调整身体的位置。如此高性能的工具势必将应用于木乃伊研究。

"埃及木乃伊项目"诞生于 21 世纪初。其想法是获得所有埃及王室木乃伊的 CAT 扫描结果，并发表一份最终的研究成果。[2] 两位作者各自为该项目带来了不同的技能。其中一位是前古物管理局局长扎西·哈瓦斯（Zahi Hawass）博士。他可能是世界上最著名的考古学家，也比任何活着的人都更了解埃及考古学。多年来，他一直负责保护和监督埃及的所有古迹。他对埃及的陵墓和寺庙了如指掌，更重要的是，他知道木乃伊在哪里，可以很容易地找到它们。埃及木乃伊项目正是在他的指导下开展的。哈瓦斯的合著者是萨哈拉·萨利姆（Sahar Saleem）博士，萨利姆专攻放射学，一直在寻找扫描科学的最新发展。二人的技能相得益彰。哈瓦斯知道关于一具木乃伊应该如何提问：这具木乃伊真的是 40 岁去世的吗？这具木乃伊中是否有弗勒赫利希综合征（Fröhlich's syndrome）的证据？这位法老是被谋杀的吗？一旦萨利姆知道要寻找什么，她就能够判断出需要何种图像，然后去寻找它们了。随后，她再和哈瓦斯一起分析这些图像。两人还拥有一个支持团队，具备深入研究木乃伊所需的所有技能。他们扫描的第一具木乃伊就是图坦卡蒙。

就像 R. G. 哈里森教授不得不将他的那台 20 世纪 30 年代的 X 光机带到图坦卡蒙的陵墓一样，埃及木乃伊项目的两名成员也不得不驾驶拖车，载着便携式扫描仪从开罗一路前往帝王谷，并将拖车停放在图坦卡蒙的陵墓外。扫描于 2005 年 1 月 5 日晚正式开始。像所有关于图坦卡蒙木乃伊的研究一样，这并不容易。先是一场突如其来的暴雨席卷了帝王谷。然后沙子卷入了扫描仪的冷却系统致使设备无法工作，经过一个多小时才清理干净。终于，这位少年法老准备好成为有史以来第一位被扫描的法老了。在半小时里，扫描仪共拍摄了 1700 多张照片，形成了图坦卡蒙木乃伊的完整记录。

工作组于 2005 年 3 月 4 日至 5 日开会讨论扫描结果。有些事情是在意料之中的。通过哈里森在 1968 年的检查，研究人员就知道了木乃伊的保存状况很差，所以这并不令人惊讶。此外，CAT 扫描显示图坦卡蒙的死亡年龄约为 19 岁，证实了德里和哈里森的估计。这也没有意外。然而，哈里森认为法老的后脑可能受到过打击。CAT 技术优质的成像清楚地表明，图坦卡蒙的后脑没有受过打击。

令人惊讶的是，图坦卡蒙可能有一只畸形足。这一发现实属出人意料：为什么这一点以前被所有人忽略了？德里是一位熟练的解剖学家，他曾仔细检查过图坦卡蒙的双脚。他脱下了图坦卡蒙的金脚趾套和金凉鞋，没有发现任何异常。之后哈里森对图坦卡蒙进行 X 光检查时，也从未提及有任何畸形。当然，还记得吗，哈里森从未发表过关于 X 光片的详细分析。然而，埃及木乃伊项目团队在 2005 年 3 月讨论扫描结果时，他们也没有注意到畸形问题。直到 2009 年复查扫描结果时，研究人员才注意到了法老脚部的畸形："CT 图像还显示了左脚畸形……如果左脚畸形，法老可能会用脚跟或脚侧走路。"[3]

如果图坦卡蒙的畸形足如此严重，腿骨不会不对称吗？甚至骨盆也可能不对称。软组织影响骨骼，但图坦卡蒙的腿似乎是对称的。在致《美国医学会杂志》（*Journal of the American Medical Association*）的一封信中，斯坦福大学的整形外科医生詹姆斯·甘布尔（James Gamble）博士也没有看到畸形足。所以我咨询了埃及木乃伊项目团队的萨利姆医生，她认为这是轻微畸形，不足以导致长骨变形，也不足以导致图坦卡蒙用脚跟走路。由于一个大型团队试图达成一致，人们对可能出现的畸形的严重性产生了困惑。有些人可能看到了畸形，有些人没有看到，他们试图给出一个可理解的结论。

图坦卡蒙的左脚畸形似乎是不可否认的。在他出生时，左脚第二脚趾缺失了一块骨头（中趾骨）。这不会对行走造成任何大的问题，但埃及木乃伊项目的一些成员认为这是科勒病（Kohler's disease）的证据，属于足部骨坏死的一种情况。如果这是正确的，那么图坦卡蒙可能会跛行。陵墓出土的随葬品支持了这一观点。墓中随葬了 130 根手杖，也有图坦卡蒙依杖而立的图像。但我们还是必须小心——使用手杖并不能证明身体虚弱。官员们经常被描绘成手持手杖的形象，因为这是权威的象征。所以我们不能断定少年法老就是跛足。

如第八章所述，哈里森认为后脑一击可能导致了图坦卡蒙的死亡。约 25 年前，我将其作为图坦卡蒙被谋杀理论的证据。[4] 现在，图坦卡蒙的 CAT 扫描显示，法老的后脑没有受到打击。图坦卡蒙可能被谋杀了，但不是我想的那样。

最新研究指出，少年法老的死因有各种可能。图坦卡蒙的遗孀安赫塞纳蒙写了一封几近疯狂的信，成为有关谋杀论的最有力的证据。我们之所以能获得这封信，得益于伟大的档案保管者赫梯人。土耳其发掘出土了数千块泥板档案，从土地契约到军事功绩，所载事无巨细。21 世纪初，在古都博阿兹柯伊城（Bogazkoy）的一次发掘中，考古人员发现了苏庇路里乌玛国王（King Suppiluliuma）之子穆尔西里斯二世（Mursilis II）（约公元前 1321—公元前 1295 年）统治时期的档案。如今，它们被称为"穆尔西里斯二世讲述的苏庇路里乌玛的事迹"。安赫塞纳蒙的信出现在第七块泥板中。她说：

> 我丈夫死了。我没有儿子。但他们说，你的儿子众多。如果

你愿意给我一个儿子，他就会成为我的丈夫。我永远不会挑选我
的仆人，让他成为我的丈夫……我害怕！[5]

这封信很不寻常：埃及女王致信埃及人的老对手赫梯人说她很害怕，
并且想要嫁给赫梯王子使其成为埃及的国王。为什么女王会如此害怕？为
什么她认为自己将要被迫嫁给仆人？究竟发生了什么事？

这些事情发生在 3000 多年前，我们可能永远无法确定到底发生了什
么，但我们知道这封信太奇怪了，赫梯国王也根本不相信。

我的父亲听闻此事后立刻召集要臣，"我有生之年从未发生
过这种事！"于是，父亲派遣内侍哈图萨 – 齐蒂（Hattusa – ziti）
前往埃及，下令"去把真相带给我吧！也许他们欺瞒于我！也许
（事实上）他们的主人有一个儿子！去把真相带给我吧！"[6]

哈图萨 – 齐蒂并未只身而归，与其同来的还有女王的代表哈尼领主
（Lord Hani）。赫梯人的文书如是记录哈尼与国王的对话：

噢，我的天啊！这是我国之耻！如果我们真的有（国王之
子），我们也不会来到外国，不断地为自己寻求一位主人吗？我
们的主人内布胡鲁瑞亚（Nib hururiya）① 已死，他膝下无子。主
人的妻子孤身一人。我们正在为主人寻得一个儿子以继承埃及王
位，为我们的夫人寻得一人成为她的丈夫！而且，我们没有去其
他国家，只来到了贵国！现在，哦，我们的主人啊，给我们一个
你的儿子吧！[7]

档案告诉了我们接下来发生的一切。一位王子被派往埃及，却不幸在
埃及边境被杀害了，然后赫梯人与埃及开战。这个故事远未结束，但萦绕
在我心头的问题是，安赫塞纳蒙怎么样了？

---

① 内布胡鲁瑞亚是图坦卡蒙的王名，是内布赫佩鲁拉（Neb–Kheperu–Re）的赫梯语音译。

她的那封几近疯狂的信是我们最后一次收到她的消息。在图坦卡蒙陵墓的北壁上，我们得知图坦卡蒙的大臣艾伊接替了他成为法老。我们看到艾伊以法老的身份，为图坦卡蒙木乃伊举行了开口仪式。平民艾伊是如何成为埃及法老的？通过迎娶安赫塞纳蒙。我们发现了一枚戒指，上面刻有艾伊和安赫塞纳蒙共同的王名圈，这表明他们结婚了。艾伊就是安赫塞纳蒙拼命逃避的"仆人"吗？这很有可能。我们再也没有任何安赫塞纳蒙的音信，她从历史中消失了。她的陵墓至今未被发现。她没有出现在图坦卡蒙陵墓的墙壁上，也没有出现在艾伊陵墓的墙壁上。她消失得无影无踪。

CAT 扫描显示图坦卡蒙的死因是什么？一种说法是他死于断腿。这是我此前从未听说过的全新理论。CAT 扫描显示，图坦卡蒙的股骨，也就是人类身体中最大的骨头断裂了。著名的急诊科医生兼微软医疗创新实验室主任，迈克尔·吉拉姆（Michael Gillam）博士则对该理论持反对意见。吉拉姆博士认为，CAT 扫描显示图坦卡蒙的腿部有一处开放性骨折（即腿骨折断端刺破了软组织），而且骨折呈粉碎性（骨头断裂成两块以上）。然而，吉拉姆博士指出，该处骨缘稍钝，现代医生几乎从未见过这种骨折。如今，这种类型的损伤被归类为 33C3 型骨折。在骨密度正常的年轻人中，这种损伤仅见于特定类型的高速撞击，如枪伤或者车祸。当然，这两种情形都不太可能发生在图坦卡蒙身上。[8] 所以，我回过头来梳理了文献，看看里面到底说了些什么。就像跛足理论一样，团队成员之间就此说法显然也存在着分歧：

> （一些）团队成员认为，法老可能遭遇了一场导致严重骨折，并留下了开放性创伤的事故。骨折不会致命，但可能引发致命的级联反应，如出血、肺部或脂肪栓塞，或者感染。然而，他们也指出骨折可能是防腐师造成的，尽管这种可能性较小……开始时，团队中就有一部分人认为上述情况完全错误……然而，在最后的分析中，这一解释未被采纳，创伤性骨折被认为是正确的诊断。[9]

我们再次看到，有人试图提出一个单一的结论。但这可能是一种误导。公平地说，图坦卡蒙"死于断腿"这一说法仍未被证实。在关于图坦卡蒙死因的一篇两页的短文中，安杰莉克·科尔塔尔斯博士（Angelique Corthals）提出他可能死于"类似车祸"的战车事故。[10] 但是，战车的速度不足以造成这种伤害。

我们似乎再次遇到了图坦卡蒙木乃伊的诅咒。团队扫描的其他法老木乃伊的检查结果并未出现任何问题。

在埃及木乃伊项目团队成员为图坦卡蒙木乃伊进行了 CAT 扫描几年后，他们利用了卡特和卡纳冯从未想到的另一项技术——DNA。

第十章

●

图坦卡蒙的家族谱系

在过去 50 年的所有科学进步中，DNA 研究可能是人类最重要的发现。决定人类遗传的 DNA 分子结构，是 20 世纪 60 年代由詹姆斯·沃森（James Watson）和弗朗西斯·克里克（Francis Crick）在罗莎琳德·富兰克林（Rosalind Franklin）的协助下发现的。[1] 它是两条磷酸糖链相互缠绕形成的双螺旋，看起来很像扭曲的梯子。这些磷酸糖链通过一系列碱基对（梯子的 "梯级"）相互连接，每一对包含两种不同的碱基：鸟嘌呤（G）和胞嘧啶（C），或腺嘌呤（A）和胸腺嘧啶（T）。这就是为什么当 DNA 序列被转录时，它被写成 G、A、T 和 C 的序列。这四个字母（碱基）的顺序就是使个体成为个体的遗传密码。在发现这种结构后不久，科学家们意识到存在一种类似的分子 RNA，它对复制 DNA 的过程至关重要。于是，现代遗传学诞生了。DNA 研究进展缓慢，但在 20 世纪 80 年代，一群伯克利的科学家开始思考是否有可能从已灭绝的动物身上检测到 DNA，甚至有人讨论过让灭绝动物复活的可能性。不过，你必须先要获得一些古老的 DNA。一个叫拉塞尔·希古奇（Russell Higuchi）的研究生对一种叫作夸加（quagga）的斑马很感兴趣，这种斑马早在约 200 年前就已灭绝了。希古奇知道德国的博物馆里藏有夸加皮，在获得许可后，他从夸加皮上提取了一小块肌肉组织的样本。希古奇打算解剖出肌肉组织，提取出可能存活下来的 DNA，再将其与现代斑马的 DNA 混合，希望它们具有高相似度从而结合。[2] 假如奏效，那么就有可能从已灭绝的动物身上提取 DNA。

大约在同一时间，瑞典分子生物学家斯万特·帕博（Svante Pääbo）也正在从更古老的样本中寻找 DNA。在获得生物学博士学位之前，帕博学习过埃及学，而且对木乃伊非常熟悉。这些木乃伊保存了 2000 多年前的细胞组织。帕博试图从木乃伊的耳细胞中提取 DNA，并成功地对 500 个碱基对进行了测序。[3] 虽然他没能从 500 个碱基中获得任何有用的信息，但他看到了可能性。帕博后来成为分子考古学之父，至今仍活跃于该领域，而且拥有世界上最享有盛名的实验室之一。但在真正取得进展之前，必须在复制 DNA 方面取得指数级的进步。

此时，科学家们已经知道了聚合酶有助于复制，甚至修复 DNA。它是否有可能加快体外复制和修复的过程，并能更快地复制和修复 DNA 片段呢？可以，却不容易。该过程需要加热双螺旋链使其分离，再添加所谓的"引物"（短链），然后冷却 DNA，使其重新连接，但是连接在引物上。于是，你有了四链 DNA，而非双链 DNA 了。这说得有点过于简单，但过程并没有歪曲。这个被称为 PCR（聚合酶链式反应）的系统非常灵敏，哪怕是研究人员的睫毛落入混合物中，DNA 也会被复制。问题是，世界各地的实验室都在上演着这样的事情。人们以为他们得到了古老的 DNA，但事实并非如此。在一个著名的案例中，杨百翰大学的分子生物学家斯科特·伍德沃德（Scott Woodward）发表了关于恐龙 DNA 的第一项研究。结果被证实 PCR 复制的是人类的 DNA。[4]

污染是问题所在，必须采取周密的预防措施，使实验室保持无菌状态。[5] 一个实验室所得的结果必须由另一个独立的实验室加以确认。人们花了几十年的时间才使得快速且简便地追踪祖先，并在 DNA 中检测出疾病标记成为可能。克雷格·文特诺（Craig Ventnor）是实现这项技术飞跃的促成者，他对考古或木乃伊毫无兴趣，而只是想完成对整个活的人类基因组测序。

　　大约在 21 世纪初，人类基因组计划（Human Genome Project）正式启动，这一多机构计划旨在将 PCR 技术提高到可以对整个人类基因组进行测序的程度。文特诺认为项目推进速度太过缓慢，便在私人资金的支持下，开始了自己特立独行的基因组项目，他使用了当时被大多数分子生物学家诟病无法精确测序的"猎枪测序"（shotgun sequencing）技术。2001 年，就在他的同事们有望完成项目的几年前，文特诺宣布他已取得成功。[6] 文特诺的工作是一项巨大的进步，它使警方通过 DNA 得以解决长期悬而未决的案件，也使得家族谱系研究成为可能。利用新的 PCR 技术，从古埃及木乃伊中提取 DNA 指日可待。

图坦卡蒙的 DNA 研究

　　"埃及木乃伊项目"团队起初是对法老进行 CAT 扫描，团队中有分子生物学家，他们急切地想知道他们能从王室木乃伊中发现什么。他们知道这是一个存在风险的项目。2010 年，PCR 在木乃伊上的应用仍是前沿科学。开罗有两个 DNA 实验室，但只开展现代 DNA 研究，因此它们必须完全重建才能处理古代的 DNA。这是一个大胆的计划，而图坦卡蒙将成为他们的第一个课题。作出这种选择的原因之一是，关于图坦卡蒙的家族有着太多的未解之谜。现在，DNA 将给出最终答案。

　　关于图坦卡蒙的父亲，研究者已有普遍共识，最有可能的就是阿赫那顿，但无法确定。道格拉斯·德里和卡特一打开图坦卡蒙的木乃伊，就注意到他的头骨与西奥多·戴维斯在 KV–55 号陵墓中发现的木乃伊有着相似之处。目测检查也表明二者之间存在关联。KV–55 木乃伊是阿赫那顿吗？如果是的话，他真的是图坦卡蒙的父亲吗？还有就是阿赫那顿的畸形问题。也许他们可以找到阿玛纳时期皇室所患某种疾病的遗传标记。王室家族真的罹患这些疾病吗？希望通过研究相关木乃伊的 DNA 能够解答这些问题当中的某一些。

在理论上，研究甚至可以追溯到图坦卡蒙的祖先，而不仅是其父亲。我们有阿蒙霍特普三世的木乃伊，这是维克托·洛雷在第二座木乃伊停灵庙中发现的。阿蒙霍特普三世真的是图坦卡蒙的祖父吗？应该是，他是阿赫那顿的父亲。还有戴维斯在帝王谷发现的尤雅和图雅的木乃伊。他们是阿蒙霍特普三世的妻子提耶王后的父母。尤雅和图雅应当是图坦卡蒙的曾祖父母。可能性如此之多，但这项开创性的工作需要克服诸多障碍。最大的问题是污染。

图坦卡蒙的木乃伊在过去的 90 年里经过多人之手，如果你拿一份少年法老的皮肤样本进行测序，很可能会得到卡特或德里的 DNA。多年来，科学家们一致认为，牙齿是寻找古 DNA 的最佳位置。外部坚硬的牙质保护了内部组织免受污染。在牙齿上钻孔已经成为标准做法，但这对图坦卡蒙来说行不通，因为他的嘴唇紧闭。

第二个最好的来源是骨骼。同样，坚硬的外表面可以保护内部免受污染。因此，通过在骨头上钻孔，研究者们从图坦卡蒙及其 11 名可能的家庭成员那里获得了样本。在这 11 个人中，只有 3 个人的身份是确定的：阿蒙霍特普三世和他的姻亲尤雅和图雅。研究人员从每具木乃伊中提取了 2 至 4 个样本进行测序。研究的一部分是专门研究 Y 染色体 DNA，这部分揭示了男性父母的血统。除了对木乃伊的 DNA 进行测序，在实验室工作的男性研究人员也进行了 DNA 测序，以确保其与木乃伊的 DNA 不同，这是防止污染的另一个有效措施。研究还采取了一项预防措施。另一个开罗的 DNA 实验室会对重复样本进行测序，以确认第一个实验室的发现。现在，他们只需要获取 DNA。

研究人员成功地提取出六具木乃伊的 DNA，结果发表在《美国医学会杂志》上。[7] 如果他们的研究结果如报道所述是正确的，那么他们确实解决了有关图坦卡蒙家族谱系的问题。KV–55 中的木乃伊的确是图坦卡蒙的父亲。此外，通过将 KV–55 的木乃伊的 DNA 与阿蒙霍特普三世的 DNA 进行比较，可以确定他们是父子，因此几乎可以肯定，KV–55 木乃伊就是异端法老阿赫那顿。这是绝大多数钻研历史文献的埃及学家们所预期的，但通过 DNA 证实这些信念仍然非常重要。

KV‐55 陵墓的木乃伊究竟多少岁？

虽然埃及木乃伊项目的 DNA 结果符合埃及学研究理论，但它们与 KV–55 陵墓木乃伊的早期解剖研究结果并不完全一致。根据历史记载，阿赫那顿至少活到了 30 岁。我们知道他统治了 17 年，而且在其统治初期开始改变宗教，与他的追随者一起离开了首都，深入沙漠建立了他的新城。阿赫那顿这么做的时候不可能是个孩子。此外，他统治初期的雕像也显示他已成年。所以，如果我们假设他在 20 岁时作出了这些重大改变，再加上 17 年的统治，那么他死亡时的年龄至少是 37 岁。

格拉夫顿·埃利奥特·史密斯毕生致力于研究王室木乃伊，并有相关著作出版。他指出，KV–55 陵墓发现的骨头表明死者的年龄约为 30 岁。如果是阿赫那顿的话，那未免太过年轻了，但还是较为相近的。史密斯意识到物理数据与埃及学证据相冲突，但仍愿意说木乃伊就是阿赫那顿。事实上，他多次在自己发表的文章中这样说。[8] 就好像他只是想去相信这是阿赫那顿。R. G. 哈里森后来对这些骨头进行了分析，并指出史密斯似乎无视物证，决意确信木乃伊就是阿赫那顿。[9] 哈里森对遗骸的仔细而详细的检查使其得出结论，木乃伊在死亡时不可能超过 25 岁，可能更接近 20 岁。因此，他不可能是阿赫那顿。大英博物馆的一位专家最近对这些骨头进行了分析，将死亡年龄定在 20 岁出头。[10] 因此，虽然这些骸骨表明木乃伊在去世时 20 岁出头，但 DNA 表明我们发现了图坦卡蒙的父亲阿赫那顿。我们该相信哪个结论？

埃及木乃伊项目的研究重点是图坦卡蒙家族的 DNA，但他们也是对王室木乃伊进行了 CAT 扫描的团队。他们的扫描显示 KV-55 陵墓的木乃伊的年龄是多大？在关于 KV-55 陵墓的木乃伊的书中，研究人员没有详细说明是如何确定木乃伊的年龄的。他们只是说，"对 KV-55 陵墓木乃伊骨骼的 CT 研究表明，这是一名 35 至 45 岁的成年男子。"[11] 却没有说明何种骨骼表明何种迹象，使用何种骨缝确定年龄，等等。没有足够的细节来确定哪个才是正确的年龄。

谁是图坦卡蒙的亲戚？

DNA 结果还证实了图雅和尤雅是图坦卡蒙的曾祖父母，这符合埃及学的记录。这些木乃伊是在他们的陵墓中被发现的，而且有大量的文字记录表明他们是尤雅和图雅，所以我们可以肯定，他们就是图坦卡蒙的祖母提耶王后的父母。还有一个发现与埃及学的记录相符，那就是从两个胎儿中获得的 DNA。图坦卡蒙很可能是他们的父亲。

另一个意外收获是，该团队可能还发现了失踪已久的提耶王后。皮埃尔·拉考在帝王谷发现 KV-35 号陵墓时，他在里面发现了第二批王室木乃伊。除了那些被贴上标签的木乃伊外，还有两具破损严重、身份不明的女性木乃伊。自从发现以来，她们就被叫作老夫人和小夫人。关于她们的身份有很多猜测。根据在图坦卡蒙陵墓中发现的装有提耶头发的小挂盒，与老妇人的头发相符，研究人员初步确定了这位老妇人的身份。[12] 于是，研究小组决定对这两具木乃伊进行 DNA 检测。这位老妇人原来是图坦卡蒙的祖母。提耶王后被找到了。这是与现有研究极其匹配的又一发现。

还有一个发现带来了巨大的惊喜，却不太符合埃及学的记录。DNA 表明小夫人是图坦卡蒙的母亲，但她是谁？众所周知，关于图坦卡蒙的生母并没有明确的记录。一些人相信她一定是阿赫那顿唯一已知的未成年侧妻基亚。其他人认为他的母亲可能是纳芙蒂蒂王后。法老可以拥有许多个妻子，但只有一个是伟大的妻子，纳芙蒂蒂就是阿赫那顿的伟大妻子。但这位年轻的女士既不是纳芙蒂蒂，也不是基亚。DNA 显示她还是阿赫那顿的妹妹。图坦卡蒙的父母是兄妹。王室内部联姻并不罕见。这是巩固权力的一种方式。因此，图坦卡蒙的母亲可能已经被找到了，但我们只能确认她是阿赫那顿的妹妹。阿蒙霍特普三世有很多女儿，我们无法确定图坦卡蒙的母亲是哪一个。尽管如此，这些都是惊人的发现，其中大多数都与埃及学的记录相符，它们追溯了图坦卡蒙家族五代人的血统。

图坦卡蒙究竟因何而死?

关于图坦卡蒙早逝的原因有诸多猜测。有些人倾向于暴力致死，还有些人更喜欢一个罹患疾病、虚弱不堪的法老形象。大多数推测都汇集在了一篇调查文章中，该文章试图展示这类理论的广泛多样性。[13] 作者弗兰克·鲁利（Frank Rühli）和萨利马·伊卡姆并没有给出很多结论，但他们确实提到了大量令人困惑的可能性。DNA 研究是否有助于解决一些问题呢？通过 DNA 分析，研究人员可以找到疾病的遗传标记。由于阿赫那顿将自己描绘成畸形，有人认为他可能患有马方综合征（一种导致多种身体问题的遗传疾病），或者其他可能导致他出现这种体征的疾病。研究人员没有发现阿赫那顿患有这种疾病的任何证据，但这并不意味着他没患有这种疾病，证据只是没有被发现。但他们确实发现他感染了几次疟疾。这是又一个新发现。

扎西·哈瓦斯和埃及木乃伊项目团队在《美国医学会杂志》上发表了一篇开创性的文章，他们在文章的结尾，就图坦卡蒙的生活可能会是什么样子作出了一些猜测。他们将图坦卡蒙描述为一个羸弱的年轻人，因多次感染疟疾致使身体虚弱，走路一瘸一拐，需要手杖来支撑身体。[14] 研究团队认为，由于免疫系统的削弱，致使图坦卡蒙之死存在多种原因。团队很清楚这只是推测，但他们提出的设想有多大的可能性？我们已经看到，并不是所有人都对跛足理论深信不疑。那么疟疾致衰理论呢？

疟疾有四种基本类型，图坦卡蒙患的是最严重的恶性疟原虫疟疾。有时，这种疟疾会导致死亡，尤其是对幼儿，但这远非死刑判决。在疟疾高发病率人群中，成年人通常会建立起免疫系统，并能正常生活，因此我们不能断定图坦卡蒙是因为疟疾而虚弱，进而死亡的。伯纳德·拉兰纳（Bernard Lalanne）在一篇关于疟疾问题的文章中表示，"没有证据表明，仅仅是疟疾就能把这位年轻的国王带往美丽的西方。"[15] 尽管如此，该团队仍然可以进行一些推测。埃及木乃伊项目团队取得了非凡的成就。他们从木乃伊中提取的 DNA 比任何其他研究都要多，确定了图坦卡蒙家族五代人的血统，并鉴定了两具此前未经确认的王室木乃伊。这超出了所有人的预期。

结果好到让一些研究者难以置信。在该团队的研究成果发表后不久，就有研究者致信《美国医学会杂志》表示怀疑。两位知名的分子生物学家写道："我们质疑这项研究中遗传数据的可靠性，进而质疑作者结论的有效性。"[16] 他们只是不相信结果而已。科学家们讨论了从埃及的木乃伊中获取 DNA 的可能性和难度，怀疑或许在于没有人从埃及木乃伊中提取过如此之多的 DNA。这些新手到底是谁？他们的实验室没有研究古代DNA 的任何业绩，是全新的。这项研究的首席分子生物学家此前没有研究古代 DNA 的经验，甚至从未发表过有关木乃伊 DNA 的文章。其他人也对该团队的结果表示质疑。在对 DNA 研究的评估中，马克·加博尔德从不同的角度对数据表示了质疑，指出有时纯属阐释，而非事实。例如，如果两个人共享 50% 的遗传标记，就可能存在父母 / 子女的关系，但却不知道谁是父母，谁是孩子。[17] 因此，即便是运用了现代 DNA 技术，结果也存在着阐释的空间。

还有人写信质疑疟疾致死理论，提出了我在上文提出的相同观点。一位写信者说："在地方病流行区，疟疾是一种危及生命的疾病，通常 6 至 9 岁的儿童易受侵害，而不是 18 至 19 岁的半免疫成年人，图坦卡蒙显然达到了这个年龄。"[18] 其他的批评声也此起彼伏。就连古 DNA 领域说话最有分量的斯万特·帕博也表示，这项研究做得不好，其他人对此也表示同意。

那么，埃及木乃伊项目团队如何让全世界都相信他们的结果具有合法性呢？那就是共享他们的数据。最好的解决办法是将木乃伊的样本交给埃及以外、知名度高且成熟的实验室。但埃及当局明确规定，不允许任何王室木乃伊的样本离开埃及。尽管如此，我对此形势的解决持乐观态度。

自埃及木乃伊计划启动以来的十年里，我们在研究古代 DNA 方面取得了巨大的进步。新一代测序已远远超出 PCR 在 2010 年所能达到的程度。现在我们可以从这些早期人类居住的洞穴土壤中提取出 5 万年前的尼安德特人的 DNA。有全新且强大的工具来过滤污染物。如果埃及人与外部团队合作，使用目前的技术重新进行测试，我们就会知道真相。或者，如果他们决定与外部实验室分享他们的样本，我相信我们最终会确切知晓图坦卡蒙的父母是谁，以及 KV-55 陵墓的木乃伊是否真的是阿赫那顿。也许图坦卡蒙的诅咒终将被打破。

第十一章

•

图坦卡蒙的战车

正如我们所看到的，图坦卡蒙陵墓中的人类遗骸研究似乎充满了争议、糟糕的研究技术、冷漠和一系列其他问题。当人们开始研究陵墓内的非生物时，这些困境也随之消失了——没有推测性的谋杀理论，没有因马或河马致死的幻想，只有冰冷的事实。当谈及图坦卡蒙的珍宝时，我们总能稳扎稳打。图坦卡蒙的战车是急需研究的一组文物。

战车决定战争

战车是埃及经济的中心。它们是一种高科技的军事工具，使埃及军队得以征服外国并带回战利品。埃及肯定建造了数千辆战车。当你参观卢克索、卡纳克、哈布城（Medinet Habu）等地的任何一座新王国时期的伟大神庙时，总能看到法老坐在战车上，带领军队冲锋陷阵的场景。这些战斗场面如此之多，以至于当拿破仑的学者们第一次看到埃及的神庙时，将其称为"宫殿"，因为他们无法想象，神庙是用来庆祝战争的礼拜场所。战争深深植根于埃及人的思想中，拉美西斯大帝在其统治的第 21 年（公元前 1259 年）签署了一项和平条约（这是历史上的首次记录），这一非比寻常的事件，被他铭刻在了卡纳克神庙的墙壁上。[1] 拉美西斯记载，埃及军队与赫梯军队坐在一起吃饭，"没有人在战斗"。

埃及和赫梯军队都在战斗中使用战车，但两国的战车存在着差异。赫梯的战车更结实，载有三名士兵：一名驭手、一名弓箭手和一名掷矛手。埃及人和赫梯人都没有将战车引入战争，唯独希克索斯人，他们是在拉美西斯签署条约前大约四个世纪入侵埃及的闪米特族（Semitic）。

战车使希克索斯人占据了巨大的军事优势，他们在埃及盘踞了 100 多年。[2] 卡摩斯法老（Kamose）在驱逐希克索斯的最后一役时，提到了希克索斯战车，为希克索斯人将战车引入埃及的观点增添了可信度。[3] 埃及人意识到了战车的实用性，很快将其应用于军队。从大量神庙墙壁上的雕刻来看，这些战车似乎是"杆轭"式设计。一根由支杆固定在战车车身上的长杆向外延伸至双叉轭，两匹马被拴于轭上，每匹马由两条缰绳控制（图 11.1）。雕刻图像清晰地呈现出了战车的形制，但仍然有很多问题需要回答。

神庙墙壁上的战斗场面中，法老总是比其他人更高大，他独自坐在战车上（图 11.2），一边向敌人射箭，一边用系在腰间的缰绳控制两匹马，

图 11.1　一根长杆将战车的车身与双叉轭相连，再将轭系在两匹马身上（玛丽·乔丹绘）

图 11.2 法老经常出现在战斗中，他独自坐在战车上，用系在腰间的缰绳控制马匹，但这是不可能的。注意马匹颈后的太阳圆盘（克拉克·哈金斯摄）

这在激战中是根本不可能的。我们几乎可以肯定，法老配有一位战车驭手。在描绘卡迭石战役（Battle of Kadesh）的画面中，拉美西斯大帝独自坐在战车上，描述这些场景的象形文字提到了他的战车驭手门纳（Menna）。事实上，这一描述非常详细，我们甚至知道了拉美西斯战车的名字：底比斯之胜（Victory in Thebes）和满意的穆特（Mut Is Content）。[4] 在卢克索神庙的墙壁上，可以看到拉美西斯的军队在野外扎营，军队的木匠正在修理破损的战车（图 11.3）。

修理战车的场景为一个经常被问及的问题提供了答案：如果埃及制造了数千辆战车，它们会在哪里？直至 19 世纪，埃及都没有发现过战车。部分原因在于战车极为脆弱，很容易断裂。木材在埃及稀有且昂贵，所以如果一辆战车宣告报废，木材就会被回收。埃及没有古老的战车。我们找不到战车的另一个原因是，战车在新王国（公元前 1570—公元前 1070 年）

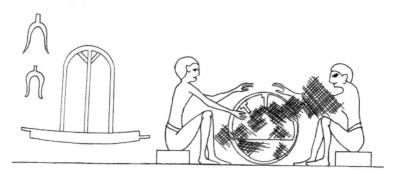

图 11.3　战车易碎，修理战车的场景经常出现在陵墓和神庙的墙壁上（玛丽·乔丹绘）

之后便不再流行了。[5] 随着埃及的军事优势消失殆尽，我们在神庙墙上再难见到伟大的战斗场景。回收战车上的木材已经是 1000 多年前的事情了。

1829 年，法国—托斯卡纳联合探险队在埃及发现了第一辆战车，但托斯卡纳方的领队伊波利陶尔·罗塞利尼（Ippolito Rosellini）将其带回了今天的佛罗伦萨。[6] 在之后的一个多世纪里，埃及再也没有发现过战车。因此，西奥多·戴维斯在帝王谷发掘期间，在图坦卡蒙的曾祖父母尤雅和图雅墓中发现了一辆战车，这引起了不小的轰动。戴维斯发现的战车保存状况近乎完美，戴维斯绝大多数著作的主笔人埃及学家珀西·纽伯里推测："除了出殡仪仗，它是否曾被使用过都是值得怀疑的，因为皮质轮胎几乎没有被刮伤。"[7] 戴维斯在他那本华丽的书中发表了这些发现，当时正不走运的霍华德·卡特所绘的战车图，正是这本书的封面（见彩图 15）。[8] 由于这不是一辆军用战车，埃及学家对战斗场景中的战车提出的许多问题依然没有得到解答。因此，当卡特看到图坦卡蒙陵墓里有完整的战车时，就已明白这是一个重大发现。在图坦卡蒙的陵墓被发现之前，世界上只有两辆埃及战车。现在卡特却有了好几辆。

卡特最先遇到的是在前室内被拆解的四辆战车。通往陵墓的甬道过于狭小，完整的战车无法被带入墓室，工人们便锯下车轴的末端，拆下车轮，再将战车运入墓中。从未有人见过这样的战车。卡特欣喜若狂：

在重新组装和修复这些战车的过程中，我们面临着一项艰巨的任务，但结果将足以证明，为它们付出再多的心血都是值得的。它们从上到下都被黄金覆盖，每一寸都布满装饰，要么是在黄金上雕刻了图案和场景，要么以彩色玻璃和石头镶嵌图案。[9]

卡特在卡片上做笔记，绘图，留下了整个发掘过程的永久记录。这些卡片中有100多张专门用于记录前室中的四辆战车。这些战车被哈里·伯顿挑选出来进行了特殊处理。我们在前文就已提到过伯顿，他是卡特的挖掘团队的一员。伯顿的照片大多是黑白的，也有一些彩色文物照片，这在当时需要颇为复杂的过程。最终，这些战车以绚丽的色彩出现在英国和法国的报纸上（见彩图16）。

忽视是真正的诅咒？

尽管战车制造了如此之多的兴奋点，但令人惊讶的是，对战车进行详细透彻的研究竟然是在50多年后。也许忽视才是法老真正的诅咒，对图坦卡蒙的研究一直处于萌芽状态。陵墓清理完毕、文物在埃及博物馆展出后，直到皮安科夫的神龛译文出版前，这期间几乎没有开展任何研究，一度十分沉寂。许多埃及学家意识到了有大量的材料需要研究和出版，他们只是还没有去做。那是一个冻结的世界。

20世纪60年代，阿斯旺大坝不断加高，以满足埃及人口增长所需的水电能源，埃及学界随之解冻并开始行动起来。因为大坝高度的增加将形成纳赛尔湖（Lake Nasser），这是世界上最大的人造水体，如果不采取措施，埃及的许多历史遗迹将长眠于水下。为此，联合国教科文组织发起了一场国际救援行动。

为了引起人们对濒危遗迹的关注，并帮助筹集资金，一个小规模的图坦卡蒙文物巡回展览在几个国家举办。除了重新唤起人们对图坦卡蒙的兴趣之外，展览还为救援工作筹集了数百万美元，成功挽救了许多遗迹。最著名的是在瑞典研究团队的主导下，将阿布辛贝尔神庙迁移到了地势更高的地方。还有其他令人赞叹的诸多成就，包括将菲莱神庙（Philae Temple）迁移到了附近地势更高的岛屿，以及将许多较小的神庙迁移至较远的地方，远离不断上涨的纳赛尔湖水。

就在人们对图坦卡蒙的研究兴趣日益浓厚之际，这项研究的焦点集中在了格里菲斯研究所。卡特在弥留之际，将图坦卡蒙发掘的图纸、笔记和照片档案留给了他的侄女菲莉丝·沃克。第二次世界大战结束后不久，沃克将所有材料交给了格里菲斯研究所。格里菲斯研究所并没有对这批材料立即开展研究，但随着20世纪60年代人们对图坦卡蒙的兴趣与日俱增，格里菲斯率先向前迈出了第一步。1963年，他们出版了卡特的发掘记录，成为图坦卡蒙陵墓系列研究的肇始。[10] 这本薄薄的书未必是你想读的，它只是一部参考性著作。你能在书中看到卡特是否为图坦卡蒙的凉鞋制作了一张卡片，或者是否复制了图坦卡蒙石棺上的铭文。R. W. 汉密尔顿（R. W. Hamilton）在这本书的导言中说："希望目前的工作不仅能为图坦卡蒙陵墓的研究者提供参考，作为第一手资料的来源，也期望最终能为系统性出版图坦卡蒙珍宝迈出第一步。"[11] 在接下来的几十年里，格里菲斯研究所出版了十几部关于图坦卡蒙珍宝的著作，每一部都由钻研某类文物的专家所撰。[12] 图坦卡蒙战车最终得到了应有之报，它成为格里菲斯研究院系列研究的一部分。[13]

关于战车的这本书巧妙地将与战车有关的一切糅合在了一起。正如该系列所预期的那样，作者大量使用卡特的记录卡片来描述战车和修复过程。战车在图坦卡蒙的陵墓中被加以固定，再被转移到设立在塞蒂二世陵墓内的保护实验室。从卡特的卡片来看，似乎是对这些文物的每一个元素一遍又一遍地重复着保护过程："用温水和氨水清洗，打蜡。"在周期性湿度的作用下，陵墓里的战车及装饰物受到了侵蚀，这或许是偶尔侵袭帝王谷的暴雨所致。湿度对皮革装饰的保存尤为不利，它们已被分解成了胶质黏稠物，粘到了战车的各个部件。此外，一些部件是用生牛皮绑在一起的，当牛皮分解后，部分木质部件散落并且出现了变形。尽管如此，没有人有所抱怨。这是一个奇妙的发现。

战车至少由榆木和桦木两种木材制成，木材都是进口的。榆木是一种直纹木材，可以通过蒸汽使其弯曲，它被用来制造六辐车轮，这可能是战车最脆弱的部分。[14] 战车在崎岖不平的道路上行驶数百千米才能到达国外的战场，一路上车轮需要不断被修理。当我们在神庙的墙壁上看到战车车轮的图案时，很自然地会认为辐条是由六块笔直的木头制成的，但实际远比这更复杂。为了增加车轮的强度，轮辐是由三块弯曲的 V 形木材制成的，它们在轮辋内被组装在一起，外边再包上皮革以获得额外的强度（图 11.4）。

虽然当时没有真正的车轮减震器，但制作者为乘客设计了聪明的替代品。战车由一名驭车手和一名弓箭手操纵。他们站立处的战车地板是由皮革条编织而成的网状物，能够吸收大量的震动，从而避免将冲击传导到士兵的腿上。

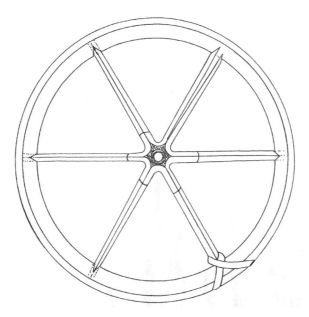

图 11.4　为了获得更大的强度，轮辐经蒸汽弯曲成 V 形（玛丽·乔丹绘）

世界上第一个"引擎盖"上的装饰品

　　陵墓发现了四辆真实的战车这非同寻常，但图坦卡蒙的战车上的装饰使它们更显特别。装饰图案通常是先在金箔上勾勒出来的，再用一层薄石膏粉（一种石膏）贴在车身上。最后将彩陶和彩色玻璃镶嵌物直接插入石膏中进行几何设计。前室中的四辆战车被标记为 A1、A2、A3 和 A4，每辆车的装饰都是独一无二的。就像对军用战车所预期的那样，许多设计都与战争有关。例如，A2 的车身上描绘了外邦战俘以非常难受的姿势被绑缚着。这些就是法老脚下的"九弓"。战车上的一处象形文字铭文写道，"所有土地和所有外邦都在光辉之神的脚下"，而另一处铭文则将图坦卡蒙描述为"二重君主，九弓的统治者"。[15] 甚至这辆战车的轭端也是俘虏的形象。

　　出现在战车上的另一个军事元素是战神贝斯（Bes）。贝斯被刻画成蓄须、狮面、罗圈腿的侏儒，他很可能是舶来品，却成为埃及文化的一部分。无论是在产妇分娩时，还是战争期间，他都是守护者，也许是因为这两者都关涉痛苦和潜在的生命危险。贝斯经常被画在卧室和婴儿室的墙上，但在军事领域，他挥舞着长剑，出现在图坦卡蒙的战车上。

　　事实上，"军用战车"装饰得如此华丽，以至于卡特一再将其称为"国家战车"。[16] 他认为它们不是用于战斗，而是用于举国盛事，他充满诗意地写道：

> 当它们在埃及的碧空之下飞驰而过，必定令人感到眼花缭乱，气势恢宏。珠宝马饰熠熠生辉，战马的羽饰迎风飞舞，明亮、多彩、闪烁和浓烈相交织的盛况，也许没有哪个时期，或热衷荣耀的种族能与之相媲美。[17]

　　卡特质疑战车的使用方式当然是正确的。战车上的一些装饰非常脆弱，很明显不可能持续使用。俘虏的精致饰带以其艺术性而引人注目，但对于一架战斗机器来说却完全不实用。我们之所以称其为"军用战车"，是因为它们具有我们在战斗场景中看到的设计，但它们可能从未投入使用。然而，对已经仿制成功的两辆战车的测试表明，图坦卡蒙的战车本可以使用。[18]

尽管这些"军用战车"可能从未投入使用，却解开了多年来一直困扰艺术史学家的一个谜团。在许多表现战车战斗的场景中，拉动法老战车的马匹颈后都有一个圆盘（见图 11.2）。它到底是什么？它是拴在马缰绳上的太阳状金属圆盘吗？M. A. 利陶尔（M. A. Littauer）和 J. H. 克劳威尔（J. H. Crouwel）给出了明确的答案。卡特不仅在前室发现了四辆战车，还发现了三尊鹰神荷鲁斯的镀金木雕，他头顶太阳圆盘（见彩图 17），太阳圆盘上刻有图坦卡蒙的名字。雕像底部有一个凹槽，恰好可以插入战车的主杆。雕像上钻有几个孔洞，皮带穿过孔洞，可以把雕像固定在主杆上。这有点像 20 世纪 30 年代的汽车引擎盖上的精致徽标，法老的战车上有一个荷鲁斯徽标不足为奇。每一位法老都有五个名字，其中有两个将国王与荷鲁斯联系在一起。法老带着徽章，在荷鲁斯的庇佑下冲锋陷阵。古埃及艺术家总是展示战车的侧面，为了使圆盘在构图中清晰可见，就把它正面展示了出来。前室里有四辆战车，但只有三尊鹰神雕像。利陶尔和克劳威尔认为，三尊雕像是为装饰华丽的 A1、A2 和 A3 战车所设计的，A4 战车因其简单的形制，没有必要安装徽标。[19]

马匹的装饰也极尽奢华，包括一套装饰着荷鲁斯之眼符号的令人叹为观止的眼罩。眼罩是由薄的木头制成，弯曲成了马面的形状，木头上涂了石膏，上面覆盖着金片，镶嵌着彩陶和石头。伯顿拍摄了一张马眼罩的彩色照片，刊登在世界各地的报纸上。眼罩主要是为了让马匹专注于前方，以免被旁边的事物分散注意力。时至今日，马车和赛马仍在使用马眼罩。

随着陵墓清理工作的继续，挖掘队在宝库中发现了另外两辆战车。这两辆战车在第五个发掘季（1926—1927 年）被移走保存。在此阶段，卡特似乎对战车失去了兴趣，他将它们界定为"狩猎战车"，之后便再未提及。[20]他在前室发现四辆战车时，用了 100 多张卡片来描述和绘制它们，但记录宝库里的两辆战车时却只用了三张卡片。此时的卡特似乎已经筋疲力尽了。他第一次清理前室并研究那四辆战车时，一切都是全新的。而在后续阶段，在目睹了四辆战车，打开了主墓室，看到了黄金面具、纯金棺具、奇珍异宝后，这两辆战车就显得索然无味了。尽管如此，卡特可能是对的，最后两辆战车是狩猎战车。卡特从前室移走的第一件文物，即图坦卡蒙有名的"彩绘木箱"上绘有在战车上狩猎的画面。装满衣物的大箱子上，饰有图坦卡蒙乘坐战车的场景。箱盖上描绘出他以弓箭狩猎沙漠动物的景象。（图 11.5）

利陶尔和克劳威尔对图坦卡蒙的战车印象深刻。他们在研究的最后写道："这是战车战争的伟大时期，在图坦卡蒙的所有车辆中，我们或许发现了有史以来最先进的战车的例子，不论是装饰还是建造。"[21] 图坦卡蒙的战车是独一无二的。自从它们被发现以来，还没有其他埃及战车出土。我们固然有许多其后的法老，如拉美西斯大帝和拉美西斯三世（Ramses III）乘坐战车英勇作战的图画，但他们的陵墓惨遭劫掠，我们不太可能找到更完整的战车了。1985 年，利陶尔和克劳威尔在撰文时提到，图坦卡蒙的六辆战车中，已有五辆得到了修复，他们认为，第六辆战车被拆解是件好事，因为这样能够更好地研究古埃及的建造技术。拆解第六辆战车是埃及博物馆馆长雷金纳德·恩格尔巴赫深思熟虑后作出的决定。他在给卡特的信中写道：

> 除了战车，几乎所有陵墓可展示的文物都已在眼前……然而到目前为止，无论我将它们修复到何种程度，都会留下一辆（最糟糕的）未组装的战车。因为对我来说，接合方式的细节是最令人感兴趣的，而且在其被掩盖之前，应当在适当的时候进行研究。[22]

在牛津大学关于图坦卡蒙的战车的图书出版几年后，年轻的文物修复师纳迪娅·洛克玛（Nadia Lokma）修复了第六辆战车，作为其硕士学位论文的一部分。这辆战车于 20 世纪 90 年代在开罗城堡的军事博物馆展出，洛克玛后来成为埃及博物馆的资深木器修复师。

图 11.5　图坦卡蒙的彩绘木箱描绘了他乘坐战车猎杀沙漠动物的场景。我们可以再次看到马颈后面的太阳圆盘（安东尼·马克斯摄）

真实战车的研究令人所获颇多，但从实际建造战车中我们所得更多。2015 年，工程力学教授、战车专家贝拉·桑多尔（Bela Sandor）与以驯马和马饰见长的凯西·汉森（Kathy Hanson）联手，试图以古埃及的方式重造战车。[23] 他们没有重造图坦卡蒙的豪华战车，而是建造了一辆普通的古埃及战车。他们希望了解战车是如何建造的，也想看看它们能做些什么。他们在利用蒸汽成型大型主杆和车轮的 V 形轮辐时遇到了很大的困难，但经过几次失败的尝试后，他们终于成功了。组装战车时，他们顿悟：战车的主杆与车身下方的车轴连接处是被故意松开的，以减小行进过程中的颠簸。

战车组装成功了，下一步就是看看它能否在战斗中发挥作用。弓箭手真的能从快速移动的战车上精准射箭吗？首先，他们测试了战车的最高速度：38 千米 / 小时，相当快。当战车以近乎最快的速度行驶时，一位擅长射箭的军事历史学家将箭矢射向目标，并以惊人的准确度将其击中。他还注意到，战车车身的切口部分除了减轻战车重量外，还有一个功能：当他射箭时，切口位置可以为膝盖提供一处可支撑的地方，从而提高准确度。这些战车是为战争精心设计的。

近来，人们对图坦卡蒙的六辆战车有了更多的思考。人们普遍认为，其中四辆为"军用战车"——它们以军事风格建造，且可以应用于战斗中。其余两辆被称为"国家战车"——它们是可以在仪式上使用的车辆。埃德温·布洛克（Edwin Brock）在最近的一篇文章中提出，其中一辆仪式战车最初有一个顶篷。[24] 事实上，在战车附近的陵墓中曾发现过一个四柱顶篷。但几十年来，它一直被认为是一个独立的实体。当布洛克提出它可以被安装在某辆战车上时，他却对自己的假设产生了怀疑。在其中一辆战车上，似乎确有可以安装支柱的地方，但它们却不足以支撑顶篷。[25] 这个问题是无解的，因为这辆战车既不适于仔细检查，也不能进行精确测量以确定顶篷是否适配。这种情况持续了好几年。

然而，战车和顶篷最近被转移到了新的大埃及博物馆，两者都可供研究，从而促成了一项重要的合作。日本文物保护厅一直在帮助埃及最高文物委员会制订新的馆内保护计划，并由各方组建团队研究顶篷和战车是否配套。河合望（Nozomu Kawai）及其团队对战车和顶篷进行保护的同时，也对二者进行了精确测量。结论是它们非常适配。他们进一步推进了研究，对战车上的顶篷在电脑上进行虚拟重建，结果证实顶篷确实属于战车。[26]

第十二章

·

勇士图坦卡蒙

对图坦卡蒙的战车迟来的研究揭示了它们的结构和功能。显然，并非所有的战车都是一样的，有军用战车和仪式战车，有些还带有顶篷。图坦卡蒙两种都有。他与几辆军用战车一起下葬的事实表明，他想被视为一名勇士，但他真的参加过战斗吗？陵墓所发现的其他文物将答案指向"是"。

图坦卡蒙的盔甲

在第一个发掘季，霍华德·卡特发现了皮甲。就像图坦卡蒙的陵墓中的其他几件文物一样，它是独一无二的，过去从未发现过完整的盔甲。通过神庙墙壁上的战斗场景，我们可以对盔甲了解一二，但除了一些孤立的残片，没有人发现过真正的盔甲。由于皮革容易降解且难以修复，直到2018年，它才被从埃及博物馆的仓库转移到新博物馆的保护中心。对于由皮革甲胄专家组建的高技能团队来说，这无疑是一个研究图坦卡蒙盔甲的千载难逢的机会。

这种盔甲被军事历史学家称为"胸甲"，它像无袖束腰外衣一样覆在图坦卡蒙的胸部和背部，最初是由大约4000块盾形的生皮压叠成鱼鳞状。

而现在估计只剩下四分之一的胸甲了。[1]

胸甲的保存状况很差，大部分的生皮鳞片或多或少地变质了，许多鳞片松散了，鳞片的花边也早已消失（图 12.1）。只有很少一部分鳞片保存较好。为了在 2023 年大埃及博物馆开幕式上展出这件胸甲，需要对它进行全面的保护和修理。鉴于胸甲当时的受损状态，哈里·伯顿在最初的发现地点拍摄的胸甲照片助益极大。每个鳞片在相同的位置都有几个洞，那是用来将其绑在背衬上的。此外，每个鳞片在几乎相同的位置都有一个凹槽和脊状凸起，以防鳞片在被箭头击中时滑开。用箭射向身穿类似盔甲的假人的测试结果表明，这种保护措施非常有效。[2] 这些鳞片似乎是通过将其压入模具形成脊状凸起和凹槽来大规模生产的。

盔甲有若干层，鳞片绑在一层薄薄的皮革上，后面是多达六层的亚麻布。亚麻布便于在激战中吸收汗水，穿着也更加舒适，薄皮革轻便灵活，

图 12.1　盔甲的大部分鳞片已经受损且散落（安德烈·维尔德梅杰提供）

便于用力。这是一件设计合理且制作精良的军用装备，同时兼具时尚美感。胸甲由染成红绿两色的鳞片组成，每种颜色占一行。

仅仅通过视觉观察就能获得有关胸甲的许多信息，但有些东西需要的不仅是看。研究小组想知道，皮革是经过鞣制的，还是生皮？正如生皮一词所听起来的那样，它就是将肉从动物胴体上刮除后所得的动物皮。生皮的优点是柔韧性好，经过鞣制的皮革会更硬。由于皮革距今已经有 3300 年的历史，无法仅仅通过观察来判断它是否经过鞣制。研究人员决定通过实验来回答这个问题，他们分别用经过鞣制的皮和生皮制作了鳞片。先在两种皮革上描出鳞片的形状，再将其切割下来。当研究人员把两种皮鳞片压入模具制作脊状凸起和凹槽时，真相呼之欲出。经过鞣制的皮革破碎了，它太脆了。图坦卡蒙的盔甲是生皮制的。[3]

当被遗忘的文物从开罗的库房转移到新博物馆时，宣告了盔甲研究的开始。此举恰逢一种新的研究工具问世，也因此带来了有关盔甲的新发现。反射变换成像（RTI）技术可向任何物体的表面全方位布光以获得成像，使物体表面细节展露无遗。RTI 揭示出了鳞片边缘的磨损形态，这不仅表明这是一件精心制作的盔甲，而且表明它已有磨损。也许磨损就发生在图坦卡蒙所亲历的战斗中？

图坦卡蒙的弓

格里菲斯研究所出版的图坦卡蒙陵墓系列的第一本书，就是对陵墓中发现的复合弓的研究。[4] 在古埃及，弓是首选武器。每辆战车上都有一名弓箭手；在海战中，船只的甲板是弓箭手射箭的平台。虽然努比亚人是埃及的传统敌人之一，但他们也因其高超的弓箭技艺而备受钦佩，有时还被埃及人雇为佣兵。古埃及对努比亚的称呼是"Ta sety"，即"弓之地"。

埃及弓箭手通常使用两种弓，单体弓和复合弓。复合弓是在第二中间期（公元前 1782—公元前 1570 年），即希克索斯人入侵埃及的时代，从亚洲传入埃及的。制造者通过将三种不同的材料黏合在一起，使弓的强度和耐用性得到显著的提高。古埃及的复合弓可以将箭射出 200 多米，法老们经常将自己刻画成百步穿杨的形象。

制作复合弓需要相当高超的技巧。通常弓的中心层是木头（或木灰），弓背是一层筋腱，弓面是一层角。弓的两面还会覆盖一层树皮。复合弓是一种奢侈品，只有皇室和贵族才能拥有。在图坦卡蒙的陵墓出土 32 把复合弓之前，整个埃及发现的复合弓不足 12 把，而且大多已成残片。卡特在图坦卡蒙陵墓的前室首次发现了 13 把图坦卡蒙的弓。几年后，他又在副室清理出 16 把，在宝库的一个箱子里发现了 3 把，其数量几乎是埃及之前发现的复合弓数量的 3 倍。卡特对前室出土的弓印象极为深刻：

> 最北边的沙发上放着一个箭袋和一些复合弓。最后一件是镀金的，上面装饰着铭文和动物图案，它们精细得不可思议，堪称珠宝工艺品中的杰作。[5]

卡特虽然所知不多，却对陵墓里最有趣的弓不吝溢美之词。正如卡特所说，黄金装饰令人叹为观止，故而它被称为"荣耀之弓"，因为装饰得如此华丽的弓不太可能用于实战。另一个有趣的地方是，只有这把弓在被放入陵墓之前，像木乃伊一样被亚麻布包裹着。此外，弓上的两处铭文也让我们对图坦卡蒙的入葬有了更多的了解。它们是传统的铭文："上埃及和下埃及的国王，两土地之主，拥有力量，内布赫佩鲁拉""拉神之子，拉神之身，他之所爱，内布赫佩鲁拉。"有趣的是，它们取代了早期的铭文。

古弓箭专家华莱士·麦克劳德（Wallace McLeod）请杰弗里·马丁（Geoffrey Martin）仔细检视了铭文。马丁同意其他专家的观点：图坦卡蒙的王名圈似乎取代了阿赫那顿的共同摄政王安克赫佩鲁·纳芙纳芙鲁顿（Ankhkheperu Neferneferutaten）的王名圈。[6] 类似的替代不止一处，装着图坦卡蒙内脏的微型棺具所刻铭文取代了原有的斯蒙卡拉的，图坦卡蒙未完成的石棺也可能是来自斯蒙卡拉的陵墓。我们似乎看到了官员们手忙脚乱地筹备图坦卡蒙葬礼的景象。我的印象是，一定有人真的很在乎。既然已经有了 28 张装饰精美的弓，为什么还要在一张弓上重新题刻呢？答案是，这把弓百里挑一，有人希望图坦卡蒙拥有它。

弓上的铭文还有其他值得玩味之处。其中四张弓的名字是图坦卡顿，图坦（Tut）之名与生俱来，在他成为国王的第一年就改为了图坦卡蒙。因此，这四张弓一定是在少年法老九岁或十岁时收到的，也许是用来狩猎，因为他还没有到参战的年龄。

复合弓是射箭运动中的兰博基尼，但图坦卡蒙还有一种单体弓，也就是我们常想到的弓。单体弓是单根木棍，两端有缺口用来固定绳弦。与图坦卡蒙随葬的有 14 张单体弓，其中大多数放在让人意想不到的地方：主墓室，它们被发现在神龛之中，有些直立在角落，大多数平放在地板上。为什么要将它们放在那里？它们对少年法老有什么特殊的意义吗？还是一位忠仆把它们放在了主人身边？

大多数单体弓简单且无装饰，但有装饰精美的弓盒，类似于图坦卡蒙那著名的彩绘木箱。这里也绘有图坦卡蒙立于战车上，击溃了努比亚人和亚洲人（埃及人对叙利亚人及其邻国的称呼），还带着他的萨尔基猎犬在沙漠中狩猎。除了弓盒，图坦卡蒙还随葬了 400 多支箭。正如麦克劳德所评论的那样，"他被埋葬在一个名副其实的弓弩器械库中。"[7]

人们能从这些弓弩器械中感受到，它们对图坦卡蒙来说意义重大。我敢打赌，他喜欢狩猎。射池塘里的鸭子毫无荣耀可言，所以如果你从未做过，又何必要在那样的活动中展示自我呢？投身战斗就另当别论了。而且，最近的一些研究转向了"勇士图坦卡蒙"。这也是图坦卡蒙的珍宝转移到大埃及博物馆之后启动的项目之一。

图坦卡蒙的扇子

墓中还有一件文物或许可以证明图坦卡蒙是位勇士：一把扇子。在阳光炙热的温暖国度，扇子是很重要的。有些扇子被称为遮阳伞，是皇室的特权。它们是木质的，通常会在外边镀金，由一根长杆和顶部的圆形木板组成。圆板的顶部有孔，其中经常会插入鸵鸟的羽毛。仆人手举羽扇，随着太阳的移动调整到适当的位置。

这类羽扇曾出现在阿赫那顿的陵墓壁画中，画中描绘了图坦卡顿的出生。还是婴儿的他，被看护人抱在怀里。他们身后是一个手举遮阳伞的仆人，所以我们可以肯定我们看到的是一位皇室婴儿。

图坦卡蒙陵墓出土的一把扇子（242 号）是为纪念少年法老人生中的一个特定事件而做的。这把扇子顶部的圆形木板上包裹着一层厚厚的金箔，一面金箔的浮雕图案是图坦卡蒙狩猎鸵鸟的场景。另一面展示了图坦卡蒙的凯旋，他带回了"在赫利奥波利斯东部沙漠狩猎时"获得的鸵鸟羽毛。[8]

很明显，这把扇子是为了纪念年轻的国王参加的一场狩猎派对。如果他热衷于狩猎，那么他也可能真的上过战场。当我们综合考量这一切时，似乎更倾向于认为这位年轻的法老和古埃及的其他年轻人一样健康，喜欢在沙漠中狩猎，甚至可能带领过他们投入战斗。

统帅三军的少年法老

诚如我们所见，在清理陵墓时，卡特说他已经了解了图坦卡蒙的情况，但对他是谁却一无所知。卡特无法想象七八十年后的学者们会对这位少年法老有何发现。有些研究是经过精心计划的，但有时是让人意想不到的巧合。其中一个契机的出现，皆因雷·约翰逊博士在正确的时间出现在正确的地点，并且拥有正确的技能来判断研究的进展。

法老经常对祖先神庙的神圣性缺乏尊重。有时他们可能会拆除一座神庙，只是为了获得便宜的建筑材料来建造自己的纪念物。重复使用石材固然比自己开采更便宜，但拆除纪念物还有其他原因。有时是为了从记录中抹去法老的名字，就像对图坦卡蒙的父亲阿赫那顿所作的那样。因为他被视为异端，在他死后不久，关于他的纪念物就被拆除并回收了。阿赫那顿在位初期在卡纳克建造的神庙被拆除了，神庙的数千块雕刻石材被重新用作法老霍伦海布在卡纳克建造的恢宏塔门的原材料。阿赫那顿在沙漠中建造的城市——"阿顿的地平线"，在他去世后的五年里几乎被遗弃，纪念物后来也被彻底拆除了。

我们知道，图坦卡蒙在底比斯的第一个重大建筑项目，是完成由其祖父阿蒙霍特普三世所启动的纪念物的建造。他的祖父在卢克索神庙建造了一座 45 米长的柱廊大殿，但在启动装饰之前，阿蒙霍特普离世。当阿赫那顿成为国王后，他驱逐了埃及众神，搬到了阿玛纳，致使十多年来卢克索神庙的柱廊和墙壁裸露在外。图坦卡蒙继承王位后，这位少年法老回到了底比斯，他接受了完成大殿装饰的建议，以表明自己像他的祖父，而不是父亲，并将把他们的宗教还给子民。

图坦卡蒙以底比斯最盛大的节日——欧佩特节（Opet Festival）的场景来装饰柱廊大殿。欧佩特是卡纳克的旧称，是传统的底比斯三柱神——阿蒙（父亲）、姆特（Mut，母亲）和孔苏（Khonsu，儿子）的家园。在节日开幕式上，人们将阿蒙、姆特和孔苏的雕像从卡纳克神庙的神殿中取出，放入神圣的三桅帆船，沿着尼罗河航行约 2.5 千米到达卢克索神庙（欧佩特之南），在那里逗留一周进行庆祝活动。图坦卡蒙对柱廊大殿的装饰所展现的，就是古埃及人从卡纳克向南一路行进到卢克索神庙，结束庆祝后再返回卡纳克的游行场景，其对细节的刻画令人叹为观止。大殿西墙上的图坦卡蒙浮雕引人瞩目，他正在向阿蒙、姆特和孔苏献祭。可惜的是，他并未因奉献而获得认可，他的名字被抹去了，取而代之的是法老霍伦海布的名字（图 12.2）。这是众所周知的事。这些浮雕已经被研究过很多次了，尤其是芝加哥大学东方研究所（位于卢克索的芝加哥之家）的碑铭研究部。30 多年来，该研究所致力于记录卢克索神庙的壁画。对柱廊大殿壁画的记录工作引发了一个令人惊讶的发现。

多年来，古物管理局一直计划发掘卡纳克神庙通往卢克索神庙的狮身

图 12.2　卢克索神庙内仍保留着图坦卡蒙年轻时的肖像，但他的名字已经被抹去，取而代之的是霍伦海布法老的名字［丹尼斯·福布斯（Dennis Forbes）摄］

人面像古道，但这条通道被晚期建筑所覆盖，必须先进行拆除。拆除工作持续了多年，其中一些建筑属于中世纪时期。在拆除过程中，挖掘者发现这些中世纪建筑的地基上有该地区的古代神庙的铭文石块。古物管理局收集了这些重复使用的石块，将其存放起来。随着石块数量的不断增加，芝加哥之家的埃及学家决定对它们进行检查，看看其中是否有来自柱廊大殿的石块。柱廊大殿的墙壁顶部缺失了几米，可以合理地假设一些石块可能是在中世纪时期被取走的。研究者是对的。共有 1500 多块石块被挖掘了出来，后来它们被收录进了东方研究所有关柱廊大殿的两份出版物中。[9] 多亏了出色的探查工作，研究者才能够填补墙壁顶部缺失的场景。但这还不算意想不到之处，故事接下来的部分才是。

检查石块的人当中有一位年轻的研究生叫作雷·约翰逊，他后来成为东方研究所碑铭研究部的主任，并在卢克索工作了 30 多年。约翰逊注意到，还有约 200 个被重复利用的石块不属于卢克索的柱廊大殿。那些石块上面有图坦卡蒙的王名圈，可以确定它们属于图坦卡蒙，但雕刻的大小和风格与卢克索的石块不同。它们来自一个被称为"底比斯内布赫佩鲁拉大殿"的地方。它们来自图坦卡蒙的停灵庙，这是一座过去不为人知的神庙，由图坦卡蒙开始建造，最终由艾伊完成，以此作为对这位英年早逝的少年法老的纪念。这是个大新闻。关于图坦卡蒙信息的新来源被发现了。

在新王国时期，每位法老都会建造一座停灵庙，祭司在那里为已故国王的灵魂献祭。这些神庙建在离帝王谷不远的尼罗河西岸，也就是亡灵之地。这些停灵庙中不乏埃及最著名的一些遗迹。代尔巴赫里是哈特谢普苏特的停灵庙，拉美西斯神庙是拉美西斯大帝的停灵庙，哈布城的神庙则属于拉美西斯三世。法老们在神庙的墙壁上雕刻了他们最引以为豪的事迹。正如我们在第二章中看到的那样，哈特谢普苏特女王记录了她派往南部邦特岛的远征队，将乳香树和没药树①带回埃及。在拉美西斯神庙的墙壁上，

---

① 乳香树和没药树都是橄榄科植物，二者都可以渗出有香味的树脂。——编者注

我们可以看到并阅读到拉美西斯大帝在卡迭石战役（Battle of Kadesh）的英勇战绩。在哈布城的神庙，我们可以看到拉美西斯三世击溃了来自地中海地区的"海上民族"（Sea People）的侵袭。停灵庙是重要的历史文献，它们提供了修建时期有关法老统治的信息，是我们重现古埃及统治者生活的主要来源。图坦卡蒙的停灵庙也许会告诉我们，他那避开卡特的人生究竟是怎样的？约翰逊也想一探究竟。

只有200个石块来自停灵庙。这足以重现图坦卡蒙神秘莫测的生活吗？答案是肯定的，这皆因埃及艺术的本质亘古未变。古埃及艺术家经常被告知要复制前几代人的作品。看看拉美西斯神庙、哈布城的神庙或塞提一世的停灵庙，你会看到法老独立于战车上，缰绳系在腰间，向敌人射箭。一面墙上是持箭的努比亚人，另一面墙上是亚洲人，基本上是相同的场景。这类似于样板艺术，因为艺术家们使用网格在墙面上进行构图，甚至连比例都是一样的。因此，即便只有几个石块，也可以知道场景的其余部分应该是什么，你也基本上可以填补出缺失的部分。例如，如果一个石块绘有缰绳系在腰间，你就会知道这是法老的腰，进而知道腰的上面是一个正在射箭的法老，腰的下面为一辆战车，左侧是两匹战马，诸如此类。如果一个石块绘有一个持箭的努比亚人，你就会知道还有更多持箭的努比亚人。埃及艺术的静态性使重建得以实现。

约翰逊花了十年的时间重建图坦卡蒙停灵庙的场景，并在此基础上完成了他的博士学位论文。[10] 这是一项需要多种技能的出色工作。东方研究所的团队成员几乎都具备这些技能。许多研究人员拥有埃及学博士学位，能够翻译他们正在研究的墙壁上的象形文字。对他们来说，那不仅仅是照片。他们也都是艺术家，能够非常准确地复制墙上的内容，也可以画出缺失的部分。他们是一群了不起的人。约翰逊正是运用这些技能，在纸上重建了图坦卡蒙的停灵庙。

除了印证勇士图坦卡蒙具备的能力之外，重建对于理解神庙墙壁的标准战斗场景的发展也很重要。在重建之前，墙壁上的战斗场景通常被认为是图坦卡蒙王朝之后的第 19 王朝所发展出的，以塞提一世的停灵庙为肇始。约翰逊的重建表明，图坦卡蒙的统治对神庙的战斗场景的发展至关重要。在图坦卡蒙之前的阿玛纳时期，已经出现新的艺术表达自由，图坦卡蒙的艺术家们继承了一点这种精神不足为奇。约翰逊说：

> 图坦卡蒙统治时期的雕刻风格极易辨认，因为它结合了阿玛纳时期的自然主义与图特摩斯先辈的传统雕刻风格。图坦卡蒙时期的场景展现出了一种生动和活力，这使它们与十八王朝晚期前后的神庙装饰截然不同。[11]

几乎可以肯定，图坦卡蒙的艺术家们为神庙雕刻的战斗场景类型的发展作出了贡献，同时也有一些以前从未见过的独特细节。在之后表达法老勇武的传统战斗场景中，通常有显示战斗结束后歼敌人数的场景。雕刻表达的场景是被斩断的死者双手堆放在一处，军事记录员在那里记录数字（图 12.3）。在描绘图坦卡蒙进行的叙利亚战斗的场景中，我们发现了一些不同寻常的地方：士兵们的长矛上有几只斜叉的手（图 12.4）。图坦卡蒙的战争场景中还有表现胜利后归乡的独特细节。在一块石块上，我们看到一名被缚的叙利亚俘虏，作为战利品被关在笼子里（图 12.5）。

这种重建之所以重要，有几方面的原因。首先，它为图坦卡蒙研究提供了新的视角。图坦卡蒙想被视为一名勇士。陵墓前室出土的彩绘木箱上，他的勇士形象得到了强化。在这里，他也击败了努比亚和亚洲的敌人（见彩图 18）。当然，少年法老出现在这些战斗场景中，并不足以证明他真的在那里，但却存在可能性。所有这些新的信息都来自一个意想不到的来源——卢克索的中世纪建筑基址。约翰逊通过这些石块追溯到卡纳克神庙的第二根塔门，霍伦海布重复利用了从图坦卡蒙的停灵庙上拆下的石块，有一些在塔门上至今可见。接下来，这座塔门在中世纪被采掘了一部分，石块作为建筑材料被运往中世纪时期的卢克索。在卡纳克从事研究的

图 12.3　战斗结束后，斩断已死敌人的双手，堆放在一处清点（帕特·雷姆勒摄）

法国学者马克·加博尔德（Marc Gabolde）分析了仍保留在卡纳克的一些石块，他和约翰逊意识到，他们正在研究同一纪念物的不同部分的石块。他们现在正在合作出版最终的专著。在未来，类似的发现很可能将填补更多的细节。

法老们在停灵庙记录战斗时，总会记录下战斗发生的年份，比如"拉美西斯统治的第五年"。出现年份是一个很好的迹象，表明战斗确实发生过。少年法老可能没有像他声称的那么英勇，但必然发生过什么事。图坦卡蒙的战斗场景有日期吗？我们不得而知，因为缺失了太多的石块。然而，随着卢克索市未来城市建设项目的推进，毫无疑问会有更多图坦卡蒙陵庙的石块被发现。看到叙利亚战役或努比亚战役的日期将一定很有趣。图坦卡蒙大约九岁时登上了王位，但只统治了十年。在他执政的前四五年里，

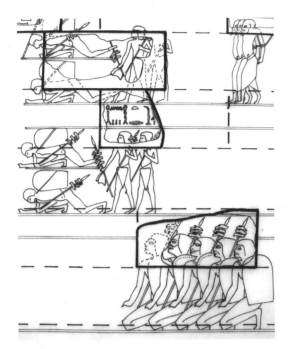

图12.4　在描绘图坦卡蒙战斗的场景中，敌人的双手被绑缚在杆上（雷·约翰逊绘）

图12.5　一名叙利亚人作为战利品，被关在笼子里带回埃及（雷·约翰逊摄）

他很有可能从未参加过战斗。然而，如果我们发现一个战斗场景，可以追溯到图坦卡蒙统治的第九年左右，那么他很可能真的参与其中了。如果这两个战斗场景没有注明日期，那么意味着它们是通用模式，很可能少年法老没有出过家门。

如果我们把最近的所有研究放在一起，就会发现图坦卡蒙的肖像与大众媒体，甚至科学出版物上经常出现的形象截然不同。我们对 X 光和CAT 扫描研究的调查表明，我们不应轻易地把图坦卡蒙描绘成一个身体孱弱、用脚踝行走、罹患各种疾病的君主。在第十三章中我们将看到，甚至是对图坦卡蒙鞋履的研究，其讨论也不会停留在作为残疾人的图坦卡蒙。他的随葬品都是权威的象征，整个古埃及的陵墓壁画都证明了这一点。类似的还有，由于在镀金小神龛里图坦卡蒙是坐着猎鸭的，一些人便认为他是因身体虚弱不得不如此。这实在荒谬。正如玛丽安娜·伊顿－克劳斯（Marianne Eaton–Kraus）所示，坐着打猎是古埃及艺术的常见主题。[12] 甚至最近有人发表了一篇文章，作者虽然接受了虚弱法老版的图坦卡蒙，但仍正确地指出，手握权杖坐着打猎并不是残疾的迹象。[13] 事实上，阿赫那顿法老坐着打猎的场景可能也是存在的。[14] 再问一遍，图坦卡蒙是勇士吗？指针正转向"是"的方向。

第十三章

————————— ● —————————

图坦卡蒙的鞋与杖

　　陵墓出土的文物可分为两类：随葬品（棺椁、卡诺皮克罐、巫沙布提俑等）和日常生活用品（其他一切）。埃及人相信来世是现世的延续，于是他们试图随身携带一切东西——衣服、玩具、亚麻布，甚至宠物木乃伊。这也是我们对古埃及的日常生活了解如此之多的原因之一。图坦卡蒙也不例外，他的日常生活用品如今正得到应有的关注。从陵墓中挖掘出的部分文物已经在埃及博物馆二楼的展柜里陈列了几十年，但还有许多仍然在库房之中。正如我们所看到的，这种情况现在正在改变。

图坦卡蒙的鞋柜

　　新的大埃及博物馆已经建设了十多年，但在大埃及博物馆开放之前，其保护中心已经建成并运行多年了。在此期间，文物从埃及博物馆源源不断地流向大埃及博物馆保护中心。图坦卡蒙的许多财产已经被存放了几十年，学者们对其一无所知。现在，这些日常生活物品可以被触碰了，研究人员正在抓住机会对它们进行研究和拍摄，因为它们正处于被保护修复的阶段。最近研究的藏品是图坦卡蒙的凉鞋。

　　这位少年法老随葬了约 35 双鞋和十几只单只的鞋，它们风格各异，用于不同场合。有些是日常使用的，有些是仪式使用的，还有一双黄金凉鞋是专门为他前往下一世的旅程而设计的。古埃及人日常穿的鞋履是凉鞋，这在图坦卡蒙的陵墓壁画中有所体现。他有几种款式的凉鞋，有些是皮革的，有些是复合材质的，但大多数是古埃及鞋履和皮革研究专家安德烈·维尔德梅杰所说的"缝合式凉鞋"。[1] 这些凉鞋由半截草、棕榈叶和莎草纸混合所制，这些材料适用于各个阶层的埃及人。

　　制作凉鞋时，先用棕榈叶包裹一束横向的半截草，再用棕榈叶将其缝合到前一束上。不断重复该过程直至形成鞋底的大致形状。完成后，将鞋底形状裁成所需的尺寸，并沿着边缘用一组类似的半截草束（最多三束）包裹并缝合在一起。图坦卡蒙的缝合式凉鞋是用莎草纸制成带子，再固定在鞋底上的（图 13.1）。图坦卡蒙有几十只这样的凉鞋。维尔德梅杰的任

图 13.1　图坦卡蒙的缝合式凉鞋（安德烈·维尔德梅杰提供图片）

务之一是评估凉鞋的保存状况，然后由大埃及博物馆保护中心的科学家们确定最佳保存方案。

当这些凉鞋首次被发现时，卡特就报告说许多凉鞋十分脆弱。几个世纪以来，它们在炎热干燥的陵墓里一直处于脱水状态，这使它们得以保存（如果没有水分，细菌就不会对材料起作用），但也使它们变得脆弱。由于陵墓的某些地方湿度相对较高，致使皮制作鞋履的损坏情况要严重得多。首次发现凉鞋时，卢卡斯和梅斯为它们涂了一层蜡，希望对它们加以保护，使保存状况稳定下来。这在当时是一种被认可的技术，但在接下来的100年里，蜡变暗了，改变了凉鞋的颜色，还吸附了灰尘和污垢。图坦卡蒙的凉鞋上有一层现代的污垢。很明显，必须清除掉这层蜡。

首先是机械清洁，专业人员用细纱清除凉鞋表面的污垢和蜡。再由修复师检验不同的化学物质，看看什么是去除余蜡的最佳方法，白酒和乙醇的混合物被证明效果最佳。修复师将棉签浸入混合物中，通过在凉鞋表面轻轻滚动棉签来去除大部分的余蜡。[2] 清洁的最后阶段是使用超声波蒸汽清洗刀。想想我们家中的地毯是如何清洁的，但清洁凉鞋要在微观层面上，而且要非常温和。最后一次清洗有两个目的：其一，通过加热和溶解去除最后一层蜡；其二，轻轻地将一点湿度引入纤维中，使其不那么脆，变得更柔软。这一系列仔细缜密的程序，正是许多图坦卡蒙的文物现在所接受的待遇，这将确保它们能够得到保护和研究。

许多缝合式凉鞋都有磨损的迹象，值得注意的是，当研究人员对它们进行检查时，没有人观察到一侧比另一侧磨损更加严重。这与图坦卡蒙有严重的畸形足且需用脚踝行走的观点相矛盾。[3] 皮鞋则因恶劣的保存状况，再也无法观察到这些特征了。

图坦卡蒙的缝合式凉鞋与他在金棺里穿着的凉鞋相似。当木乃伊被打开时，卡特发现他穿着一双纯金凉鞋（彩图12），这双凉鞋逼真地模仿了缝合式凉鞋的样式。鞋底雕刻着用棕榈叶包裹并缝合在一起的半截草束。

带子同样模仿了普通凉鞋的莎草纸带。显然，这双黄金凉鞋从未在生活中穿过。它们是陪葬品，旨在保护少年法老的双脚，直到他在下一世复活。为了实现这一目的，他的脚趾也以黄金趾套包裹。

埃及人认为黄金是不朽之物，因为它从不变色或腐烂。黄金被大多数古代文明所珍视，但对埃及人来说，黄金是下一世不可或缺的。因为它从未改变，它所覆盖之物也将永远不会改变。图坦卡蒙的内层棺具以纯金打造，用来保护装殓在不易腐烂的容器里的木乃伊。埃及曾经富含金矿，但到图坦卡蒙的时代，金矿已经枯竭了。埃及南部的邻居努比亚拥有大量金矿。埃及统治者试图将努比亚人置于控制之下，以确保有源源不断的黄金流往埃及。

此前提到过，由于图坦卡蒙与阿玛纳异端之间千丝万缕的联系，致使他的图像被大量销毁。保存在努比亚总督胡伊墓中的图坦卡蒙图像，是为数不多的幸存作品之一。墓室的一面墙壁上刻绘了图坦卡蒙动身前往努比亚之前，在凉亭内向胡伊展示其权威的象征。另一面墙壁上，我们看到努比亚人进贡金戒指。图坦卡蒙的陪葬凉鞋很可能是由胡伊带回埃及的黄金制成的。

图坦卡蒙的所有凉鞋中最复杂的，莫过于那些暗含着最大政治宣言的凉鞋了。图坦卡蒙有一双凉鞋，令他无论走到哪里都可以踩在敌人身上（图13.2）。凉鞋的鞋底分别刻画着埃及的两个传统敌人，亚洲人和努比亚人。无论图坦卡蒙走到哪里，他都将他的敌人踩在脚下。

如我们所知，埃及有九个传统的敌人，通常被称为九弓。法老的雕像常显示他们脚踏基座上雕刻的九弓。有时小件器物上只装饰八弓，就像凉鞋。维尔德梅杰像卡特一样将这些凉鞋称为"镶嵌单板凉鞋"，其做工非常复杂。凉鞋的鞋底为木质，上面覆盖一层薄石膏，顶部覆以皮革。八名被绑缚的俘虏形象及其边缘装饰是用白桦树皮、红树皮、金箔和绿色皮革制成的，所有这些像马赛克一样镶嵌在皮革的表面。

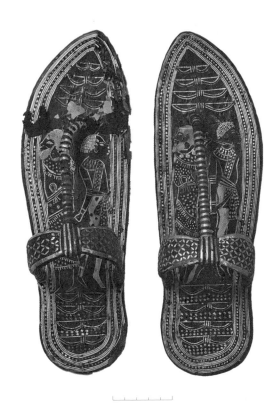

图 13.2　镶嵌单板凉鞋的设计使图坦卡蒙可以踩着他的敌人行走（安德烈·维尔德梅杰提供图片）

这两只凉鞋在艺术表达上不尽相同。例如，在左鞋上，努比亚人是肘部被绑缚的，但在右鞋上，他被绑缚的位置是脖子和肘部。还有其他一些细节上的差异，这表明两只凉鞋可能是由不同的工匠制作的。

维尔德梅杰在关于图坦卡蒙鞋履一书的结尾，对图坦卡蒙鞋履藏品中没有的东西进行了有趣的观察。他的童鞋在哪里？[4] 我们没有发现适合十岁以下儿童穿的凉鞋。为什么没有鞋？我们发现了他的"婴儿宝座"，那是他小时候的王座（见第三章）。维尔德梅杰提出了一些看似合理的观点。图坦卡蒙在十岁左右成为国王，也许没有哪个人指望他会成为国王，所以他童年时的衣服和鞋子没有被保存下来。他有六个姐妹，她们当中可能会产生继承人，没必要去保留婴儿的凉鞋。

这本书有一节的标题是"未保存之物"。[5]这引发了一个令人不安的问题。事实上，陵墓出土的所有文物都建有详细的目录，确切说是好几份。哈里·伯顿在拍摄墓中文物时，他在每件文物旁边都放了一张数字卡。这是第一份记录。然后，每一件文物从陵墓里移走时，霍华德·卡特将其记录在他的索引卡上，这些卡片至今保存于格里菲斯研究所。当这些文物从帝王谷转移到开罗的埃及博物馆时，博物馆在其《入门登记》（一本大账簿，当时因法国人管理古物管理局，所以其内容均为法语）中给了它们另一组编号。因此，所有文物（或几乎所有文物）都被仔细记录在册。伯顿拍摄的凉鞋和卡特记录在卡片上的凉鞋似乎都从历史上消失了。维尔德梅杰提到了这样一件文物："卡特的条目085c是一只皮革制成的左凉鞋的鞋底（卡片号085c；图1.4，表9）。如其所述，这只凉鞋状况不佳，不予保存。"[6]

今天的我们很难想象，一件图坦卡蒙的文物会因状况不佳而被扔掉，但还有其他凉鞋也不在收录之列。它们是被当作纪念品送出了吗？就像陵墓墓道发现的印章一样？还是它们只是被丢弃了？我们可能永远不会知道答案。有些可能被留在了底比斯，就像大多数篮子一样被存放在那里。

图坦卡蒙的权杖

对图坦卡蒙鞋履的研究促使维尔德梅杰与同事萨利马·伊卡姆又开始了对图坦卡蒙手杖的交叉研究。[7]鞋子和手杖都关乎移动，更重要的是，一些权杖使用了与凉鞋相同的制作工艺。图坦卡蒙陵墓共出土了130根手杖，其中一些是独一无二的。

权杖和手杖在古埃及社会中发挥了重要的作用。它们可以是权威的象征、政治声明，也可以只是辅助行走的工具。判断古埃及社会官员的地位，仅凭中古埃及语的标准教科书就可一窥究竟，这门语言正是图坦卡蒙时代的通用语言。[8] 教科书的后面是一本字典，你可以像大多数字典一样按字母顺序查找单词，但必须知道每个象形文字的发音。如果你不知道某个特定象形文字的发音，还可以在根据主题排列的符号列表中查找。所以，所有的动物象形文字归为一类，所有的树木象形文字归为一类，还有几个官职象形文字归为一类。这些文字的数量已经足够了，而且其重要程度足以自成一类。其中一个文字的发音是"赫卡"（heqa），意为"统治者"。法老双手交叉，手持赫卡权杖和连枷，象征着他们的权力。这可能是牧羊人的曲柄杖的衍生，法老通过它来控制他的羊群。

瓦斯（was）权杖是另一个重要的象征。"瓦斯"意为"权力"。权杖顶部是说一个动物的头（有些人认为它是一只公羊），下面为偶蹄。埃及南部的首都在古时被称为瓦斯特（Wast）。构成城市名称的象形文字是：。你可以看到瓦斯权杖。半圆是一块面包，表示这个名词是阴性的。圆圈中的线条描绘的是十字路口。只要你有一个十字路口，你就有了一个城市，所以象形文字告诉你，这座城市的名字叫瓦斯特。希腊人后来称这座城市为底比斯。到了更晚的时候，阿拉伯人入侵埃及，抬头看到了宏大的古代神庙，便叫它卢克索，也就是阿拉伯语"宫殿"的意思。

并非每把权杖都奢华精致。站在贵族的墓葬前，我们可以从壁刻上看到死者手持权杖骄傲地大步向前。这些通常只是简单的直柄手杖。即便是图坦卡蒙，手持的也是一根简单的手杖。

有些手杖与凉鞋有相似之处，它们是法老用来表明征服敌人的道具。图坦卡蒙的凉鞋鞋底有外国人的形象，这样他就可以将其踩在脚下。他还有五根把手呈外国人形象的手杖，这样他就可以用手掌将其压碎（图13.3）。外国人向后拱起，形成手杖的把手，这样就被牢牢地握在图坦卡蒙的手中。几乎可以肯定，这些是仪式性手杖。手杖的尖端是陶瓷制成的，上边印有图坦卡蒙的名字，法老应该不想在走路时把自己的名字磨成尘土。

图 13.3   图坦卡蒙的手杖确保他将永远把敌人握在手心（安德烈·维尔德梅杰提供图片）

就像凉鞋一样，我们也可以通过图坦卡蒙的权杖，就其健康状况得出一些结论。维尔德梅杰与伊卡姆指出，这些权杖几乎没有使用迹象，进而得出结论，"图坦卡蒙似乎并没有过多依靠这些墓中出土的手杖以寻求支撑。"[9] 有些手杖根本不足以支持一个人的重量。因此，陵墓大量出土的手杖并不支持以下理论，即图坦卡蒙之所以有这么多手杖，是因为他的畸形足。另一位学者艾米丽·史密斯–桑斯特（Emily Smith–Sangster）从艺术史的角度出发，也持类似观点。权杖是权威的象征，而不是残疾。她在一篇评论文章中指出，权贵经常以握着手杖，甚至倚靠手杖的形象示人，所以我们不能得出结论，描绘图坦卡蒙持有权杖就暗示他身体虚弱。[10]

第十四章

·

图坦卡蒙的石棺

图坦卡蒙陵墓中的日常生活物品让我们对这位少年法老是谁有了深入的了解。凉鞋、弓箭、战车，甚至一把羽扇都告诉我们，他喜欢狩猎，希望被视为一名勇士，而且可能没有跛行。专门为他的葬礼而准备的随葬品尤为不同。它们是在他死后由其他人筹备的，所以不会过于暴露他的好恶，但它们仍然可以传达出古埃及人的来世信仰观，以及从法老去世到下葬持续 70 天的丧葬仪式。

当然，陵墓出土了大量的随葬品——巫沙布提俑、卡诺皮克罐、缠于木乃伊裹尸布内的护身符、棺具和四座神龛。当专家检查这些仪式物品时，几乎总会发现新的信息，时而会有令人惊讶的发现。这正是在被忽视了 70 年之后，图坦卡蒙的石棺终于被详细检查时发生的事情。

这具石棺是卡特结束清理工作后还留在陵墓中的为数不多的文物之一。数百万游客参观了这座陵墓，但专家从未仔细近距离检查过石棺。图坦卡蒙研究专家玛丽安娜·伊顿 - 克劳斯细致缜密的研究带来了一些惊喜。几乎可以肯定，图坦卡蒙时代的所有法老都有保护木乃伊的石棺，但图坦卡蒙的石棺是唯一一具未发现有打开迹象的石棺，我们进而知道石棺内有三具嵌套棺具守护着木乃伊。图坦卡蒙的石棺四角刻有四位女神，以提供额外的保护。她们头上刻画的符号，告诉我们她们分别是伊西斯、奈芙蒂斯、奈斯和塞尔凯特。她们都长着翅膀，这是惊喜的开始。工匠在完成女神的雕刻后，又为她们添加了双翅，所以这是事后的想法。女神们是以我们所说的"高浮雕"的形式表现的——她们真的相当突出。翅膀则是浅浮雕（图 14.1）。此外，翅膀在解剖学上没有任何意义。它们没有固定在手臂上，只是在下面散开。

另一个惊喜是翅膀后面的象形文字。石棺的四面都是女神和其他神祇

图 14.1　石棺四角刻有四位女神保护着少年法老的木乃伊。翅膀是后来添加的，甚至没有连接到手臂上。注意底部的伊西斯结和节德柱尚未完成（格里菲斯研究所 p0646h）

为图坦卡蒙在下一世的幸福所做的祈祷。伊顿－克劳斯注意到，这些祈祷词是在添加翅膀之前，刻在石棺上的一套早期祈祷词之上的。石棺所经历的变化顺序如下。

首先，石棺完成时，雕刻的是四个没有翅膀的女性形象，并在石棺的四面雕刻祈祷词。之后，决定添加翅膀，由于翅膀要占用额外的面积，因此不得不删除原始的祈祷词。最后，在翅膀周围添加新的祈祷词。

伊顿－克劳斯并不是最先注意到这些改变的人。霍华德·卡特在复制部分铭文时，就注意到新经文下面有更早的象形文字的痕迹。为什么它们全变了？可能有几个原因。首先，石棺是阿玛纳时期之后制造的第一具石棺，当时阿顿是唯一被认可的神。如今，就像从前一样，可以把女神雕刻在石棺的四角来保护木乃伊。我们可以将其与阿赫那顿的石棺进行对比，后者也就是图坦卡蒙可能的父亲。阿玛纳的皇家陵墓曾出土过阿赫那顿石棺的残片。石棺的四角也有四个女性形象，但她们不可能是女神，因为他是一神论者。这些女性形象是他的妻子纳芙蒂蒂。因此，我们可以很容易地想到，图坦卡蒙突然离世，皇家雕刻师开始制作他的石棺。经过阿玛纳的训练，他们在石棺四角雕刻出女性形象。然后他们意识到她们应该是女神，可以添加翅膀，于是开始了大刀阔斧的改变，原始的祈祷词被削减，在女神身上添加翅膀，又添加上新的祈祷词。

这一切都顺理成章，也很有可能，但还有另一种可能性：石棺最初可能不是图坦卡蒙的。它可能属于他人，后来被图坦卡蒙挪用了。为什么非得如此？难道埃及国王不能拥有自己的石棺？问题在于时间。大多数法老需要花上数十年的时间来准备陵寝，开凿一个又一个墓室来存放他们的宝藏。图坦卡蒙在 19 岁左右夭折，没有时间为下一世做好准备。根据埃及的传统，尸体应该在死后约 70 天放入墓穴。这意味着图坦卡蒙的所有丧葬用具必须在两个多月内准备好：三具嵌套棺具、四座神龛、石棺、数百尊仆人俑、黄金面具、卡诺皮克罐等。

举国的工匠大师都被征召在一起拼命地工作，为他们的国王准备丧葬所需的一切。打造一具石棺需要多久？能在 70 天内完成吗？伊顿－克劳斯咨询了保罗·哈格多恩（Paul Hagedorn），后者是一位擅长处理硬质石材的石匠大师。图坦卡蒙的石棺是石英岩所制，虽比花岗岩软，但仍然属于硬质石材。哈格多恩估计，仅从采石场提取制作石棺的矩形岩块，就需要大约 840 个工时。4 个人同时采石，如果每天工作 8 个小时，需要 26 天才能将矩形石英岩块从天然石层中开采出来。然后还得将其凿空。由于空间狭窄，只能容许两人同时在上面工作，这将需要 240 个工时。所以，又要耗费 41 天。现在已经过去 67 天了，时间所剩无几。还需要把素面石棺从采石场运到帝王谷，这已超过 70 天的期限，更何况还没有开始雕刻装饰和文字。最后，哈格多恩估计，从开始到完成石棺需要耗时近一年。[1]

这一估算得到了古埃及记录的证实。哈特谢普苏特女王在卡纳克神庙竖立了四座大型花岗岩方尖碑，是在已经矗立着的方尖碑基座上，她自夸在七个月内开采出了一对方尖碑。[2] 较之在 70 天内完成图坦卡蒙的葬礼，这与哈格多恩对耗时一年制作石棺的估算更加相符。哪怕是在他人的石棺上重新雕刻，工匠们似乎也没有时间了。有若干迹象表明石棺尚未完工。在四位女神中，只有伊西斯和奈芙蒂斯的珠宝雕刻得很完整。奈斯只在一只手臂上雕刻了珠宝，而另一只手臂的珠宝只是彩绘。塞尔凯特所有的珠宝都是彩绘而成。工匠们没有时间了，他们用绘画而非雕刻来完成装饰。

慌乱之间完成图坦卡蒙葬礼的迹象之一是石棺盖。它与石棺不匹配，石棺是石英岩，盖子却是花岗岩。很明显，原来的棺盖出了问题，但没有时间去开采新的石英岩了。然而，有一块花岗岩可用，于是便用它雕刻了一个新的棺盖，再将花岗岩涂成石英岩的样子。但随后灾难降临了：新的花岗岩棺盖裂成了两半。石匠没有时间再重新雕刻了，只得将其修复。就这样，图坦卡蒙带着一个破裂、不匹配的棺盖下葬了。

石棺未完工的另一个迹象是，石棺底部有一对交错的伊西斯结和奥西里斯（节德）柱。这些是标准的陪葬符号，我们在石棺周围的外层神龛上看到过它们。虽然无法确定这个结代表什么——也许是伊西斯长袍的纽带，但我们却知道它的力量。根据《亡灵书》第156章，无论谁佩戴伊西斯结护身符，都将得到伊西斯和她的儿子荷鲁斯的庇护，并被迎往下一世。

> 你有你的鲜血，伊西斯；
> 你有你的魔法，伊西斯。
> 这枚护身符以魔法庇护疲惫之人……
> 伊西斯和奥西里斯之子荷鲁斯应成为他的魔法庇护。
> 见到他时深感欣喜。[3]

奥西里斯柱代表神的脊梁，是稳定的保证。因此，伊西斯结和奥西里斯柱都是为了帮助死者在下一世复活，用于石棺再适合不过。但如果我们仔细观察它们，就会发现石棺未完工的更多证据。石棺的一端显然已经完成，但另一端没有完成（见图14.1）。另一端雕刻得更加粗糙，而且没有抛光。这再次表明，离图坦卡蒙的葬礼时日无多了。但我们仍然需要回答这样一个问题：图坦卡蒙的石棺是从哪里来的，以及它本来属于谁。

我们知道石棺不是图坦卡蒙的父亲的。阿赫那顿的石棺在阿玛纳的皇家陵墓被发现时已经破碎。石棺原主人的最佳人选是图坦卡蒙神秘的同父异母兄弟斯蒙卡拉。在阿玛纳的所有皇室成员中，他是记录最少且争议最大的一位。他的名字出现在阿玛纳时期的小物件上，比如戒指，但从未见于纪念物。若干证据表明，他在阿赫那顿死后，图坦卡蒙登上皇位之前，统治了大约一年。然而，证据如此之少，以至于一些埃及学家怀疑斯蒙卡拉是否真的曾经存在过。阿玛纳皇家陵墓的发掘者杰弗里·马丁甚至表示，斯蒙卡拉实际上是改名后的纳芙蒂蒂，她在丈夫去世后接任成为埃及的统治者。马丁并不是唯一持有这一观点的人。[4]斯蒙卡拉的陵墓从未被发现，那么石棺究竟是从哪里来的呢？也许来自一个尚未被发现的墓葬？可能吧。

另一种可能性是石棺来自KV-55陵墓。你可能还记得帝王谷的发掘简史（见第一章），西奥多·戴维斯于 1907 年发现了这座陵墓，并认为自己发现了图坦卡蒙的祖母提耶王后的安息之地。这是因为陵墓里有一座损坏严重的神龛，上面刻有提耶的名字，而且戴维斯被告知王室棺具内的木乃伊是一位女性。但事实并非如此。几乎在所有记述中，这都是一具年轻男性的木乃伊。墓中还有为阿赫那顿雕刻的魔法砖，但那具木乃伊不可能是他的。作为一个统治了 17 年的国王，木乃伊太过年轻了，这有可能是斯蒙卡拉。重要的一点是，KV-55 陵墓中没有石棺，也没有石棺碎片，所以斯蒙卡拉的石棺不见了。很有可能它被征用了，为当时刚去世的图坦卡蒙重新雕刻。如果石棺确实属于斯蒙卡拉，那么它就不是图坦卡蒙墓中唯一的斯蒙卡拉的物品。卡特和图坦卡蒙研究专家尼古拉斯·里夫斯（Nicholas Reeves）都认为，至少有一个装有少年法老内脏的微型棺具原本是斯蒙卡拉所有的。因为在图坦卡蒙的王名圈下还有斯蒙卡拉的王名圈的痕迹。[5]

还有一点证据表明图坦卡蒙墓中的石棺最初并不是为他雕刻的。当卡特取出嵌在石棺内的三具棺木时，他在石棺底部发现了镀金的木屑。他对此作了详细的评论。

> 这些起初令人费解，但在进一步检查后才发现它们从何而来。石膏镀金表面的设计与第一具（最外层）棺木边缘的设计完全相同，碎片是被像锛子一样锋利的工具粗暴地从棺木上砍下的。很显然是因为棺木的一角……太高了，致使无法将石棺的盖子扣紧，于是负责封闭石棺的人将高出的一角砍掉了。这是工人们不够深思熟虑的证据。[6]

有人可能会想，石棺若是专门用来放置嵌套棺具的，就应该提前进行测量以避免出现此类问题。一个更有可能的解释是，石棺从来就没被打算用来安放图坦卡蒙的三具棺木。它是为别人而做的。尽管图坦卡蒙的陵墓中的宝藏蔚为壮观，我们都在谈论其中许多文物的工艺之精美。但很明显，为了在 70 天之内完成少年法老的葬礼，幕后必是一派疯狂的景象。

第十五章

---·---

纳芙蒂蒂也在？

我经常会问我的学生一些埃及学的小问题，他们则会直截了当地回答。谁是最长寿的法老？旧王国的佩皮二世（Pepi II），他活到90多岁。图坦卡蒙的陵墓里有多少人类木乃伊？三具，图坦卡蒙和两个胎儿。世界上最举足轻重的图坦卡蒙研究权威，抛出了一个引人注目的新理论，三具可能不是正确答案。如果尼古拉斯·里夫斯博士是对的，那么正确答案是四具，还有一具木乃伊是阿赫那顿的妻子，图坦卡蒙的继母纳芙蒂蒂。

里夫斯，一个高大英俊的英国人，是公认的研究图坦卡蒙的权威。他的整个职业生涯都在研究这位少年法老，写就的几部相关著作都堪称佳作。如果我们想查看图坦卡蒙的墓室规模，或者有多少仆人俑陪伴图坦卡蒙走向下一世，我们所有人都会用到他的《图坦卡蒙全集》（*The Complete Tutankhamun*）。里夫斯的《帝王谷全集》（*Complete Valley of the Kings*）是根据他在剑桥大学的博士学位论文改编而成的，该书与理查德·威尔金森（Richard Wilkinson）合著，是陵墓考古的权威著作。里夫斯还在海克利尔城堡住了很多年，帮助现任卡纳冯勋爵和夫人完成个人收藏品的编目统计。他的资历深厚，所以当他提出一个关于图坦卡蒙的新理论时，所有人都会倾听。最近，他提出了自图坦卡蒙的陵墓被发现百年来最激进的理论。

拯救图坦卡蒙之墓

这一切都始于人们试图保护图坦卡蒙陵墓的努力。很长一段时间以来，帝王谷陵墓的状况持续恶化是人所共知的。随着 20 世纪旅游业的巨大发展，陵墓也以惊人的速度恶化着。当游客涌入陵墓时，他们的呼吸和汗液会改变陵墓内的湿度和温度。这些改变会导致灰墙加剧膨胀和收缩，彩绘表面断裂甚至最终剥落。最直接的解决方案是向游客关闭陵墓，使陵墓处于低湿度的黑暗之中，就像过去几个世纪一样。但旅游业呢？人们希望能够建造出可与原始陵墓媲美的陵墓复制品。法国在拉斯科（Lascaux）的大型史前洞穴中进行了尝试，并取得了巨大成功。每年有超过 25 万人访问拉斯科，尽管他们无法观看洞穴墙壁上的原画，只能在附近的洞穴中看到精确的复制画作，但对参观体验仍感到满意。

2008 年，一家名为行为艺术（Factum Arte）的西班牙公司开始对图坦卡蒙陵墓的墙壁进行细致的高科技激光扫描，为制作复制陵墓做准备。扫描非常准确，不仅记录了壁画的颜色和图像，还绘制出了墙面的不规则性。其原理是通过激光扫描积累信息，将图像打印到橡胶薄膜上，再将橡胶薄膜装挂在石膏板或其他人造表面上，从而创造出陵墓的复制品。复制陵墓坐落在帝王谷入口处的霍华德·卡特的宅邸附近，当游客参观卡特的宅邸时，他们也可以看到复制陵墓。这个项目相当成功。参观复制陵墓的人非常满意，他们不必排队等候，可以比在真正的陵墓里离墙壁更近，在里面逗留的时间更长，还可以自由地拍照。当行为艺术公司向公众公布了陵墓的全部扫描数据时，引发了有关陵墓内木乃伊数量的争论。[1]

激进的新理论

通过这些细致的扫描，里夫斯在北墙上看到了绘有图坦卡蒙为通往下一世举行仪式的所有场景，壁画下方看上去有两条平行的垂直线，似乎表明墙后有一条墓道。2015 年，里夫斯发表了一篇论文，就其所看到的情况进行说明，他认为图坦卡蒙的陵墓最初是为纳芙蒂蒂所准备的，纳芙蒂蒂从未发现的陵墓就在北墙的后面。[2] 如果这是真的，那将是一个轰动性的发现，其价值也许与图坦卡蒙的宝藏不相上下。这一理论在世界各地成为新闻。《纽约时报》以《图坦卡蒙陵墓扫描揭秘惊世大墓》为题刊登了一篇报道。[3] 埃及的文物主管曼杜·埃尔达马蒂（Mamduh Eldamaty）表示，这可能是"世纪发现"。《泰晤士报》也刊登了一篇长篇报道，标题是《图坦卡蒙陵墓中的纳芙蒂蒂？》[4] 这是一个必须进一步研究的理论。

2015 年，日本雷达专家渡边博胜（Hirokatsu Watanabe）对图坦卡蒙的陵墓进行了探地雷达扫描（GPR），他在北墙进行了固定高度的水平扫描。他指出，扫描显示北墙后面是空的，而且还存在金属和有机材料。但不是所有看到这一数据的人都清楚这一点，而且他的研究报告也从未发表。

国家地理电视台的一个团队正在策划制作"墓壁之后的纳芙蒂蒂"的电视专题，于是他们决定自己扫描。他们使用了两台机器，分别从五个不同高度对几面墙进行扫描，得出的结论是扫描显示墙后没有任何东西。这就像阿尔·卡彭（Al Capone）的空金库①。电视台团队为埃及最高文物委员会撰写了一份正式报告，该报告也从未向公众发布。现在的分数是 1 比 1，一项研究表明墙后有东西，另一项表示反对。这个想法令人兴奋不已，许多人都希望并相信纳芙蒂蒂可能就在北墙之后，以至于埃及最高文物委员会允许都灵大学的一个团队在 2018 年进行第三次也是决定性的扫描。都灵大学的扫描是迄今为止最广泛的地质雷达研究。他们使用了三个设置为不同频率的探地雷达系统，每个系统由不同的独立团队负责。这三个小组各自独立地处理数据并得出结论。最后，他们得出了相同的结论：图坦卡蒙

---

① 阿尔·卡彭是 20 世纪初美国著名的黑帮头目，他在美国禁酒时期通过非法贩卖酒精等非法手段积累了巨额财富。1986 年，有人号称找到了卡彭藏匿财富的金库，记者用两个小时的时间在百万观众观看的电视直播镜头前打开了金库，结果一无所获。——编者注

的陵墓里没有隐藏的墓室。都灵大学的研究报告是唯一一份发表在同行评议期刊上的报告。[5] 现在，反对纳芙蒂蒂在北墙后面的主张以二比一领先，如果我们将都灵大学的研究视为三项独立的研究，则是四比一。埃及最高文物委员会发表声明称，都灵大学的调查"非常有信心地表明，里夫斯关于图坦卡蒙墓附近存在隐藏墓室的理论，没有得到地质雷达数据的支持"。

里夫斯仍然坚信他的理论，他在 2019 年发表了第二篇论文，认为纳芙蒂蒂就在墙后。[6] 他在这篇论文中提出了两个论点。其一旨在反驳地球物理勘探 ① 的负面结果。这是在论文中以附录形式出现的，将剑桥大学岩土工程专家乔治·巴拉德（George Ballard）的研究成果作为支撑。巴拉德没有作任何进一步的测试，而是回顾了之前调查的所有数据。该专家的结论是，固然之前的研究没有证实里夫斯的理论，但未来应就一些疑点进行调查。这里的问题是，如果墙后真有墓室，那么之前的调查应该已经发现了。

里夫斯在 2019 年的论文中提出的另一个论点，也是新的证据，来自他对北墙壁画的详细分析。他做了一些非常有趣的观察，还有一些其他人都错过的发现。其中一个观察涉及古埃及艺术家是如何完成墓室彩绘的。

也许古埃及艺术的最非凡之处在于，在埃及 3000 年的辉煌岁月中，它几乎没有变化。对于博物馆的普通游客来说，雕像是雕刻于公元前 2500 年、公元前 1500 年，还是公元前 500 年并不重要。这一切看起来都像"古埃及艺术"。其他文明的艺术与之相比，中世纪和文艺复兴时期的艺术风格迥异。那么印象派和现代艺术之间的区别呢？我们谈论的只是一个世纪的区别。为什么埃及艺术保持不变，而其他的都变了？这里有一个答案。

在大多数情况下，当谈到艺术时，埃及并不奖励创造力。如果东西没

---

① 地球物理勘探简称物探，是运用物理学手段寻找地下物质的异常现象，进而通过对异常现象的研究寻找矿藏、水源、古代遗迹等的探测方法，地球物理勘探方法常与地球化学勘探方法结合使用。——编者注

有坏，就不要修。如果一座神庙需要一尊新神像，就会把旧的拿出来进行复制。这是永恒的艺术、不变的艺术。即使在陵墓绘画中，也有一种标准化的艺术。在开始任何壁画彩绘之前，工匠会先在墙壁上布好网格。有时用涂有红色粉末的绳子，有时用细黑线将网格画在墙上。网格能帮助艺术家进行比例构图。如果头部是三个正方形，那么肩部就是五个正方形，肩部和腰部之间的距离是四个半正方形。埃及人将艺术简化为公式般的数字绘画，这就是为什么一切看起来都一样。图坦卡蒙陵墓内的墙壁也无例外，都有着相同的网格结构。

埃及的网格通常有 18 个方格高。然而，在里夫斯提出这一理论的几年前，研究埃及人比例的专家盖伊·罗宾斯博士（Gay Robins）就注意到，墓室的其他三面墙是传统的 18 格，但绘有有趣场景的北墙却使用了 20 格。为什么？这一切都与图坦卡蒙的异教徒父亲阿赫那顿有关，他改变了宗教和其他的一切，甚至改变了艺术。在阿赫那顿统治期间，他的艺术家使用20 格作画。那为什么三面墙采用 18 格，而北墙采用 20 格呢？罗宾斯的回答是，这些墙是由不同的艺术家团队同时绘制的。当一个团队在西墙工作时，另一个团队正在北墙工作。负责北墙的团队由阿赫那顿时代的老顽固们组成，使用的是他们所熟悉的 20 格。里夫斯不同意这一观点，他在这里给出了证明纳芙蒂蒂在墙后的一点儿艺术上的证据。

里夫斯认为，北墙的 20 格表明，壁画是在回归 18 格之前所绘。在里夫斯的剧情中，返回底比斯后不久，纳芙蒂蒂被埋葬在了帝王谷。来自阿玛纳的艺术家们使用了他们惯用的 20 格。因此，北墙是为纳芙蒂蒂的葬礼所绘制的。在图坦卡蒙意外去世后，艺术家们重新绘制北墙和其他三面墙以用于葬礼。由于北墙最初的彩绘已有些时日，18 格重新受到了青睐，于是其他三面墙都是按照新的比例完成的。

网格并不是北墙和其他三面墙之间的唯一区别。在有关墙后是纳芙蒂蒂的所有讨论开始之前，盖蒂保护研究所（Getty Conservation）对陵墓进行了研究，以记录墙壁的保存状况。他们注意到，只有北墙的壁画绘于"通体灰色预备层"之上，而其他三面墙都没有。此外，北墙的绘画在绘制人物形象之前，还在其周围铺设了黄色底，这一特征也未见于其他三面墙壁。因此，罗宾斯和盖蒂研究所的工作人员都认为，北墙与东墙、西墙和南墙使用了不同的绘画技术。为什么会有差异？里夫斯的回答是，它们是在完全不同的时代完成的。

里夫斯对北墙画作的分析令人着迷。他的一些结论见仁见智，但有一些是不可否认的。对北墙的传统解释是，从右到左有三个不同的场景与图坦卡蒙有关。第一个也许是最重要的。我们可以看到两个人物，已亡故的图坦卡蒙，作为下一世之神身着奥西里斯的斗篷（见彩图 19）。在他的右边，是他的继任者艾伊法老正在举行开国大典。艾伊身着大祭司的豹皮，用一件礼器触碰图坦卡蒙的嘴唇，保证已故法老将在下一世拥有呼吸和生命。我们可以确定每个人的身份，因为他们的名字都写在头顶的王名圈内。过去的 100 年里，所有人都这样解释这一场景。事实上，里夫斯在其新理论诞生 25 年前所作的《图坦卡蒙全集》中也是这样阐释的。[7] 但现在，新理论断言，该场景是艾伊为即将下葬的纳芙蒂蒂，而非图坦卡蒙举行开口仪式。为了进一步论证这一结论，里夫斯指出，作为奥西里斯的图坦卡蒙所表现出的特征更接近于纳芙蒂蒂。例如，嘴角明显的褶皱是纳芙蒂蒂晚年的典型特征。此外，里夫斯还观察到画中人物的体型更接近于女性。至于艾伊，他指出疑似艾伊的人物体型为年轻男性，而在图坦卡蒙去世时艾伊已经年迈了。因此，从艺术史的角度来看，里夫斯认为图坦卡蒙的开口仪式显然最初是为纳芙蒂蒂的仪式而作的。

但能表明艾伊和图坦卡蒙身份的王名圈呢？这不是艺术解读的问题。而是我们能够达成共识之处。里夫斯指出，如果仔细观察带有艾伊之名的王名圈，就可以辨认出象形文字有涂改的微弱痕迹（见彩图 20）。这一点毫无疑问。就在左上角第一个象形文字的下面，是一个痕迹虽然模糊但能确定的"芦苇叶"状的象形文字。这个象形文字代表 i 或 a，是图坦卡蒙名字的第一个字母。也许有人会认为图坦卡蒙的名字既不是以 i 开头，也不是以 a 开头的。我们说的不是在你说的时候，而是在你写的时候。回想一下第一章，"阿蒙"是先书写的部分，因为它是神的名字，神必须放在首位。里夫斯将这片芦苇叶解释为，图坦卡蒙的名字最初出现王名圈里，后来被涂改为艾伊的名字。但还有另一种解释。艾伊的名字下面并没有发现图坦卡蒙名字中的其他字母。此外，艾伊的名字中也有三片芦苇叶。也许更有可能的情况是，艺术家在写下一片芦苇叶时发现自己犯了错误，便在这个字母上进行涂改订正。

此刻比分 5 ∶ 1

迄今为止，我们尚不清楚纳芙蒂蒂是否被埋在图坦卡蒙陵墓的北墙之后。五分之四的地球物理勘探没有发现隐藏墓葬的证据。艺术角度的分析尚远不能确定。北墙彩绘技术（网格和打底）的独特性发现，并不能证明这些墙壁是不同时期所绘的。虽然里夫斯的风格论极富吸引力，但却具有一定的主观性。并非所有人都能看到里夫斯所看到的。但仍有一个论点需要考虑，我认为在某些方面，这也是最有趣的。那就是北墙上的第三个场景也就是最后一个场景。

墙上的最后一个场景表现出了三个人物，其中两个是图坦卡蒙（见彩图21）。最左边是被包裹成木乃伊的冥王奥西里斯，欢迎图坦卡蒙来到下一世。图坦卡蒙身后是他的灵魂或精神替身"卡"（ka），他们将在下一世结合，并与奥西里斯融为一体。里夫斯在这一场景中所注意到的确实非同寻常。如果我们看看在陵墓发现后不久拍摄的卡的早期照片，就可以看到他穿着短褶裙。数一数，上面共有 24 条褶皱，它们以 24 条斜纹表示。有意思的是，芝加哥大学东方研究所在 1936 年前后拍摄的一张照片里也显示出了短褶裙。里夫斯注意到，短裙变成了 27 条褶皱，而且一直保持到今天（图 15.1）。发生了什么？在陵墓被发现之后、1936 年之前的某个时候，有人重绘了短褶

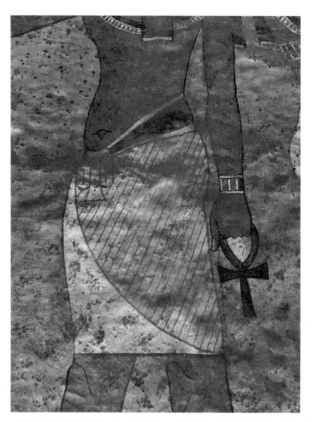

图 15.1   图坦卡蒙短褶裙的细节，如今有 27 条褶皱（照片由帕特·雷姆勒拍摄）

裙。是谁以及为什么？是谁这个问题很好回答，我们几乎可以肯定就是霍华德·卡特。只有他有机会进入陵墓，而且他还是一位技艺高超的艺术家，还记得吗，他就是通过复制陵墓壁画开启了埃及学职业生涯的。而且，他非常熟悉埃及古代艺术家的技术，知道他们使用的颜色，甚至是他们的笔触。但卡特更进一步，他不仅重绘了短裙，甚至还画上了假的霉斑。

当陵墓第一次被打开时，人们立即注意到墓室墙壁上有霉斑，这些霉斑自古以来就存在了。少年法老被匆忙下葬，彩绘墙壁还没有来得及彻底干燥，在陵墓被密封后，墙壁上开始长出霉菌。待陵墓完全干燥后，霉斑就一直留在了墙上，直至陵墓被发现。当卡特重绘短褶裙时，他用棕色颜料伪装成霉斑，希望能与其他画作融为一体。显然，他没有参照早期的照片，否则他会看到原来的短褶裙上几乎没有任何霉斑。卡特的版本比原版有更多的霉斑。那么，卡特为什么要重绘短褶裙，甚至加上霉斑来掩盖痕迹呢？里夫斯对这个问题的回答是，卡特和里夫斯一样，想知道陵墓是否穿过北墙继续往后延续，他进行了一些探索并破坏了北墙。可惜卡特什么也没发现，之后他便重新绘画以掩盖自己的痕迹。这是可能的，但关于卡特重绘的原因还有一个更简单的解释，而且与寻找隐藏的墓葬无关。

陵墓发掘最困难的部分是清理墓室，因为巨大的嵌套神龛几乎完全填满了墓室。从陵墓里拆除神龛是一项非常困难的工作，卡特记录道：“我们撞到了头，手指被夹，不得不像黄鼠狼一样挤进挤出，以各种尴尬的姿势工作。”[8] 在拆除神龛的过程中，墓室的墙壁被刮花，损坏了彩绘表面。盖蒂保护研究所注意到了壁画的损坏，卡特为恢复原貌所做的复绘也是如此。短褶裙的复绘并不是为了掩盖对隐藏墓葬的秘密搜索。卡特没有想过纳芙蒂蒂在北墙后面，他只是在修补对墙壁造成的损坏。

然而，仍然有许多人不相信。一些人建议在墙上没有壁画的地方钻一个小孔，看看墙后面是否有空隙。最高文物委员会前秘书长扎西·哈瓦斯认为，振动可能会破坏壁画。解决方案是再做一次探地雷达扫描。2020 年，大地视觉（Terravision）团队主导了另一项研究，这次是将雷达从陵墓上方向下探测。这一发现从未发表，但《自然》杂志将其作为新闻进行了报道。文章称：“一项新的调查显示，图坦卡蒙墓室之外还有一个前所未知的空间。”[9] 最大的问题是，墓室之外的多远？帝王谷地表下的天然空隙也算吗？在这项研究的最新分析中，专攻探地雷达的埃及古生物学家大卫·莱特博迪（David Lightbody）提出了一个重要观点。[10] 从《自然》杂志文章提供的图表来看，探地雷达不可能从上面探测到隐藏的墓室。图坦卡蒙陵墓的墓室地板距帝王谷地表约 8 米，而探地雷达通过石灰岩可探测的极限约 5 米。因此，如果大地视觉团队确实发现了空洞，它也不可能在北墙之后，而必定是离地表更近。因此，又有一项研究表明空洞并不存在。现在有关墙后的纳芙蒂蒂墓室之争，比分是 5 比 1。

那么，北墙之后的纳芙蒂蒂猜想给我们留下了什么呢？就埃及最高文物委员会而言，这个问题已经解决了。最近的三次地球物理勘探都未能探测到墓葬，这一事实对他们来说很有说服力。不会有钻孔，也不会有更多的地质雷达研究，纳芙蒂蒂根本不在那里。对里夫斯来说，北墙被重绘的事实，再加上暗示纳芙蒂蒂在北墙的风格上的细节，足以让他坚信进一步调查的必要性。假如里夫斯的理论是正确的，那真是太棒了。想象一下，发掘另一座装满皇家宝藏的陵墓该是多么有趣。这座新陵墓将解答阿玛纳时期的终结，以及图坦卡蒙在其间发挥了怎样的作用。但看起来，纳芙蒂蒂并不在北墙后面。就目前而言，关于图坦卡蒙的陵墓中有多少人类木乃伊这个小问题，正确答案仍是三具。

第十六章

———— • ————

图坦卡蒙与太空来客

陨铁宝刃

图坦卡蒙的珍宝被转移到新的大埃及博物馆后，有一个研究项目专攻图坦卡蒙那把著名的匕首。事实上，陵墓出土了两把赫赫有名的匕首，它们都发现于木乃伊的裹尸布中，所以一定有其特别之处。两把匕首做工非凡，且都配有装饰精美的金鞘。其中一把显然是用于仪式的，它的刀刃是纯金所制。这虽是一件美丽的物件，却并不实用。第二把匕首激起了人们的兴趣。匕首的柄首为精美的岩石水晶，但更加特别的是刀刃——是铁。这引出了一个有趣的问题。铁是从哪里来的？图坦卡蒙时代的埃及人没有铁。他们没有开采铁矿。

铁比黄金、铜或青铜更难加工。需要更高的温度熔化矿石，才能形成所谓的"坯"。然后将其加热和捶打以提取纯金属，再将其捶击成形，形成熟铁。将熟铁置于炭床上加热，再浸入水或油中淬炼，使其硬化。大约在图坦卡蒙时代，赫梯人掌握了冶铁术，但却对此守口如瓶。

因此，当发现图坦卡蒙的随葬品里有一把铁匕首时，人们意识到这非同小可。艺术家威妮弗雷德·布伦顿（Winifred Brunton）创作埃及国王系列肖像时，绘制了一幅手持匕首的图坦卡蒙（见彩图 22）。[1] 但铁从何而来？卡特等人认为，这应该是来自赫梯人那里的，虽然不知出于何种原因。有些人认为，匕首可能是陨铁所制，尽管尚未发表任何科学检测。[2] 最近，X 射线荧光光谱法（XRF）使铁质文物的无损检测成为可能。XRF 的原理，是以 X 射线冲击被测物体，从而激活器物表面并使金属发出荧光。金属释放出的原子就是金属的指纹。XRF 的伟大之处在于，它能够提供几乎完整的金属轮廓，包括那些相对少量存在的元素。陨石由于镍含量较高，其指纹与地球上形成的任何岩石都不同。

应用 XRF 检测铁匕首的刀刃，显示金属的镍含量约为 11%，几乎可以肯定铁是来自外星。[3] 图坦卡蒙时代的埃及人知道铁来自外太空吗？答案是肯定的。早在图坦卡蒙时代之前，"bia" 一词的意思是 "铜"，但它也可以用来表示 "金属"。埃及语中的 "铁" 叫作 "bia–m–pet"，字面意思是 "来自天空的铜" 或 "来自天空中的金属"，但专门用来指铁。[4] 他们很可能看到一场流星雨在地面上沉积了含有铁的小陨石，或是看到一颗大陨石进入地球大气层并在沙漠中坠毁。事实上，古埃及人认为天空是一张巨大的铁桌，上面挂满了星星。

最近，一种新的研究工具为铁匕首之谜提供了另一块拼图。近年来，世界各地的考古学家都在使用互联网线上地图功能来定位未来发掘的潜在地点。2010 年，一组意大利地球科学家运用这项技术，在埃及沙漠的东南角发现了一个直径 45 米的撞击坑。通过卫星照片，科学家发现现场看起来仍处在原始状态，没有轮胎痕迹或任何其他受到干扰的迹象。这是终生难觅的发现，他们迅速作出反应，组建了一支由七名研究人员构成的探险队前往现场。当他们到达时，很高兴地发现现场没有受到任何扰动。科学家们不仅可以调查陨石坑，绘制陨石坑周围的碎片分布图，还带回 1000 多千克的样本。他们将该遗址命名为吉贝尔·卡米尔（Gebel Kamil），以最近的突出地理特征———一座小山命名。[5]

根据意大利科学家们的调查，研究小组能够确定，撞击发生在不到5000 年前，完全在有记录的埃及历史范围内，因此，这可能就是导致埃及人将铁称为"来自天空的金属"的事件。然而，这里并不是图坦卡蒙的匕首的陨铁来源，因为这里的陨石中的镍含量（20%）太高了。所以我们仍然不知道制作匕首的铁陨石是从哪里来的。有一种渺茫的可能性：图坦卡蒙的匕首刀刃的镍含量与 2000 年在哈尔加绿洲（Kharga Oasis）发现的一颗小型陨石中的镍含量相似，因此该地区可能是来源。[6] 然而，在埃及以外还有另一种可能性。

19 世纪末，在沙漠深处的阿赫那顿的圣城阿玛纳发现了一批与外国的往来信件。这座城市的外事部门收到了来自遥远国家的信件，它们写在像岩石一样坚硬的泥板之上。泥板的宽度从 6 厘米到 9 厘米不等，长度从 6厘米到 23 厘米不等，上面布满与象形文字截然不同的小楔形文字。它们是用当时通用的阿卡德语（Akkadian）书写的。许多信件是其他国家的国王寄给埃及的。米坦尼（Mitanni）国王图什拉塔（Tushratta）在寄来的一封信中，商讨了他的一个女儿与图坦卡蒙的祖父阿蒙霍特普三世的联姻。图什拉塔陪送的嫁妆中有一把钢刃匕首，"钢"在赫梯语中为"habalkinu"。[7]这很容易让人想到，图坦卡蒙的铁匕首可能就是这把匕首，来自其祖父的传家宝。[8]

图坦卡蒙身上还有另外两件陨石物件，它们都是魔法物品。其中一个是荷鲁斯之眼护身符。荷鲁斯之眼是对隼鹰眼部斑纹的风格化渲染。从某种意义上说，图坦卡蒙的荷鲁斯之眼护身符是其神龛上伊西斯和奥西里斯的故事的完结。伊西斯和奥西里斯的神话以奥西里斯－图坦卡蒙的复活为结尾。虽然这看起来是一个完美的结局，但故事还有更多精彩之处。当伊西斯幻化为鸟，盘旋在奥西里斯的上空时，她怀上了他们的儿子荷鲁斯。荷鲁斯长大后，为报父亲之死的仇，与邪恶的叔叔赛特作战。当然，他最终取得了胜利。但在斗争中，荷鲁斯的眼睛撕裂成了碎片。书写之神托特（Toth）借助魔法重新组合了这些碎片。荷鲁斯之眼的每一个元素对埃及人

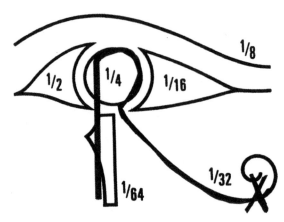

图 16.1　荷鲁斯之眼的各部分成为埃及分数的象形文字。在中世纪，它们成为药剂师的 Rx 标志的来源

来说都是一个分数（图 16.1）：$^1/_2$，$\triangleleft$ $^1/_4$，等等。总数为 $^{63}/_{64}$，而那缺失的 $^1/_{64}$ 就是托特所耗的魔法。这个护身符被称为"乌加特"（udjat），或"完整之眼"，因为托斯使眼睛重归完整。荷鲁斯之眼护身符可能是古埃及所有护身符中最常见的，人们佩戴它以确保身体健康。在中世纪晚期，早期到访埃及的欧洲旅行者将荷鲁斯之眼的符号带回欧洲，它也随之进入了西方的文化。埃及学界的主流理论是，药剂师的标志Rx[1]，是古代荷鲁斯之眼三部分比例的变体，即 $^1/_4$，$^1/_{32}$ 和 $^1/_{64}$。

图坦卡蒙身上的另一个陨石护身符，是发现于法老颈后的金色面具内的一个微型头枕。这一护身符曾破损并经过修复，表明这种材料的稀有性得到了认可。护身符旨在帮助死者在下一世抬起头来。《亡灵书》中甚至有一个咒语解释了它的功能：

> 快起来吧！痛苦已不再。愿他们在地平线上唤醒你的头。站起来，你已战胜你的敌人……你的头永远不会被夺走……谁也不能再将你的头夺走。[9]

---

① Rx，即处方 prescription 的缩写。——译者注

因此，埋葬图坦卡蒙的祭司们选择了三件陨石随葬品放在亡故的国王的尸体上。这些物件已完成了天际穿越，图坦卡蒙却还没有完成他的。

最令人困惑的物品

我们可以理解为什么图坦卡蒙想要匕首、头枕护身符和荷鲁斯之眼与之长眠地下。但陵墓中还有一组铁制品，是一套16把凿子。对卡特来说，这些是墓中最令人困惑的物品（图16.2）。它们是在宝库内的一个素面木箱中发现的。木箱已经被盗墓者洗劫一空，因此不能确定这套工具是否最初就在箱中。最大的问题是，它们为什么会在陵墓里？几乎所有的随葬品都有意义，要么是因为图坦卡蒙想在下一世加以使用（如匕首），要么是为了帮助他复活（如头枕护身符）。那么凿子呢？少年法老是一个业余工匠，想带上自己的工具吗？我不这么认为。这套工具并不精美。卡特称它们是"粗劣的"，而他是对的。法老不会在下一世使用它们。G. A. 温赖特（G. A. Wainwright）在20世纪30年代提出的观点认为，这是葬礼当时留下的仪式用具。他相信这些工具曾用于仪式。[10]温赖特首先对陨铁在各个时代和世界各地的使用情况进行了引人入胜的调查。他生动地描述了加拿大、格陵兰岛和西伯利亚的因纽特人，如何跋涉100多千米前往一颗大陨石处朝圣，再将其敲碎用于制作工具。这充分展示了陨石的特殊性。

温赖特在调查后表示，这些凿子是用于开口仪式的，就像图坦卡蒙陵墓的壁画中所绘的那样。这是在葬礼当日对死者的木乃伊所进行的仪式。正如上一章所概述的，其目的是给予下一世的法老呼吸和说话的力量。祭司或死者的儿子用仪式工具触碰木乃伊的嘴说：

> 你的嘴紧闭，但我已使你的唇齿恢复。我为你打开你的嘴，
> 我为你打开你的双目。
> 我用阿努比斯的器具为你打开你的嘴，用铁器具为你打开诸

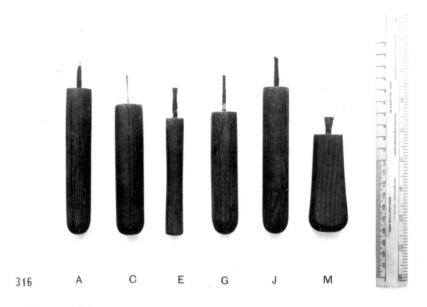

图 16.2　陵墓出土的铁凿功能不明，其制作较为粗糙（格里菲斯研究所 p1052）

神的嘴。荷鲁斯打开嘴吧！荷鲁斯打开嘴吧！荷鲁斯已打开死者
的嘴，就像他在古时打开奥西里斯的嘴那般，就用从赛特那里得
来的铁，就用他打开诸神之口的铁器具。[11]

可想而知，为什么温赖特会认为这些凿子是用于开口仪式的。凿子适
合用来打开物品，而且咒语明确要求使用铁工具。更妙的是，咒语表明它
就是陨铁。咒语说，铁"从赛特那里得来"，也就是奥西里斯的邪恶兄弟，
他在被荷鲁斯击败后，并没有被杀死。最终，赛特经众神审判，以"专司
打雷"的名义将其放逐到天界。"来自天上的铁"所指即陨铁，因此，温赖
特有充分的理由认为这些凿子是用于开口仪式的。但我对此持保留意见。
卡特也不赞同温赖特的观点，他说：

　　此类物品似乎不在法老丧葬的仪式用具之列，而且很难想
象，这么大的箱子里只装这些小器具。它们不够结实，甚至有些
劣质，这表明它们只是模型，而非实际的使用工具。[12]

卡特否定了温赖特的观点，因为这些凿子过于粗糙，与法老的身份实难匹配。卡特是对的，但否认它们用于开口仪式还有其他原因。首先，共有 16 把凿子，但只有两种工具是用于仪式的。其次，我们知道仪式工具的大致样子，它们并不是凿子。再次，我们可以看到图坦卡蒙开口仪式的用具，它们就画在陵墓的墙上（见彩图 19）。左边的图坦卡蒙以西方之主奥西里斯的木乃伊形象笔直地站立着。人物头顶的象形文字清楚地表明，这个人是上埃及和下埃及的国王图坦卡蒙，而不是奥西里斯。右边穿着豹皮之人，表明他是大祭司。他还戴着法老的王冠。图坦卡蒙的继任者正在执行仪式。在他的头顶上，我们看到了他的名字，艾伊。艾伊正朝着图坦卡蒙的嘴举起开口仪式用具，这将使图坦卡蒙在下一世拥有呼吸和言语。这就是传统开口仪式的用具的样子，它形似扁斧。在他们之间的桌子上，放着用于仪式的第二把扁斧。它看起来一点也不像凿子，而且众所周知，从来没有人在仪式上使用过像凿子这样的东西。

卡特被这些工具迷住了。在他的三卷本发掘报告的最后一卷，他用了四页的篇幅反复推敲，但始终没有得出可靠的结论。因此，我们仍然面临着一个尚未解答的问题——它们为什么会在陵墓里。这些是墓中唯一有生锈迹象的铁制品，这使人很难断定它们为陨铁所制。然而，最近对其做的一项次声阵列测试表明，其中的镍含量在 6% 至 13% 之间，高到足以表明其来自陨石。[13] 目前可知的是，这是这些工具唯一的特别之处，也许正因如此，它们成为图坦卡蒙的随葬品。

虽然埃及东部和西部的沙漠富含铁矿石矿床，但埃及人对这种金属的使用很滞后。我认为这是因为埃及人过于保守，他们就是不喜欢改变。2000 年来，埃及一直是该地区的霸主，法老的军队几乎所向披靡，那又何必去改变呢？艺术也是如此。他们只是不想改变。埃及人从其他文明中获得技术进步的速度迟缓。他们从未完全接受车轮，主要只是将其应用于战车。他们也不用驮畜来搬运重物。他们就是不喜欢新鲜事物。直到公元前500 年前后，铁的生产在埃及才趋于普遍，而在近东的其他地区，铁早已成为首选的金属了。

独一无二的沙漠玻璃

图坦卡蒙的陵墓里还有一件与外星有联系的物品，但它不是以陨铁制成的。图坦卡蒙最精致的一件珠宝是在他的木乃伊身上发现的——一件装饰繁复的胸饰。它将埃及图像的诸多元素集于一身，以保护下一世的年轻法老。荷鲁斯之眼、七条头顶太阳圆盘的守护眼镜蛇，等等，但被环绕在正中间的主角，是一只长着翅膀的圣甲虫。圣甲虫是永续的象征，前文中我讲到过，古埃及单词"kheper"既有"存在"之意，也有"甲虫"之意。所以圣甲虫胸饰当然适用于木乃伊。

圣甲虫的身体由黄绿色玻璃制成，双翅和腿是嵌以半宝石和陶瓷的黄金制成。长着翅膀的圣甲虫的爪子上刻有"舍恩"（shen）的标志，象征着永恒。构成圣甲虫身体的石头在古埃及是独一无二的，尚未见于其他地方。卡特称其为玉髓，但他错了。这是一种非常特别的玻璃，沙漠玻璃。

一位知名探险家很早就提到了这种玻璃。1933 年 12 月 29 日，P. A. 克莱顿（P. A. Clayton）深入埃及大沙海探险，以便为埃及地质调查局绘制地图，他在那里发现了数百块这种神秘的玻璃，面积达十几平方千米。[14] 黑曜石等天然玻璃大多数是火山玻璃，含有约 75% 的二氧化硅，但该地区没有火山。几天后，克莱顿带着大英博物馆的矿物保管员 L. J. 斯宾塞（L. J. Spencer）返回。经检测，沙漠玻璃中的 98% 是纯二氧化硅，这绝对不是火山玻璃，斯宾塞提出了或与外星联系的观点。玻璃可能是在一颗炽热的流星撞击沙子时形成的，瞬间的高温将二氧化硅熔化成了大块的沙漠玻璃。[15] 斯宾塞的理论至少存在一定的可能性，其解释了非火山玻璃是如何在沙漠中形成的。但问题是没有撞击坑。最近，研究人员借助探地雷达进行卫星勘测来寻找陨石坑，但没有任何发现。大多数研究过这种被称为利比亚沙漠玻璃（LDG）的地质学家认为，这种玻璃不是陨石撞击形成的。那么，图坦卡蒙胸饰上的那块玻璃是怎样形成的呢？答案可能会在两个截然不同的地点找到，一个在美国，另一个在西伯利亚。首先是西伯利亚。

1908 年 6 月 30 日上午，西伯利亚偏远的通古斯地区（Tunguska）发生了爆炸，并被数千千米外的地震仪检测到了。由于该地区地处偏远，多年来地质学家一直认为这只是一场地震，但科学家们最终收到的报告称，伴随巨震而来的是极其强烈的热量，以至于 65 千米外的一个村庄的人都被烧伤了，并且有人看见一道亮光划破清晨的天空。科学界的观点是，一颗大型流星袭击了通古斯，这当然是值得调查的事件。但由于地处偏远，且因当时苏联政府财政资金有限，直到 1927 年，一支科学考察队在西伯利亚荒野跋涉了几天后，才抵达通古斯遗址。他们对所见景象震惊不已。

在视野所及的范围，乃至几千米之外，树木被烧成焦炭并被强风吹倒——后来估计有 8000 万棵树被焚毁。他们所发现的与陨石撞击的结果相一致，但没有发现撞击坑，也没有发现陨石的残骸。随着食品的耗尽，科学家们被迫徒步返回文明世界。调查负责人列昂尼德·库利克（Leonid Kulik）确信这里就是流星的撞击点，其后，他组织了几支装备精良的探险队，返回寻找陨石坑和陨石。与那些调查沙漠玻璃的人一样，他们也一无所获。[16]

如今，通过计算机建模，人们普遍认为那一次事件地球没有受到直接的碰撞。而是一颗小行星在地球上方约 8 千米处爆炸了，向下喷射的火焰和冲击波波及范围逾 2000 平方千米，通古斯处于极端高温中，林木四向倒伏，化为焦炭。[17]假如大沙海上空发生了类似事件，是否足以将沙子熔化并形成沙漠玻璃？关于这个问题的答案，我们可以去第二处地点寻找，新墨西哥州的阿拉莫戈多（Alamogordo），1945 年第一颗原子弹的试爆就是在那里进行的。

第一次试验后，科学家们在地上发现了爆炸产生的绿色玻璃。他们以试爆场地的代号"三位一体"（Trinity），将其命名为托立尼提物质（trinitite）。原子弹的热量将新墨西哥州的沙子熔化，形成了人造沙漠玻璃。如果我们把通古斯和三位一体的情况结合起来，似乎在埃及沙漠中发生了类似通古斯的大爆炸，从而创造了沙漠玻璃。人们普遍认为，在埃及沙漠上空爆炸的小行星的威力远大于原子弹，并且极易产生形成利比亚沙漠玻璃所需的 1800 摄氏度的高温。最近一次对埃及西南部沙漠的考察，部分解答了利比亚沙漠玻璃与外太空之间的联系。

根据利比亚沙漠玻璃中的一些放射性微量元素，可以计算出玻璃是在约 2800 万年前形成。所以我们知道了图坦卡蒙胸饰上的圣甲虫的玻璃是如何以及何时制造的。但还有一个未解之谜，它是如何落入埃及工匠的手中，并被雕刻成甲虫状的胸饰的呢？图坦卡蒙时代没有驼队（事实上，当时的埃及没有骆驼），几乎不可能到达如此偏远之地。据我们所知，它在整个古埃及都是独一无二的。即使在今天，驾驶四轮驱动车辆到达利比亚沙漠玻璃所在的地点也需要几天时间。但不知何故，一块沙漠玻璃进入了法老的工匠的作坊，最终进入了法老的陵墓。

第十七章

犯罪现场调查之底比斯：失踪胸饰谜案

并非所有的图坦卡蒙研究都要用到高新科技，或者将文物拿在手里仔细观察。有时档案和拍卖目录也能产生令人瞩目的结果。法国学者、图坦卡蒙研究专家马克·加博尔德长期以来一直想知道，从图坦卡蒙木乃伊身上被盗走的胸饰究竟发生了什么。2015 年，他在伦敦佳士得拍卖会上发现了一条项链（见彩图 23）。[1] 这条项链由 20 对泪滴状金珠穿成，中间点缀着金色亮片。这对加博尔德来说既熟悉又不太对劲。"不太对劲"的地方很好理解。埃及人从不将泪滴状的珠子成对穿缀，因为这样不太好看。加博尔德认为，这些珠子很古老，却是在现代被重新穿缀的。这是一种常见的做法。古董商经常会有一些古代珠宝上的珠子，这些珠宝可能穿线已断，只剩下一堆珠子和护身符，古董商便会把它们重新穿缀以便交易。所以，这条项链并不是用埃及人的方式穿起来的。

"熟悉"的部分要有趣得多。加博尔德意识到，佳士得的项链拍品中的金色泪滴和亮片，与不知何故消失的图坦卡蒙的胸饰中的泪滴状金珠和亮片完全相同。我们可以在哈里·伯顿的木乃伊照片中看到其中的一些（图17.1）。加博尔德是否发现了从木乃伊上取走的胸饰的其余部分？答案似乎是否定的。这条拍卖的项链有 40 颗泪滴状金珠，但胸饰所嵌的泪滴状金珠

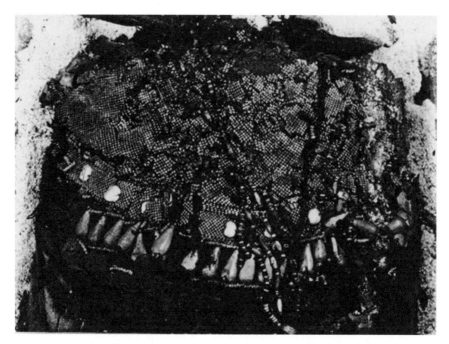

图 17.1   图坦卡蒙胸饰上的珠子与佳士得拍卖的珠子一致（格里菲斯研究所 p1561）

却没那么多。如果它们不是来自被盗的胸饰，又是从何而来？

在卡特看到紧贴在木乃伊上的胸饰之初，就将其编号为 256ttt，并把它画在了他的记录卡上（图 17.2）。除了黏在树脂上的珠子外，还有一堆从胸饰上掉落的珠子，散落在棺具之内。卡特将这些珠子全部取出，以便日后重新穿缀。胸饰实际上有两片。棺具底部有一部分碎片，还有一部分粘连在尸体上，后来被盗走了。加博尔德发现的现代珠串项链，是用卡特从棺具里取出的珠子做成的。

这看似合理，因为我们知道这些珠子从未进入埃及博物馆。当这些文物从陵墓中被移走，但仍保留在帝王谷时，卡特为每件文物分配了一个编号，以便追踪所有的文物。然后，文物被送到开罗，博物馆将它们登录到系统中，每件文物都会有一个博物馆的编号。当然，这是在计算机出现之前，因此所有条目都是手写在《入门登记》上的。通过查看博物馆的账簿，可以发现没有条目 256ttt。所以，卡特从棺内取出的珠子不知何故流入了古董市场。这是怎么发生的？加博尔德在追踪另一块胸饰的过程中找到了答案。

胸饰在背部固定的地方安有搭扣。卡特在记录卡的条目 256ttt 中，将

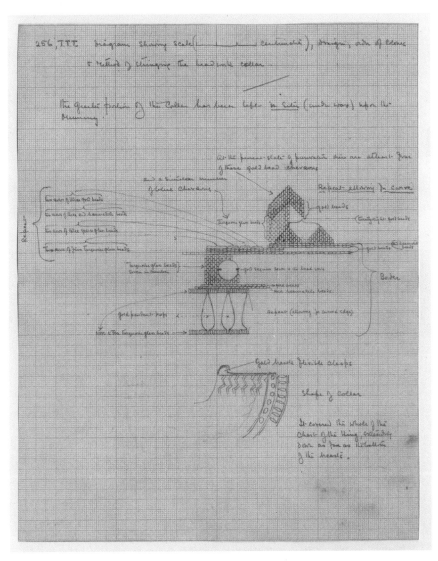

图 17.2　卡特所绘的胸饰中出现了荷鲁斯造型的搭扣（格里菲斯研究所 256ttt）

其描述为"灵活的金色鹰首扣"（图 17.3）。就像珠子一样，这些搭扣也从未进入开罗博物馆。它们现在藏于美国堪萨斯城的纳尔逊－阿特金斯艺术博物馆（Nelson–Atkins Museum of Art）。纳尔逊－阿特金斯艺术博物馆从斯宾克古董行购得了这些部件。这家颇有声望的古董公司在卡特去世后协助处理他的遗产。斯宾克在信中如此描述：

> 这些部件是卡特家族的一名成员赠予一名外科医生的，后者还是一名业余埃及学家，曾为卡特先生服务……我们在购买时注意到，项链的其余部分主要由彩釉珠和金色安可（ankh）标志组成，卡特先生的侄女将其捐赠给这个国家（英国）的一家博物馆，但因私人原因未经展出。[2]

这封信表明，流落在埃及之外的图坦卡蒙的珠宝不仅仅是胸饰。事实上，这条项链和搭扣不是唯一与卡特有关的出自陵墓的饰品。一件头饰也

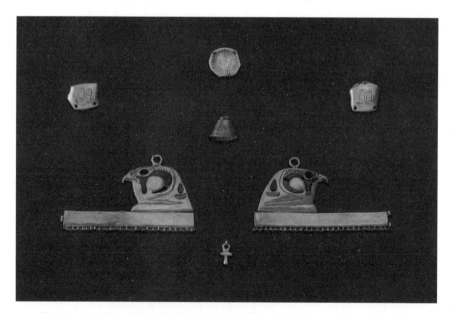

图 17.3　纳尔逊－阿特金斯艺术博物馆中的鹰首金扣似乎出自图坦卡蒙的陵墓（纳尔逊－阿特金斯艺术博物馆藏）

有极为相似的故事。卡特将编号547a分配给一件镶嵌珠子和护身符的亚麻布头饰。这件文物虽残破，但被伯顿拍了下来。这件头饰也从未送到埃及博物馆，因此也从未登入《入门登记》。现在，头饰的碎片可能在美国圣路易斯艺术博物馆（St. Louis Art Museum）。这是斯宾克古董行在清理卡特的遗产时从他的收藏中出售的（图17.4）。这似乎也是一件由古代元素制成的现代精致作品。现代穿缀品中的所有元素都包含在伯顿的照片中。

还有一件珠饰值得一提。卡特是这样记录的：

> 一小堆圆形的金珠和青金色玻璃珠，用途不明。就现有经验判断，它们似乎不属于法老身上的任何物件。也许是一条短项链。以金珠和玻璃珠交替穿缀。[3]

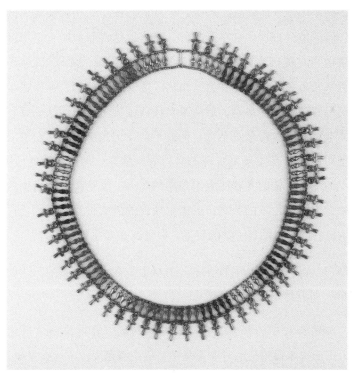

图17.4　来自霍华德·卡特遗产的项链（藏于圣路易斯美术馆）

卡特将这一组物品编号为256y，但它们同样一直没有入藏埃及博物馆。大英博物馆收藏的一条项链，与卡特对珠子的描述极为符合，甚至可以如他所示重新穿缀。这件藏品是1964年从一位私人收藏家那里获得的，大英博物馆将其描述为"曾经属于霍华德·卡特"。项链的款式似乎即将面世。

图坦卡蒙的陵墓出土了大量珠饰物品，从胸饰到头饰和凉鞋。其中许多都是卢卡斯和梅斯煞费苦心地修复的，他们用蜡稳定物件的技术，使这些珠饰得以被重新穿缀。有些文物的保存状况非常糟糕，以至于无法再行穿缀。就像图坦卡蒙的胸饰，它部分与木乃伊粘连，部分在棺具内散落。看起来是卡特可能把这些松散的珠子带回了伦敦，也许是为了日后重新穿缀。在他去世之后，它们被列入卡特的遗产清单，并被斯宾克古董行卖掉了。

如前文所讨论的，这些珠饰证明了卡特对图坦卡蒙珍宝的专属权的态度倾向。他发现了这座陵墓，经他之手发掘和保存了这些宝藏。他自认为可以随心所欲地处理这些"小"物件。显然，他将非他所有之物带到了英国。如果他想在英国将其重新穿缀，理应申请许可。同样可以明确的是，卡特无意从陵墓里偷走文物并将其出售。尽管埃及的部分媒体经常暗示卡特和卡纳冯盗窃文物以牟利，但从未有任何证据可以表明这一点。恰恰相反，假如卡特真想偷走鹰首金扣，他就不会在记录中提到它们了。卡特只是相信他可以对其在陵墓里发现的文物为所欲为。加博尔德的研究表明，埃及出土的图坦卡蒙的文物比人们想象的要多。文物市场上出现的大多数珠饰都来自卡特在伦敦的公寓，后来以现代的方式被重新穿缀，这使得人们很难认出它们来自图坦卡蒙的陵墓。但情况并非总是如此。

1925年11月11日，卡特在木乃伊身上发现了两个宽项圈。他给其编号为256o，对其作出了如下描述：

> 项圈由极小的紫罗兰色的彩釉珠制成，在衬垫上编织或穿缀，上面有半圆形的肩衬和垂饰……这个项圈还没有重新穿缀。[4]

与上面提及的文物一样，这件项圈也从未入藏埃及博物馆。卡特死后，一件与之相似的项圈被纽约大都会艺术博物馆收藏。与其他珠饰不同，这件文物并非来自古董市场，而是来自卡特。

正如我们在第六章中看到的那样，卡特在遗嘱中把他在卢克索的宅邸和里面的东西都留给了大都会艺术博物馆，博物馆的工作人员在图坦卡蒙陵墓的发掘过程中为卡特提供了很多帮助。卡特指定供职于大都会艺术博物馆的摄影师哈里·伯顿作为自己的遗嘱执行人之一。卡特去世后，伯顿去了卢克索的卡特城堡，整理了他认为大都会艺术博物馆想要的东西。可惜的是，伯顿不久后便去世了。由于战争的原因，他打包的物品直到1948年才运抵纽约。大都会艺术博物馆收藏的宽项圈就在其中（彩图24）。它在博物馆里陈列了50多年，直至2011年，大都会艺术博物馆将其归还开罗，因为馆方已经确定它出自图坦卡蒙的陵墓。除了宽项圈之外，大都会艺术博物馆还归还了十几件其他文物，包括法老棺椁上的金钉和银钉、一些纺织品碎片、最内层神龛的残件，以及一块石英岩的石棺残件。[5] 这份清单让我们了解到卡特对待陵墓出土的文物是何等傲慢。卡特的陵墓发掘在1933年结束，但这些残件在他的宅邸保留了多年。

上面谈及那些被以现代方式重新穿缀的文物上没有图坦卡蒙的名字，所以它们不会让人联想到图坦卡蒙，但卡特的遗产中的一些却可以，而且它们有助于填补流散在埃及境外的图坦卡蒙的文物图谱。回想一下，在卡特去世后，他拥有的图坦卡蒙名下之物并不在遗产交易之列。卡特的遗产拍卖是委托斯宾克古董行进行的，这是一家经营埃及和其他文物的知名交易公司，卡特早年曾与其合作过。这些文物在战后通过法鲁克国王归还给了埃及博物馆。我们不能百分之百确定卡特在伦敦的居所是如何成为它们的归宿的，但它们在英国的第一个落脚点可能是海克利尔城堡，作为卡纳冯勋爵收藏品的一部分。我们知道，卡纳冯去世后，卡纳冯夫人请求卡特协助出售勋爵的藏品。卡特为了维护已故赞助人的声誉，便扣下了刻有图坦卡蒙之名的文物。因此，这些明显属于图坦卡蒙的物件可能来自卡纳冯。

通过档案研究，加博尔德得以重建这些文物的过往，这份清单令人震惊。其中不仅有来自图坦卡蒙的棺椁的钉子，还包括颇为壮观的镂空黄金饰板，上面刻有化身为斯芬克斯的图坦卡蒙坐于战车之上。此外，还有三个刻有图坦卡蒙名字的巫沙布提俑。卡特和卡纳冯带走它们的动机是什么？他们是否想象过，这些物件将会有怎样的命运？也许他们根本没有想过。

最善意的解释是，当卡纳冯携带着它们返回英国时，他对文物分成仍抱有期望。巫沙布提俑是他最好的选择，因为它们出土数量极多，且多有重复。但这怎么行得通呢？如果他真的如愿获得了分成，他会不会说"哦，我在海克利尔已经有三个了"？很难想象这不会以一场灾难来收场。似乎唯一可能的出路是，在"盗窃"被发现之前，他们就已离世。

并非只有卡特遗产中的三个巫沙布提俑离开了埃及，还有一个一直在众目睽睽之下。多年来，一个图坦卡蒙巫沙布提俑一直展于卢浮宫的埃及馆。当我问一位策展人他们是如何获得它时，他回答说这一直是个谜。它在1946年购自"霍华德·卡特秘书的遗产"，但据我们所知，卡特从未有过秘书。

图坦卡蒙的陵墓里可能还有更多的文物失踪。大约20年前，伦敦的一位电视制片人带我和妻子去了他所在的萨维尔俱乐部（Saville Club）。晚餐结束后，他提到卡特在结束陵墓的发掘工作后成为该俱乐部的一员，他在俱乐部留下了一箱自己的物品，上面写着为俱乐部的利益而出售这些物品，但出售时不附带他的名字。我时常想知道那个箱子里装的到底是什么。

对埃及境外发现的图坦卡蒙文物的研究没有更多地揭示它们在第18王朝时期的埃及是如何使用的，我们对此已经有所了解。但这项研究确实告诉了我们一些关于20世纪初这一发现的若干社会学知识，那是一个英国人统治的时代，而且他们自认为拥有图坦卡蒙的宝藏。

第三部分

* * *

图坦卡蒙的遗产

他为旅游业贡献己身。

——史蒂夫·马丁（Steve Martin）

第十八章

•

行动者图坦卡蒙

图坦卡蒙在埃及的两大变革中发挥了作用：殖民主义的终结和埃及文物交易的终结。两者在埃及都有着悠久的历史。在本章中，我们将讨论殖民主义在埃及的肇始，以及图坦卡蒙又是如何使殖民主义走向终结的。

卡特和卡纳冯发现图坦卡蒙的陵墓之际，埃及的财政和行政大权牢牢控制在英国手中，埃及的文物管理局则由法国把持着。未来的走势如何？为什么埃及的法庭上有英国法官？埃及人难道不能自行决定他们的遗产的命运吗？对卡特和卡纳冯来说，不幸的是，就在他们即将发现陵墓之时，埃及人也在问同样的问题。正如我们所看到的，持续高涨的民族主义运动使卡特和卡纳冯阻力重重，而他们对形势判断的迟钝也无助于解决问题。在陵墓发掘后的几十年里，埃及发生了根本性的变化。英国退出埃及，埃及人接管文物管理局，埃及也将由埃及人统治。对埃及来说，这是一条漫长而艰难的道路。国王遭到流放，总统被暗杀，想要推翻独裁者并实现自治的人们发动了革命。并非图坦卡蒙引发了种种变革，但他确实参与其中，而这也是其遗产的一部分。为了了解发现图坦卡蒙陵墓时埃及的形势，我们首先简要回顾一下埃及的殖民统治历史。

不止侵略：拿破仑在埃及

1798 年，拿破仑入侵埃及之所以出名，并不是因为其所带来的政治后果，这一影响是微不足道的。拿破仑输了，返回了法国，他殖民埃及的企图失败了。而拿破仑入侵埃及之所以经常被提起，是因为它是一个很容易讲的故事。拿破仑无权入侵埃及，这毫无争议。它被如此频繁地讲述的另一个原因是其魅力和异国情调。拿破仑是一个风度翩翩的怪才，将埃及金字塔作为其乖张行为的背景。还有什么比这更好的呢？

拿破仑率领五万大军入侵埃及时，他宣称将把埃及人从马穆鲁克的暴政中解放出来，后者是统治埃及数百年的战士阶层。但没有人相信他。[1]他是来殖民的。他打算将埃及收入囊中，这与其他外国势力觊觎埃及的原因相同——位于东西方之间的埃及极具战略意义。埃及是英国从陆路通往印度的要道，而英国是法国的敌人。如果拿破仑能够切断英国与印度之间的贸易，将对英国的经济造成沉重打击。[2]拿破仑不是来把埃及人从压迫者手中解放出来，然后打道回府的，他打算留下来。

随五万名士兵一起来的，还有一支由 150 名学者、工程师、建筑师、科学家、博物学家和学者组成的队伍，他们要完成埃及及其遗迹的绘图。他们的任务是研究和描述现代和古代的埃及。许多学者都是法国国家研究院的杰出成员。该小组成员包括让－巴蒂斯特·傅立叶（Jean–Baptiste Fourier），傅立叶方程就是以他的名字命名的；矿物学家德奥达·德多洛米厄（Déodat de Dolomieu），多洛米蒂山脉以他的名字命名；才华横溢的年轻博物学家艾蒂安·若弗鲁瓦·圣伊莱尔（Étienne Geoffroy Saint–Hillaire），后来他将第一只长颈鹿带到了巴黎。[3]还有艺术家维旺·德农（Vivant Denon），他后来成为卢浮宫的首任馆长。[4]

拿破仑首先是一名军人，但他对历史和文化也很感兴趣。1798 年 8 月 21 日，拿破仑创立埃及研究所，这是世界上第一个埃及学会（Institut d'Égypte）。研究所设有数学、物理学、政治经济学和文学艺术四个部门。拿破仑领导数学部，并积极参加研究所的会议，会议举行地点就在南逃的卡西姆·贝（Qassim Bey）所居住的宫殿。拿破仑向研究所成员提出了非常具体且实际的问题：净化军队饮用的尼罗河水的最佳方法是什么？制造火药的材料是在埃及发现的吗？能制造烤出优质法国面包的烤箱吗？[5]科学家们也可以自选主题进行自由的调查，他们可以探索埃及。

对法国人来说，这是一次灾难性的军事行动。首先，他们停泊在阿布基尔湾（Abukir Bay）的舰队被英国的霍拉肖·纳尔逊（Horatio Nelson）率军击沉，然后他们的军队被瘟疫摧毁了。在埃及待了三年，法国军队向英国投降了，在英国人的协助之下，埃及人驱逐了拿破仑。[6]这是拿破仑的第一次失败，但对于伴随这次军事行动的科学家们来说，这是一种荣耀。在学者们回到法国后，他们出版了《埃及记述》，这是当时世界上体量最大的出版物。历时20多年编纂，最终于1821年完成得以出版，五卷巨幅版画描绘了埃及的文物，三卷描述埃及的自然历史，两卷介绍现代埃及。这在当时引起了轰动。此外，还有大部头的九卷收录了学者的学术文章，却没有人读，所有人都只看那些绝妙的插图。这里有成百上千份埃及的神庙和陵墓的精确图纸。这就是欧洲了解古埃及的方式。这是东方主义的开端，埃及主义席卷了整个欧洲大陆。从某种意义上说，这是图坦卡蒙发现的早期宣传。拿破仑殖民埃及的失败尝试并没有产生持久的政治后果，其重要影响是在文化领域。

拿破仑无法预料到这一点，但他失败的远征使埃及变得更加容易受到外国的剥削。在拿破仑远征之前，前往埃及的旅行者很少会往南去上埃及。他们通常在亚历山大港或开罗做生意，然后回家。但随着《埃及记述》的出版，欧洲人知道了南部的登德拉、卡纳克和卢克索等壮丽的神庙。还有帝王谷，那里可能隐藏着宝藏。拿破仑向欧洲人介绍了埃及的古迹，从而创造了一个古董市场。富有的欧洲人突然愿意为一件古埃及文物支付高价。

拿破仑仓皇撤离后的 50 年，埃及成为文物交易的狂野西部。没有规则可言，也没人在乎你拿了什么。只要你能把东西从埃及弄出来，那就是你的了。奥斯曼帝国驻埃及总督穆罕默德·阿里（Mohamed Ali）成为埃及的统治者，其后代又统治埃及一个多世纪。阿里是出生于马其顿的阿尔巴尼亚族人，埃及不是他的遗产。对他来说，这些遗迹"不过是石头"。为了迎合欧洲列强，他一度赠送出去五座方尖碑。[7] 冒险家们纷纷涌入埃及寻找古代的石头。

意大利人乔瓦尼·贝尔佐尼盯着大型文物：塞蒂一世的雪花石膏石棺（现藏于伦敦约翰·索恩博物馆）；拉美西斯大帝的巨大头像（现藏于大英博物馆）；菲莱岛（Philae）上的一座方尖碑（现位于英国多塞特郡的一处庄园）。贝尔佐尼在其出版的书中吹嘘自己的壮举，举办了珍宝展，甚至还建造了塞提一世陵墓的复制品。[8] 所有这些行径引得其他冒险家纷纷效仿。在 19 世纪期间，埃及流失了大量的珍宝，以至于布莱恩·法根（Brian Fagan）出版了一部可读性极强的史学著作，名字就叫《掠夺尼罗河》（*Rape of the Nile*）。[9] 但英国对埃及的控制并非觊觎文物，而是因为运河。这条运河与拿破仑远征埃及的失败之间有着微妙的联系。

拿破仑率军前往埃及时，他的任务之一就是确定地中海和红海之间是否有可能修建一条运河。欧洲到印度的大部分贸易往来都需要绕过好望角。如果有条运河，则船只可以穿越地中海抵达亚历山大港，再经由运河到达苏伊士，驶入红海，最后到达印度。如果法国人能够控制这样的一条运河，将获得巨大的经济优势，也可对他们的老对手英格兰造成财政重创。

在古埃及法老时代，曾有一条运河，拿破仑决心找到它的遗迹。1798年 12 月下旬，他与首席工程师和一些学者骑马前往苏伊士地峡（Isthmus of Suez）探险。经过几天的搜寻，拿破仑发现了这条运河，并一路追踪了24 千米。[10] 拿破仑对自己的发现兴奋不已，指示首席工程师雅克–马里·勒佩尔（Jacques–Marie Le Père）带领一个团队返回去调查整个地峡，以确定是否有可能修建运河。勒佩尔和他的团队在极具挑战的条件下对地峡进行了三次探险。由于不断受到贝都因人的骚扰，他们难以获得食物和补给，甚至风餐露宿。最终，他们在 1800 年完成了调查，并将报告呈送给拿破仑，而此时拿破仑已返回巴黎。勒佩尔的报告称，涨潮期间的红海比地中海高出约 9 米，挖掘运河将会导致埃及引发洪水。他错了。他的一些同行，包括傅立叶和数学家皮埃尔 – 西蒙·拉普拉斯（Pierre–Simon Laplace）的理解是正确的，即埃及的海平面就是世界各地的海平面，挖掘运河没有引发洪水的危险。尽管如此，运河计划还是被放弃了，并且在 50 年里没有被再次提起。19 世纪 50 年代，费迪南·德莱塞普（Ferdinand de Lesseps）重新提出了修建运河的想法，他无意中开辟了英国人用来控制埃及的道路。

苏伊士运河的诞生

德莱塞普是一位充满理想主义的工程师，拥有近乎超人的精力和乐观主义精神。他将苏伊士运河设想为和平的促进者。这条运河将通过降低各方的运输成本来造福世界贸易，因为它将造福世界上所有国家，因此所有人都会团结起来建造和维护这条运河。与拿破仑不同，德莱塞普无意控制运河，而它将成为一项国际性风险项目。此外，它还能提高埃及的国际地位。除了在埃及的土地上修建运河外，埃及还可以对所有通过运河运输的货物征税，从而实现经济稳定。各方都将成为赢家。1856 年，德莱塞普向穆罕默德·阿里的后裔，埃及总督赛义德帕夏（Said Pasha）提出了运河的详细提案。

届时，将成立一家国际运河公司，将公司股份出售给世界各国。埃及提供修建运河的土地和劳动力，从而获得运河的权益。德莱塞普很清楚，埃及帕夏惯用徭役，基本上就是征召农民从事强迫性劳动。因此，他的提案规定：

劳工的报酬将比他们在埃及的正常收入高出三分之一。除了报酬之外，劳工还有权获得食物、住宿、医疗和其他福利。[11]

赛义德表示同意，1859 年，运河公司的股票公开发行。这是一次巨大的成功，超过一半的股票在要约前三天就已售出。让德莱塞普感到惊讶的是，将从运河使用中获益最多的英格兰没有购买股票。相反，英国人在尽一切可能破坏这个项目。他们散布谣言，说公司破产了，要征召劳工，诸如此类。英国人将运河视为法国人企图控制该地区的标志。他们本可以购买股票并发挥影响力，但由于担心在未来的某个时候，他们不得不为保护自身利益而被卷入军事行动，他们不愿意这样做。所幸，德莱塞普不需要英国人的支持，运河计划得以全速推进。

在运河工程启动初期，赛义德去世了，取而代之的是伊斯梅尔帕夏（Ismail Pasha），后者说服奥斯曼苏丹授予自己赫迪夫①的头衔，对他来说，这听起来更独立。尽管并非如此，但埃及由一位赫迪夫所统治了。

当时的政治局势比德莱塞普开始修建运河时更加复杂。埃及处于奥斯曼帝国的控制下，奥斯曼苏丹对埃及总督拥有控制权。高门（位于君士坦丁堡，为奥斯曼帝国的中央政府）几乎破产，苏丹沦为英国的附庸。不久，政治就波及了运河的完工。但就目前而言，由于埃及总督伊斯梅尔支持运河项目，他也购买了赛义德在运河项目中的股份，所以开凿工作照旧进行。[12] 所有劳工的报酬都是由伊斯梅尔支付的。但就在项目需要更多劳工的时候，他的钱花光了，于是不得不使用徭役。但是，英国人仍然认为他们可以破坏这个项目，便向苏丹施加影响，使其宣布在埃及使用徭役是非法的。现在伊斯梅尔无法提供合同规定的劳动力。由于缺乏体力劳动者，德莱塞

---

① 赫迪夫与帕夏都是表示统治地位的称号，帕夏最初用来表示奥斯曼帝国的军政高官。后来这个词扩展到整个阿拉伯世界，用来表示统治者、政治家或高官。19 世纪末，奥斯曼帝国授予埃及总督伊斯梅尔帕夏"赫迪夫"的称号。从此，赫迪夫成为对埃及统治者的代称，特指埃及总督。——编者注

普只得使用巨大的蒸汽挖泥船继续开凿运河。

由于伊斯梅尔在运河公司的股权是基于提供劳动力和土地，他不得不向公司支付与劳动力成本相当的金额，但他没有这个能力，他破产了。伊斯梅尔奢靡成性，他为亲朋建造的宫殿遍布埃及。为了筹备运河的开幕式，他邀请了6000位外国皇室和政要出席庆典，并支付全部食宿开销。甚至还为法国的欧仁妮皇后（Empress Eugenie）建造了一座宫殿，以便使她在访问期间感到惬意——那里如今是一家酒店。他还修建了一条从宫殿通往吉萨金字塔的道路，皇后就可以舒适地乘坐马车参观金字塔。因此，到伊斯梅尔需要支付修建运河的那份钱时，他已经无力支付。他的解决方案是将其在运河的股份出售给英国。直至此时，英国也未能阻止运河的建设，于是摇身一变成为合作伙伴，而不再置身事外。由于埃及已出售了苏伊士运河的股份，政府失去了对苏伊士运河的控制权，使其沦为外国人的囊中物。

埃及日益高涨的民族主义引发了暴乱，有人呼吁驱逐外国人。伊斯梅尔流亡海外，留下新的总督特菲克（Tewfik）收拾烂摊子。在军事指挥官艾哈迈德·奥拉比（Ahmed Orabi）的领导下，民族主义者成功地推翻了特菲克的统治，占领了亚历山大港，并着手加固城市以图控制政府和运河。亚历山大港的外国人岌岌可危，英国表示他们将营救英国公民，并对特菲克施以援手，于是派遣了十余艘铁甲战舰驶入亚历山大港，炮击奥拉比的阵地。经过十个小时的持续轰炸，亚历山大城的大部分地区被夷为废墟（图18.1）。[13]英国海军陆战队登陆，埃及沦为英国的保护国，这种状态持续了半个多世纪。这就是霍华德·卡特和卡纳冯所面对的40年后的政治局势。

当卡特发现图坦卡蒙的陵墓时，埃及正处在英国人的管理之下。当然，德莱塞普从来没有预见到他规划的运河会带来这样的后果，他确实对英国殖民埃及负有间接责任。而他对法国掌控古物管理局负有直接责任。

图 18.1 1881 年，英国轰炸亚历山大港，随后占领埃及（帕特·雷姆勒摄）

古物管理局的肇始

在运河修建伊始，德莱塞普成了赛义德帕夏的密友。德莱塞普一直是一个理想主义者，他对埃及的文物保护充满关切。1858 年 6 月 1 日，埃及总督创建古物管理局，并在德莱塞普的建议下，任命法国人奥古斯特·马里耶特为首任局长，开始了法国人执掌埃及古物管理局的悠久传统。1850 年，年轻的马里耶特被卢浮宫派往埃及，从科普特教会主教那里收购科普特语和叙利亚语手稿。他的经历让我们得以一窥当时埃及的文物交易。

当马里耶特关于莎草纸的谈判陷入僵局时，他开始拜访开罗的古董商。他在古董店里看到了几尊巨大的狮身人面像，每当问及它们的出处时，得到的回答总是萨卡拉。他决定去一探究竟。1850 年 10 月 18 日，马里耶特租了几匹驴和骡子，购买了补给和帐篷。9 天后，他开始在萨卡拉的沙地上挖掘了。就是这么简单。

马里耶特偶然发现了一尊狮身人面像的头部，就像在开罗的古董店看到的那样。在清理沙子的过程中，他发现了 15 尊狮身人面像。马里耶特回忆起古代地理学家斯特拉波对塞拉皮雍的描述，那里埋葬着神圣的阿皮斯圣牛。斯特拉波说，在其前方有一条狮身人面像大道。[14]

塞拉皮雍这个名字是奥西里斯和阿皮斯两位神祇之名的变体。在古埃及语中，奥西里斯的名字发音为"Usir"。奥西里斯是一个加了希腊词尾的埃及单词。在埃及语中，另一位神祇的名字发音为"Ap"，但希腊人发音为"Apis"。在希腊时期，这两个神合并为"Usir–Ap"，然后罗马人在后面添加了词尾"–eum"，以表明这是乌瑟 – 阿皮（Usir–Ap）的所在地"塞拉皮雍"（Serapeum）。

神圣的阿皮斯圣牛深受埃及人的崇拜，它死后被制成了木乃伊。有一种说法是，一道闪电从天而降，阿皮斯的母亲因此怀孕并将其生下。阿皮斯牛犊有特殊的标记——通体黑色，前额有白色菱形标记，鹰隼立在背上，舌下有一只甲虫，尾毛分开。马里耶特决意找到阿皮斯圣牛。到了 11 月，他身上所有的钱都被用来购买手稿，以及雇用 30 名工人寻找塞拉皮雍。[15]

马里耶特发现了埃及末代法老内克塔内博二世（Nectanebo II）建造的一座小型神庙。铭文表明这座神庙是献给阿皮斯的。马里耶特认为阿皮斯圣牛的陵墓入口可能就在神庙铺路石的下方，便把它们撬开了。他对入口的判断虽然有误，却发现了数百枚不同神祇的小型护身符，均为青铜和陶瓷制成。马里耶特的发现很快就传开了，但经过了一番添油加醋，这一发现被夸大为"数千尊金像"。埃及政府命令马里耶特停止所有发掘，在经过旷日持久的谈判之后，他被允许继续发掘。1852 年 11 月，在清理了数吨碎石后，马里耶特终于找到了塞拉皮雍的入口，成为现代进入阿皮斯圣牛埋葬地的第一人。

马里耶特走进一条高大宽敞的廊道，廊道长约 200 米，两侧排列着 24 间敞开的墓室。墓室里巨大的花岗岩石棺内安放着埃及第 26 王朝（公元前 663 年）至希腊时期（公元前 30 年）死亡的阿皮斯圣牛的木乃伊。更早期的圣牛安葬在其他长廊。[16] 一个长廊的中央矗立着一块巨大的石头，由于石头过重，工人们无法移动它，马里耶特便用炸药将它炸开，发现里面有一个头戴金面具的人。他佩戴的金项链上挂着两枚碧玉护身符。上面刻有克哈－艾姆－瓦塞特（Kah–em–Waset）的铭文，表明他是拉美西斯大帝众子之一。

马里耶特的发掘工作于 1853 年结束，他将 200 多箱文物运回了卢浮宫。塞拉皮雍的发现将马里耶特推向新职业生涯的顶点，当他被任命为埃及古物管理局局长时，他很快就接受了。在马里耶特的领导下，外国人享有极大的自由，而且被允许将许多重要的文物带离埃及。马里耶特一直担任这一职务直到 1881 年去世，才由另一位法国人加斯顿·马斯佩罗继任。英国控制埃及后，这一传统在 1904 年 4 月 8 日签订的《英法协约》中正式确立。协约中规定："埃及古物管理局局长的职位遵循旧例，委托法国学者担任。"[17] 就这样，英国人决定由法国人掌控埃及的遗产。这就是为什么卡特发现图坦卡蒙的陵墓时，他受到法国人皮埃尔·拉考的监督。但正如我们所看到的，时代正在发生变化。

埃及的民族主义正在抬头。英国刚刚正式放弃对埃及的控制，埃及人就选举成立了议会。议会领袖萨阿德·扎格卢勒是一位坚定的民族主义者，对政治或英国统治并不陌生。第一次世界大战后，欧洲列强召开和会以重组战败的奥斯曼帝国。在扎格卢勒的领导下，埃及组建了自己的代表团，参加关乎他们未来命运的重要讨论，但他们从未有机会出席。英国禁止埃及代表团出境，甚至逮捕了扎格卢勒，并将他流放到马耳他。1923 年结束流亡回国后，扎格卢勒成为埃及民族主义武装党的领袖，并在 1924 年 1 月 12 日的选举中成为埃及总理。在卡特发掘期间，议会正是在扎格卢勒和武装党的领导之下。

在此背景下，卡特和卡纳冯的行为多少有些不可思议。把图坦卡蒙的故事的独家版权卖给一家英国报纸，将埃及人排斥在外，这无异于自寻死路。不过，这也让我们了解到卡纳冯与埃及人的情感是多么的脱节。他从未考虑过他与《泰晤士报》的独家交易会让埃及人作何感想。他是一个英国人，而且是在英国殖民主义的环境中长大的。

埃及人很快表达了他们的感受：

> 就在帝王谷，一个绝对专制的政府凌驾于古代法老和现代埃及政府的废墟之上。这个政府就是卡纳冯勋爵和卡特有限公司。在帝王谷的地界内，有人胆敢对其置喙吗？……卡纳冯的政府允许并解释，阻止并批准，出于礼貌和慷慨，它邀请埃及的部长们去见埃及的国王们……卡纳冯勋爵在我们的眼皮底下，挖掘我们古老祖先的遗迹，却拒绝给他的子孙任何有关祖先的信息。我们生活在什么时代？我们向哪个政府屈服？[18]

　　甚至还发行了一系列明信片，展示了来自陵墓的文物。它们都被冠以同样的标题——"图坦卡蒙陵墓挖掘"（图18.2）。韦戈尔曾警告卡特关于埃及人的感受和时代的变化，他是正确的，但卡特充耳不闻。诚然，与《泰晤士报》签订出售图坦卡蒙信息的版权协议是卡纳冯的主意，但卡特有自己的想法，这使得情况变得更糟。

　　当卡特被埃及公共工程部长莫科斯·贝伊·汉纳锁在墓外时，他聘请了F. M. 麦克斯韦尔（F. M. Maxwell）代表他出庭。这是一个糟糕的律师人选。麦克斯韦尔在英国担任检察官时，曾在一起叛国案中主张判处汉纳死刑。在汉纳负责监督你的发掘时，为什么要聘用麦克斯韦尔？卡特似乎无法理解埃及人的民族主义精神。他是彻头彻尾的殖民主义者。

　　事实上，他被拒之门外的原因是，他想安排同事的妻子们进入陵墓观看一场别开生面的展览。公共工程部副部长听闻此事之后不仅拒绝批准，还问卡特的同事中是否有穆斯林。卡特没有明白，便问副部长是什么意思。

Exploitation of Tout-Ankh-Amon's Tomb

图18.2　发行的系列明信片，以"图坦卡蒙陵墓挖掘"为标题

对方的回答是："如果16位男士中哪怕有一个是穆斯林，我便不会对22位女士的来访感到不快。"[19]

检查图坦卡蒙的木乃伊时，设有两名负责人，分别是道格拉斯·德里医生和萨利赫·贝·哈姆迪医生。可最终报告发表时，哈姆迪得到了致谢，署名却只有道格拉斯·德里。[20]让他作为合著者可能是一种姿态。

尽管卡特并不认为自己和埃及人之间的文化隔阂是一个问题，但埃及人确实是这样认为的，图坦卡蒙也与埃及的自治诉求交织在了一起。诗人艾哈迈德·肖奇（Ahmad Shawqi）多次将图坦卡蒙与独立联系在一起：

> 他游历四十个世纪，思春而归，彼处已物是人非……
> 英格兰及其军队和领主，挥舞着印度之剑，保护着它的印度。[21]

在另一首诗中，图坦卡蒙化身成为信念。

> 法老，自治的时代已来临，傲慢的领主王朝一去不再。
> 现在，每寸土地上的外国暴君都必须放弃对其臣民的统治。[22]

出于公平，我们必须明确的是，绝对没有证据表明卡特是一个种族主义者，他也没有因埃及人民更深的肤色而与之对立。恰恰相反，回想他在萨卡拉事件中，一度坚决支持本地警卫，不惜站在法国人的对立面要求他们道歉。他在遗嘱中，缅怀了他那忠实的埃及发掘主管阿卜杜·艾哈迈德，而且还将150埃及镑留给了艾哈迈德。[23]在卡特去世后，他的侄女菲莉丝·沃克收到了两位参与发掘工作的工头手写的吊唁信。对于工头们来说，书写并邮寄这样一封信并不容易，这清楚地表明卡特与他的工人建立了密切的联系。

卡特的殖民主义态度并非针对个人，而是为他的大多数同胞所共有的文化性的。我们应该记住，卡特所知道的只是英国统治下的埃及。他第一次被派往埃及时，还只是一个十几岁的艺术家，彼时埃及是由英国统治的，而当他发现图坦卡蒙陵墓时，埃及仍处于英国的统治之下。蒂莫西·米切尔（Timothy Mitchell）在他的《殖民埃及》（*Colonising Egypt*）一书中讨论了殖民主义建立的机制。他以 1889 年巴黎世界博览会为例，说明这些机制是多么的微妙。埃及的展览是由法国人建造的，后者重现了开罗的一条街道，街道末端是花格窗和奎贝堡清真寺（Mosque of Qait Bey）。此外，他们进口了 50 匹埃及驴，还配备了驾驴人，方便游客在街上骑行。与其他街道笔直有序的展览形成鲜明对比的是，这里一片混乱。[24] 当游客走进其中时，他们会发现自己身处一家咖啡店，里面的舞娘摇曳生姿。这就是法国人向世界展示埃及的方式。

谁应拥有王国之钥

在图坦卡蒙陵墓发掘的十年里，卡特从未承认过殖民问题。1930 年初，图坦卡蒙陵墓几乎被清空了，只有神龛等待着搬迁。卡特告诉卡纳冯女士，没有必要延长特许权了，因为他们几乎已完成了全部工作。但在没有特许权的情况下，卡特与陵墓就没有了任何官方的联系，埃及到处都是准备大展拳脚的民族主义者。卡特被告知，"法律禁止将任何政府财产的钥匙交给非埃及政府的正式工作人员。"[25] 卡特被激怒了，他觉得这是他的陵墓。政府仍然希望卡特完成陵墓的收尾工作，并提出了一个本应可行的解决方案：一名政府官员负责保管钥匙，但完全听从卡特的命令，只要卡特想要钥匙，他就可以随时使用。可这对卡特来说是不可接受的，他为失去钥匙而愤怒了一整年，但最终工作还是完成了。

在 1923 年出版的《图坦卡蒙陵墓》第一卷中，卡特描述了他为保护陵墓免受盗窃而采取的所有安全措施——墓外设置了许多警卫，入口处装有一个沉重的木格栅，墓门内还安装了一扇巨大的铁门，每扇门都用四把挂锁锁住。"日后一定会万无一失，"他写道，"钥匙由一名指定的欧洲工作人员永久保管。"其中的信息很明确：图坦卡蒙的宝藏不会托付给任何埃及人。因此，即便到 1930 年陵墓清理完毕，卡特也不喜欢由埃及人拿着钥匙的想法。

埃利奥特·科拉（Elliott Colla）在其极富洞见的著作《冲突的文物》（*Conflicted Antiquities*）中，就卡特如何处理其发现的文物，提出了一个非常有趣的哲学 / 社会学观点。通过将图坦卡蒙的宝藏视为文物，即需要科学研究、保护和策展的对象，而非文化遗产，欧洲人更容易宣称自己是更好的文物托管人。[26] 埃及人声称，作为图坦卡蒙的后裔，他们有权成为图坦卡蒙陵墓的看护人。而卡特在《图坦卡蒙陵墓》第一卷中，将"美妙之物"的描述变成了需要科学处理的文物，使他（欧洲人）对管理和控制这些文物的主张更加坚定。事实上，卡特的三卷本作品的后两卷读起来远不如第一卷那般愉悦，我猜想这是否是因为第一卷里蕴含着更多的情感（"美妙之物"）。而在第二卷和第三卷，卡特进入了科学家模式。正如科拉所说，"支持埃及管理图坦卡蒙发掘现场的论点与支持埃及自治的论点明显一致。"[27]

随着发掘工作的推进和民族主义的蔓延，卡特和埃及人之间的分歧越来越大。报纸上充满了愤怒：

> 我年轻的国王，他们要把你送进博物馆，还安置在卡斯尼尔（Qasr al–Nil）兵营旁边，这简直就是在伤口上撒盐。我的自由国王，你可俯瞰你那被占领的国家吗？[28]

但卡特根本不想听。

偶尔，文学刊物上也有一些诙谐的文章，将图坦卡蒙与自治联系起来，但这些文章不乏尖锐。其中一则为斯芬克斯和图坦卡蒙之间的对话，对话先以阿拉伯语开始，但很快就变成了英语：

> 斯芬克斯：嘿，阿蒙！阿蒙！
> 图坦卡蒙：谁在叫我的名字？
> 斯芬克斯：是我！

图坦卡蒙：你是斯芬克斯吗？（用英语）你还好吗，老家伙？

斯芬克斯：什么意思，我的孩子，你现在说的是英语？

图坦卡蒙：是的，但那是因为在我的陵墓里我只能听到英语。

斯芬克斯：你难道不为自己成为有色的英国人而感到羞耻吗？你真正的爱国主义到哪里去了？……你不为自己摆脱那些贵族的方式而感到羞耻吗？

图坦卡蒙：你称谁为贵族？如果这些人是高尚的，他们就不会踏入别人的坟墓。（通常情况下）当有人从死人手中扯走东西时，这就是所谓的偷窃。但是，当他们在一千年后抢夺它时，他们称其为伟大的考古发现，所有荣誉都归于犯罪者。[29]

在埃及人的心目中，图坦卡蒙始终与埃及自治斗争和摆脱殖民统治的必要性联系在一起。而似乎自始至终，卡特都认为他拥有与图坦卡蒙有关的一切，图坦卡蒙是他的专有权利。在他发掘陵墓的十年里，这种观念始终贯穿其中。首先，卡特同意了卡纳冯出售图坦卡蒙信息的相关报道权。其后，在 1924 年，当大英帝国博览会计划将陵墓的复制品列入展品清单时，卡特表示反对，还启动了法律诉讼（最终败诉）。再后来，当卡特听说埃及博物馆打算在博物馆的新目录中增加对陵墓文物的描述时，他抱怨道：他们怎么能确定这些文物就是他们的呢？

被盗走的护身符

最后，在陵墓的清理工作结束之后，卡特那拥有一切的想法导致了他与艾伦·嘉丁纳友谊的破裂。20 世纪 30 年代，卡特送给加德纳一枚胡姆（whm）护身符。胡姆是古埃及人对牛腿和蹄的叫法，这枚护身符的造型正是一个微型的牛腿和蹄。这些护身符是为死者献上的食物，通常被放于墓中。护身符的起源可以追溯到开口仪式，在牛犊还活着的时候，就将它的前腿切断。《亡灵书》中有一个常见的小插图，一位光头的屠宰祭司在牛犊站立时割下它的腿，后面的母牛显然很痛苦。在仪式中，祭司用牛犊的断腿触碰木乃伊的嘴，给予他生命。然后，祭司再次触摸木乃伊的嘴，这一次是用扁斧，使其能够说话和呼吸（见彩图 19）。

卡特把胡姆护身符交给嘉丁纳时，向对方保证这枚护身符并非来自陵墓。嘉丁纳把它拿给了埃及博物馆馆长雷金纳德·恩格尔巴赫。恩格尔巴赫致信嘉丁纳，开头是"你给我看的胡姆护身符是从图坦卡蒙的墓里偷来的"，这一句便足矣。[30] 卡特送到埃及博物馆的此类护身符有若干枚，恩格尔巴赫意识到嘉丁纳的护身符是用同一个模具制作而成的。从那以后情况变得更糟了。嘉丁纳给卡特写了一封信，并附上了恩格尔巴赫的信，他说："我对自己被置于如此尴尬的境地深感遗憾。"[31]

嘉丁纳随后向恩格尔巴赫透露，他还收到了来自陵墓的其他东西。嘉丁纳在 1934 年 10 月 23 日写给恩格尔巴赫的一封信中说：

> 为了清晰表明我的个人立场，我想告诉你：
>
> （1）我有一小块来自墓葬的亚麻绑带，是当时卡特送给我的。（2）在卡特的许可下，我带着一块有封印的灰泥，从甬道一路到了石棺墓室。它和其他碎块一起被扔掉了，我把它带回家送给当时还是小学生的小儿子，我相信他还保留着。[32]

重点不在于这些物品的价值，也不在于它们被赠送的原因，而在于卡特认为他有权随心所欲地处理它们。正如我们现在所知的，还有不少图坦卡蒙陵墓中的重要文物是通过卡特离开埃及的。

图坦卡蒙的遗产之一是，陵墓发掘引发了埃及文物遗产的所有权问题。埃及的民族主义者对外国人在本国发掘并没有提出反对。相反，他们抗议的是自己所受到的待遇以及外国人的行为。如果卡特和卡纳冯的行为像一位外国客人，他们中的任何一个想到要问询埃及或与之商讨如何从陵墓里移走文物，那么他们与埃及人的关系就会顺利得多。但他们没有，他们对待这座陵墓的态度就好像拥有它一样。

随着英国的衰落，美国人捕捉到了填补殖民空白的机会。毕竟，埃及人不像怨恨英国人那样怨恨美国人。于是，芝加哥大学的詹姆斯·亨利·布雷斯特德提议在开罗建造一座由洛克菲勒资助，并由西方控制的博物馆。埃及拒绝了，他们已经受够了殖民主义的苦。值得注意的是，在图坦卡蒙陵墓发掘结束后的 30 多年里，没有一个图坦卡蒙文物的展览输出到国外。图坦卡蒙是埃及的，而且只属于埃及。

1952 年，埃及军方夺取了政权，法鲁克国王流亡海外，埃及政府突逢巨变。近百年来，古物管理局首次不再由法国人管理。最后一位担任局长的法国神父艾蒂安·德里奥东辞职回国。从那时起，埃及人开始担任这一职务。摆脱外国的统治是一条漫长而艰辛的道路，但斗争尚未结束。国王遭到流放，几年之后还有一位总统被暗杀。再后来，人们勇敢地站了出来，聚集在埃及博物馆和图坦卡蒙宝藏旁的解放广场抗议独裁者。图坦卡蒙的剧中角色已经落幕，但直到 1956 年，法国人和英国人也没有放弃殖民埃及的野心。他们再次入侵埃及，试图重新控制苏伊士运河。这一计划失败了，直到 1964 年，英国人才被允许在埃及再次进行发掘。[33]

保护埃及遗产的问题与殖民主义和摆脱外国控制的斗争彼此交织。图坦卡蒙的另一个遗产是埃及的文物管理相关法律的出台。禁止图坦卡蒙文物出境的最终决定，开创了一个重要的先例。正如我们将看到的，在接下来的几年里它所涉范围将不断扩大。

第十九章

·

谁拥有图坦卡蒙

在 20 世纪 80 年代和 90 年代，佳士得和苏富比等纽约主要的拍卖行，每年至少会举行四次埃及文物的大型拍卖会。[1] 这是一个激动人心的场景，不仅有重磅的私人藏品在拍卖之列，博物馆也在其中进行收购。拍卖会设有招待区，富有的收藏家可以预览他们即将竞标的文物，从新王国时期的棺具到完整的《亡灵书》，应有尽有。精美的彩色目录被送到世界各地的收藏家手中，拍卖当天，拍卖室里挤满了收藏家和博物馆馆长，世界各地的买家通过电话进行现场竞价。如今，埃及文物拍卖会少了许多，文物选择的空间也大为压缩，市场已死。这是一次缓慢的死亡，在很大程度上是因由图坦卡蒙陵墓的发现催生出了一系列的决定、法律和政策。

劫掠和侵吞的时代

在图坦卡蒙陵墓被发现之前，埃及文物市场缺乏监管的状态持续了 50 年。19 世纪初，探险家们在埃及四处寻找文物，并将他们发现的东西带回母国。许多外国博物馆都有代理人，为其在埃及搜寻可以成为藏品的物件。法国有贝尔纳迪诺·德罗韦蒂（Bernardino Drovetti），英国有亨利·索尔特。[2]

索尔特为欧洲新增了几件藏品，其中一件被送往大英博物馆，另一件被送往卢浮宫。文物不断从埃及流失成为欧洲藏品，但似乎没人关心这一点。

穆罕默德·阿里在 1805 至 1848 年间统治埃及，他因拆除古代神庙并用拆下来的石材建造工厂而臭名昭著。因为他的建造计划，克利奥帕特拉七世女王（Cleopatra VII）的神庙毁于一旦。1799 年，拿破仑的学者们参观阿曼神庙（Armant Templein）时，记录了克利奥帕特拉七世女王生下凯撒里昂（Caesarion）的场景。[3] 他们做了一件好事，因为拜阿里所赐，神庙已经不复存在了。当时对遗迹保护缺乏足够的重视，这就是为什么在 1821 年，克劳德·勒洛兰（Claude Lelorrain）可以从神庙的天花板上炸出丹德拉黄道带浮雕并将其带回法国。[4]

文物常常经探险家之手流出埃及，但也有其他途径。在埃及战役（1798—1801）期间，拿破仑的学者们积累了一批令人叹为观止的文物，并打算将它们带回法国。然而，在 1801 年法国向英国投降后，许多文物作为战利品被英国人没收了。这就是为什么罗塞塔石碑（Rosetta Stone），这把解读古埃及语的钥匙在大英博物馆，而不是卢浮宫。[5] 英国人和法国人都不认为罗塞塔石碑属于埃及。这是一个属于未来的概念，直到图坦卡蒙发掘时才会被完全阐明。

令人惊讶的是，最早的禁止未经官方许可出口文物的法律出现在穆罕默德·阿里统治时期。1835 年，阿里颁布的法令涉及最早关于遗产的讨论，直言文物是民族自豪感的来源。[6] 显然，穆罕默德·阿里没有亲自制定法令，但这是抑制埃及文物流失的重要的第一步。同样重要的是，1858 年，埃及成立了古物管理局，由奥古斯特·马里耶特担任首任局长。当时仍存在非官方的文物交易，马里耶特、加斯顿·马斯佩罗等早期的古物管理局局长都曾有过此类交易。1863 年，博拉克建立了第一座永久性博物馆，这是保护埃及遗产的重要一步。此前，文物从一个临时地点被转移到另一个，并经常被作为礼物赠送给来访的政要。有了新博物馆，国家藏品就有了永久的归宿。马里耶特和他的宠物瞪羚就住在博物馆里。

在成为古物管理局局长之前，马里耶特曾侵吞了一批顶级文物，他将200箱文物送回了卢浮宫。如今，他作为局长，成为埃及遗产的忠实保护者。1867年，阿霍特普女王（Queen Ahhotep）的珍宝被送往巴黎国际博览会，欧仁妮皇后对女王优雅的珠宝赞誉有加，并告诉埃及总督伊斯梅尔她想要它们。马里耶特力争将它们留在了埃及。[7] 博物馆藏品属于博物馆，它们不会被赠送给任何人。但在埃及方尖碑的保护上，马里耶特就没有那么成功了。在其任内，有两座方尖碑流失海外，一个被送到了伦敦，另一个被送到了纽约。[8]

英国控制埃及后，古物管理局和博物馆被置于公共工程部的管辖之下。1883年，一项关于出土文物的法令规定，如果发掘者发现了同类文物，便可以保留若干件。这种文物分成的做法，首次以法令的形式被正式确定。[9] 根据该法令，埃及博物馆将无偿获得重要的文物，外国的博物馆也可以确保他们能在有文献记录的情况下获得文物。许多有来源证明的文物通过埃及探索基金会启动的埃及发掘活动流失海外。[10] 该基金会总部在英国，基金会的捐赠人可以从基金会获得的文物分成中分一杯羹。其中一些捐赠人是美国的博物馆，如波士顿美术博物馆和纽约大都会艺术博物馆。最终，这些博物馆决定，与其借他人之手，不如自己发起雄心勃勃的发掘计划，这也引得其他机构纷纷效仿。随着这些新涌现的发掘和发现，埃及所能掌控的文物就愈加少了。大约在这个时候，埃及博物馆设立了一个文物商店，游客和其他人可以在那里购买与博物馆藏品重复的文物。如果博物馆已经有300具第三中间期的棺具，为什么不出售那些破损的同类文物或样品呢？买方可以获得出口许可证和交易收据，以证明文物交易的真实性。这是一项明智的决策。如果发掘者能够保留他们发现的同类出土文物，那将鼓励更多的发掘和发现。通过出售同类文物，可以帮助博物馆筹集资金和支持古物管理局。持证的古物交易商亦可在古物管理局的监督下出售文物。这种做法一直延续到现代。20世纪70年代，前往埃及学习的学生可以走访卢克索的特许古董商，他们出售便宜的护身符和圣甲虫，即使是学生也能买得起。除了挑选纪念品，这对他们来说也是一次极好的学习经历。

外国发掘者保留重复文物，以及埃及博物馆和持证的文物经销商出售重复文物的做法，不足以解决 1891 年在代尔巴赫里出土的大量棺具和随葬品所造成的过剩。[11] 出土的 153 件文物中有许多被埃及总督赠予他国，以示外交姿态和维系与友邦的良好关系。埃及文物既是亲善大使，也是收入来源。因此，图坦卡蒙的陵墓被发现时，文物离境和发掘者获得文物分成是公认的惯例。也有一些例外，但它们被妥善解释了。最大的特例是帝王谷，根据规定，一旦发现完整的墓葬，那么所有出土文物都归古物管理局所有。

在图坦卡蒙陵墓被发现之前，帝王谷只有一座几近完好无损的陵墓被发现，那就是西奥多·戴维斯发现的图坦卡蒙的外祖父母尤雅和图雅的墓。[12] 尽管发掘许可规定所有东西都将留在埃及，但古物管理局还是提出给戴维斯一部分文物，但戴维斯拒绝了，他说所有的东西都应该留在埃及。[13] 因此，卡特和卡纳冯完全有理由相信他们有机会获得文物的分成。文物分成有着悠久的传统，而且图坦卡蒙的陵墓曾遭两次盗掘，因此它并不完整。即便是帝王谷发现的唯一一座完整的陵墓——尤雅和图雅墓都给了发掘者部分文物。那么，为什么他们不能得到分成呢？

游戏规则的最终改变

正如我们所知，卡特和卡纳冯是在埃及的政治动荡时期发现这座陵墓的，当时，埃及的民族主义思潮达到了顶点，但英国人没有把握住形势，他们的举动糟糕透顶（见第四章）。经过旷日持久的谈判，埃及政府最终决定将图坦卡蒙的所有宝藏留在埃及。在过去的殖民时期，法国局长对文物分成的态度非常宽容。但现在，随着埃及的民族主义思潮日益高涨，埃及人首次对文物保护法进行了非常严格的解释。就此，我们可能会问他们作出这一决定的理由。为什么图坦卡蒙的所有宝藏都应留在埃及？

这个问题的答案是合法性，卡特曾考虑在埃及开庭。毫无疑问，他的律师会辩称这座陵墓并非完好无损，有相当多的证据表明曾发生过两次盗墓事件。因此，根据特许权的规定，卡纳冯在法律上有权对这些发现进行分成。这当然是一个可辩护的立场。

古物管理局可能会辩称，就实际目的而言，陵墓是完好无损的。它可能曾被"翻得乱七八糟"，但盗墓贼没有带走任何重要的东西，因此这不是一座"被洗劫"的陵墓。这也是一个可辩护的立场，其关涉法律的精神而非法律的文字。事实上，这正是皮埃尔·拉考所想的。1922 年 12 月，仅仅在陵墓发现之后一个月，他就已经考虑要将图坦卡蒙的所有宝藏留在埃及了。他在致公共工程部副部长的信中，首先解释了与卡纳冯签订合同的合法性，然后说：

> 就本合同和与先前类似的特许权合同中所用的"完整墓葬"这一表述，卡纳冯勋爵明确表示并承认，"我们完全理解，这并不意味着它未受侵犯过，而是指其随葬品保持良好的状态，且构成一个整体墓葬。"[14]

我们不知道法院会作出何种裁决，但这只是这一问题的法律层面。更有趣的是，双方都在想什么。古物管理局决定将图坦卡蒙的宝藏留在埃及，其理由是什么。即使法院作出了有利于他们的裁决，图坦卡蒙的所有宝藏在法律上都属于他们，古物管理局仍有可能想分割给卡纳冯夫人一部分文物。

例如，将重复的文物分给发掘者，以此鼓励未来的发掘，这将使埃及不费一钱就可以有新的发现，进而增加对古埃及的了解。此外，世界各地的博物馆收藏埃及文物，也可以培养人们对古埃及文明的兴趣，提高埃及的国际声望，发展旅游业，等等。这些都是显而易见的论点，官员们在作出决策时肯定会考虑到这些，毕竟有不少重复的文物。图坦卡蒙陵墓出土了 400 多个巫沙布提俑，完全可以余留出少量。我们知道，在卡纳冯女士签署了自愿放弃分割文物的权利后，卡特得到保证，她仍然会得到一些重复的文物。但当最终决定作出时，她却一无所有。

外国发掘队对文物分成心存期望，而且认为这关乎生死存亡。他们的博物馆受托人还会给那些空手而归的探险队提供资金吗？他们认为不会。他们认为自己的未来岌岌可危，因此无比坚定地支持卡特。事实上，大都会艺术博物馆的探险队已经取消了 1924 至 1925 年的发掘季：

> 由于开罗古物管理局局长皮埃尔·拉考，对 1924 年 11 月 1 日生效的埃及考古田野工作条例进行了彻底修订，受托人决定暂停大都会埃及探险队的发掘，等待谈判的结果，以便在新法规之下，寻求充分保障后续工作的公平和公正环境。[15]

并非所有人都反对拉考。萨卡拉的首席巡视员是英国人塞西尔·费斯（Cecil Firth），他在致公共工程部长和副部长的信中支持拉考（当然，拉考是他的上司，部长和副部长也是）：

> 我想提请部长注意，我认为这场争端的根本原因在于某个或多个外国团体对埃及政府的敌意，他们的利益因拉考先生代表他所服务的国家所做的工作而受到威胁。我希望部长知道，至少有一位他在古物管理局的同事怀有同样的态度。就我个人而言，我认为纽约大都会博物馆一直抱有一种希望，那就是将相当数量的图坦卡蒙的文物顺理成章地收入囊中……你一定会注意到，《泰晤士报》发表的打开石棺的报道中，哈克尼斯先生（Harkness）的名字（哈克尼斯是博物馆的受托人和捐赠者）在拉考先生之前被提到，而且极尽宣传之能事，强调了大都会博物馆在卡特藏品中的份额。[16]

除了对母国的发难，费斯似乎没有意识到卡特可能仅仅是出于感谢大都会博物馆为他的发掘团队提供了四名关键的成员，并希望尽可能地给予他们荣誉。尽管如此，古物管理局最终还是决定不给卡纳冯夫人任何东西。

我认为可以得出如是结论，即这个决定在一定程度上带有政治性。民族主义者高呼"这是我们的陵墓！"，他们很难做到"放弃"埃及的遗产。在激烈的斗争中，人们的观点从"这是我们的"转变为"这些要留在这里"，这是两件截然不同的事情。这种立场逐渐变得更加强硬，从"这件留在这里"变成了"一切都留在这里"。这一立场与民族主义捆绑在一起，并且在有关图坦卡蒙的宝藏的争论和埃及人如何看待它们中萌发。

最终改变游戏规则的是 1983 年 8 月 6 日颁布的埃及第 117 号法令（通常被称为 1983 法令）。它不仅终止了埃及的文物出口，吊销了文物经销商的执照，而且严格限制合法的文物交易。法令第 6 条规定，一切文物属国家财产，"所有文物均受严格监管，并被视为国家财产"。第 8 条规定，即使收藏文物也属非法，"禁止收藏文物"。第 9 条禁止一切文物离境，"（文物处置不当）致使文物运出国外"。

该法令没有追溯效力，因此 1983 年之前以合法途径运出埃及的一切文物仍可被合法拥有。在今天，如果佳士得或苏富比想要拍卖一件文物，就必须证明其出处，即它是在 1983 年之前合法获得的。因此，现在的文物市场交易的都是些"老物件"，它们在不同的所有者之间流通，而且越来越难找到。这一切都始于图坦卡蒙陵墓的发掘过程中引发的遗产问题，不过这对考古学来说可能是一件好事。

第二十章

超级明星图坦卡蒙

在陵墓被发现之初，人们就对图坦卡蒙着迷不已。这个来自遥远过去的人，这位神秘的国王，不知怎么卷入了一场宗教革命，而现在他的陵墓重见天日，里面可能堆满令人难以置信的宝藏。谁会不兴奋？甚至在陵墓被打开之前，艺术家们就已经在报纸上描绘出他们想象中的陵墓了（见彩图6）。陵墓被打开后，几乎每天都有新的宝藏被取出。《伦敦新闻画报》每周都会报道本周有哪些文物被移走，哈里·伯顿拍摄的精彩照片就是证明。在法国，《画报》也是用这种方式来保持人们对图坦卡蒙法老的狂热。无论是孩子还是成年人，都留着有关陵墓发掘的剪报。这是一段伟大的历史，他们深知这一点。

卢克索的酒店里挤满了游客，他们情愿顶着埃及炽热的阳光站在墓旁，只为一睹卡特及其团队取出的下一件珍宝。机敏的摄影师在文物运往实验室前拍下照片，并迅速将这些照片制成明信片，卖给那些可以写信回家的游客们，"我在那里！"。这些动态明信片捕捉到了当下的即时感。

最早的一些纪念品是为前往图坦卡蒙陵墓的早期朝圣者所制的。在开罗的集市，你可以去艾哈迈德·苏利曼（Ahmed Souliman）的商店，挑选一瓶图坦卡蒙香水带回家给你的爱人（见彩图25），你也可以买一把守护神雕像造型、制作精美的图坦卡蒙铅笔刀（见彩图 26）。如果你不想要那么多图坦卡蒙的小玩意，也可以跟随歌曲翩翩起舞，其中不少都是人们在知道图坦卡蒙是一位少年法老之前创作的。《老图坦卡蒙是个聪明的老疯子》中有这样一句歌词：

> 他上了他的皇家床榻，
>
> 在公元前三千年。
>
> 他在十二点钟拨通了电话，
>
> 在一九二三年。[1]

有些专为杂耍表演而创作的歌曲，歌词里的闹剧比历史要多得多。有一首歌叫《3000 年前》（*3000 Years Ago*），这首歌杂糅了各种文化，毫无意义：

> 他们（两具木乃伊）向我诉说了图坦卡蒙国王和他所知的一切，
>
> 现在我就将他们之言翻译给你听……
>
> 每个女人都戴上面纱遮住她的脸庞。
>
> 我看到今天很多女孩也做如此打扮。
>
> 女士们向男人行额手礼，否则定会被炒鱿鱼。
>
> 如今你向女孩行额手礼，你定会被狠揍一顿。[2]

简直没有比这更糟糕的歌词了。

查尔斯·卡特（Charles Carter，与霍华德没有亲属关系）从人们对图坦卡蒙的狂热中受益匪浅。在陵墓被发现时，查尔斯已经是一位公认的魔术师了，他很快就利用起自己的名字，印刷了巨幅海报，宣称自己是"卡特大帝"，骑在狮身人面像前的骆驼上（见彩图 27）。海报上写着，他"将拂去狮身人面像的秘密，并将老图坦卡蒙陵墓的奇迹带到现代世界"。有两条线索暗示了海报是在仓促之间印刷出来的。其一，"老图坦卡蒙国王"的叫法，查尔斯还不知道图坦卡蒙是个少年。其二，动词"拂去"并不能真正奏效，"揭示"会更好。这显然是仓促之举。2001 年，格伦·古尔德（Glenn Gould）写了一部关于"卡特大帝"的优秀小说，他捕捉到了喧嚣的 20 世纪 20 年代上演的魔幻场景。[3] 这部小说值得一读。

第一部以图坦卡蒙为题材的小说《法老之吻：图坦卡蒙的爱情故事》（*The Kiss of Pharaoh: The Love Story of Tut–Anch–Amen*）在 1923 年问世，也就是陵墓被发现后不久。[4] 书封上写着：

> 那些读过图坦卡门奢华陵墓的发现和开启之人，或是那些看过报纸刊载的宝藏照片之人，一定会特别喜欢这本关于年轻法老辉煌统治和陨落的小说。所有底比斯人结成壮观的队列，穿行于沙漠里的帝王谷。

这部小说出版时，人们对图坦卡蒙知之甚少，甚至连他的王后安赫塞纳蒙的名字也从未听过。在书中，图坦卡蒙历经磨难最终迎娶了拉娜。在小说的结尾，一位占卜者预言图坦卡蒙的统治只有七年，在其死后 3000 年，他的陵墓将会遭到外族劫掠。

虽然《法老之吻》是陵墓发现后出版的第一部小说，但它也许不是第一部关于陵墓发现的小说。有一部小说写于发现图坦卡蒙陵墓的 50 年前。泰奥菲勒·戈蒂埃（Théophile Gautier）在 1857 年创作的《木乃伊罗曼史》（*Romance of a Mummy*）中准确预测了卡特和卡纳冯的发现："'我有一种预感，我们将在帝王谷发现一座完好无损的墓葬'，一位举止傲慢的年轻英国人对一个外表谦逊得多的人说。"[5] 这个谦逊之人正是勋爵聘请的考古学家。

在小说的序言中，富有的英国人埃文代尔勋爵（Lord Evandale）发现了埃及女王塔霍瑟（Tahoser）的完整陵墓。解开裹尸布后，他们发现木乃伊保存得非常好：

> 当年轻的勋爵站在这位已逝美人身侧，目光所及之处，大理石或绘画中过去时代的女子魅力绝世，那种溯及过往的渴望顿时

油然而生。在他看来，倘若他生于 3500 年前，他很可能会爱上她，那安息在未经扰动的墓穴中的美好之人。[6]

在木乃伊和其余随葬品被运往英国后，发掘者在石棺内发现了一张莎草纸，它讲述了关于塔霍瑟的动人故事。塔霍瑟是出埃及记时期一位大祭司的女儿，她爱慕一个希伯来女子，却没有得到对方的回应。然而，法老深爱着她，她必须嫁给法老。当她的希伯来真爱得知塔霍瑟对未婚夫的爱意之后，便建议法老以真正的圣经形式娶她们二人。天不遂人愿。《出埃及记》中的瘟疫和诅咒使一切化为泡影，塔霍瑟被留在了埃及。法老再也没有从红海彼岸返回，于是塔霍瑟女王成为埃及的统治者。没过多久，塔霍瑟女王便离世并被下葬，直至 3000 年后才被埃文代尔勋爵发现。《木乃伊罗曼史》的结尾写道：

> 至于埃文代尔勋爵，尽管他是家族的唯一子嗣，但却从未考虑过结婚。年轻的女士们无法理解他对异性的冷漠，她们可会想象到，埃文代尔勋爵对 3500 年前去世的佩塔穆诺普大祭司的女儿塔霍瑟的爱意吗？[7]

图坦卡蒙的首展

当人人都在匆忙炮制图坦卡蒙的小说、香水和歌曲出售时，1924 年在温布利举办的大英帝国博览会正在筹备首个图坦卡蒙展。卡特试图阻挠展览的举办，声称他们使用了伯顿的照片来制作图坦卡蒙的陵墓随葬品的复制品，但卡特没有成功。这些复制品由威廉·奥莫尼尔（William Aumonier）负责制作，他是赫尔市（Hull）的一位著名的雕塑家，曾建造过几座公共纪念物。他与团队合作，仅用了八个月的时间，就完成了陵墓出土的三张随葬长榻、一辆战车、镀金宝座、镇墓俑、雪花石膏花瓶等文物复制品的雕刻、绘制和镀金（图 20.1）。尽管阿瑟·韦戈尔声称这些复

图 20.1 借人们对图坦卡蒙的狂热，英国温布利即将举办文物复制品的展览（佩吉·乔伊图书馆）

制品并非来自伯顿的照片，但我们很难相信奥莫尼尔从来没有看过它们，因为这些照片经常出现在《伦敦新闻画报》上。有趣的是，《伦敦新闻画报》不仅报道了图坦卡蒙文物的发现，还报道了奥莫尼尔创作的复制品。奥莫尼尔也许是一位优秀的艺术家，但他肯定不是一位历史学家。他说图坦卡蒙每天乘坐战车，以弓箭射杀奴隶为乐。[8]

展览取得了成功，甚至在电影院放映的新闻短片里，还展示了复制品在工作室被雕刻和镀金的过程。[9]尽管这些复制品因其精确性而广受赞誉，但远观它们的效果更好。如果近距离观察，它们给人的感觉就像是专为游客提供的复制品。说句公道话，奥莫尼尔是在没有实际测量的情况下，用二维照片制作三维物体。此外，可用的彩色照片非常少，因此很难调出正确的颜色。韦戈尔是展览的专家顾问。他曾见过真实的文物，肯定知道复制品不太准确。我很想知道他对这次展览有何看法。

温布利的复制品准确与否见仁见智，它们一直就在那里。展览结束后，它们被当地商人阿尔伯特·雷基特（Albert Reckitt）买下，并于1936年赠送给赫尔市，以便使所有人都能看到它们。第二次世界大战期间，这些复制品被放入库房，在大轰炸中得以幸存，1972年，它们与大英博物馆的"图坦卡蒙珍宝"展览同时展出。如今，它们在赫尔市的实践历史博物馆（Hands on History Museum）永久展出，人们可以在那里看到这些属于图坦卡蒙狂热时期的佳作。

温布利的展览取得了巨大的成功，但图坦卡蒙宝藏巡回展览的想法是在未来几十年才得以提出的。每个人都应见证它的到来。当卡纳冯将图坦卡蒙的故事的版权出售给《泰晤士报》的那一刻，就开启了埃及考古学的货币化。卡特从图坦卡蒙的讲座和书籍中赚够了退休金。图坦卡蒙的宝藏一度是大买卖，但后来就不是了。这些宝藏被转移到开罗博物馆后，远离埃及的公众对它们就失去了兴趣。但当埃及遗迹陷入危机时，图坦卡蒙被召唤出来拯救它们，图坦卡蒙展览由此诞生。

图坦卡蒙的重磅展

20世纪60年代，埃及开始计划在阿斯旺建造高坝。[10] 不断增长的人口使埃及迫切需要水力发电，但大坝后面升高的水位将形成世界上最大的人工水体纳赛尔湖，这将淹没埃及的一些最伟大的遗迹。在联合国教科文组织的帮助下，国际社会发起了一场大规模的营救运动，以拯救埃及的努比亚遗址。该项目使埃及从民族主义中破茧而出，登上了世界舞台。

诸多国家承担起保护濒危古迹的责任。在瑞典的领导下，阿布辛贝尔神庙被切割后迁移至高地重新组装。[11]菲莱神庙被拆解后一块一块地搬到了地势更高的岛屿上。[12]小型神庙被拆解并迁移到更远的地方，这样它们就能屹立在纳赛尔湖畔，而非湖底。[13]拯救埃及的遗迹需要十多年的时间，这需要广泛的国际合作。为了提高人们对埃及遗迹所处困境的认识并寻求帮助，1961年举办了一场小规模的图坦卡蒙文物的国际巡回展。图坦卡蒙的角色已经从活动家变成了大使。

这是古物管理局首次让图坦卡蒙的文物出境进行巡回展出，没有人真正知道该怎么做。这虽然不算一个重磅展览，宣传力度也不大，但仍然取得了成功。展览在美国的18个城市和加拿大的6个城市举行，之后又到了日本，在那里有300万人参观了少年法老的珍宝。展览的成功举办部分归功于物流运输。这是一个只有34件文物的小型展览，以图坦卡蒙的珠宝为特色。一辆厢式货车就可以装载所有的展品，运送起来很容易。人们对埃及遗迹所处困境的认识得到了提升，许多国家都参与保护，并且筹集了资金。就连长期控制古物管理局的法国也加入了拯救遗迹的行列。作为回报，卢浮宫在1967年举办了一场图坦卡蒙展览。[14]这场展览非常成功，而且第一次揭示了图坦卡蒙展览是如何帮助博物馆创收的。这离重磅展览还相去甚远，直到博物馆界的P. T. 巴纳姆（P. T. Barnum）①横空出世。

博物馆重磅展览的概念要归功于两个人：图坦卡蒙和托马斯·霍文（Thomas Hoving）。在十年的时间里，霍文，这位纽约大都会艺术博物馆的个性馆长，使博物馆从沉闷的艺术宝库变为生机勃勃的展览馆，一个值得一看的地方。霍文开创了非凡且极具活力的借展制度，博物馆正门悬挂着巨大的马戏团式横幅。霍文想为大都会艺术博物馆做的事，就像《超级

---

① P. T. 巴纳姆（1810–1891），美国著名商人、展览和演艺表演者。他被认为是娱乐业的先驱者之一，被誉为马戏团的"创始人"和"最伟大的骗子"。——编者注

巨星耶稣基督》（*Jesus Christ Superstar*）①为《圣经》所做的事一样。他打算把艺术带给新的观众，就像百老汇一样，他通过评论、上座率和票房收入来衡量展览成功与否。从这三个衡量标准来看，霍文策划的展览很受欢迎。他的第一个展览是"我心目中的哈莱姆"（Harlem on My Mind，1969），旨在吸引新的人群走进博物馆。然后是"斯基泰黄金"（Scythian Gold，1975），展览展出的黄金梳子、项链和手镯熠熠生辉，它们大约在公元前400年由聚居在天寒地冻的阿尔泰和帕什里克山脉（Altai and Pasyryk Mountains）的一个鲜为人知的文明制作而成。[15] 为了借调"斯基泰黄金"，大都会艺术博物馆将一些馆藏绘画名作借给苏联举办展览。

"斯基泰黄金"的观展人数突破了历史新高，人们纷纷前来观看由神秘文明创造的古代黄金珍宝。成功不仅是文化上的，也是财政上的，扩建后的纪念品店出售的精美彩色目录和珠宝复制品取得了巨大的收益。继这一展览后，大都会艺术博物馆还举办了"俄罗斯服饰"（Russian Costumes，1976），霍文与杰基·奥纳西斯（Jackie Onassis）一同前往莫斯科挑选适合展览的服饰。通过这些迷人的展览，霍文向博物馆界证明，广为宣传的展览和充满活力的纪念品店可能成为博物馆的主要收入来源。

尽管霍文早期的展览相当成功，但它们跟今天的重磅展览截然不同。这个拼图所缺失的一块就是保险。外国博物馆借出的文物必须投保，而保险需要花钱。对于早期的展览来说，若展品总价值达数百万美元，大都会艺术博物馆尚可为所有展品投保，但当霍文开始考虑更大手笔的展览时，真正的问题就暴露出来了。图坦卡蒙的黄金面具值多少钱？一亿美元？还是更多？他的黄金首饰呢？如果以这样的方式进行估价，保险费用就太高了，即使对大都会艺术博物馆来说也是如此。

---

① 《超级巨星耶稣基督》是一部英语音乐剧，创作于20世纪70年代初。这部音乐剧使用了摇滚和流行音乐风格，以及现代化的舞台表演手法，讲述了《圣经》所描绘的耶稣在世间的最后一周的故事。这部音乐剧在百老汇首演后，在全球各地进行了演出，取得了巨大的成功，并成为音乐剧界的经典之一。——编者注

　　这个问题的解决方案来自一种鲜为人知的政府做法，旨在帮助在海外经营的美国企业。美国政府补偿离岸企业价值的 90%。霍文奔走游说，让这种做法覆盖到美国的博物馆。毕竟，当他们把国外的艺术品带到美国，他们就是在与外国博物馆"做生意"。他的想法奏效了，该法案很快在国会和参议院获得通过，并由杰拉尔德·R. 福特总统签署生效。通往重磅展览的道路更加平坦了。霍文在其自传中，揭秘了自己在大都会艺术博物馆的日子，他坦言，法案一通过，他就开始了一系列重磅展览的策划活动。[16] 但图坦卡蒙展的举办却被人捷足先登了。

　　1972 年，为庆祝图坦卡蒙陵墓发现 50 周年，大英博物馆与埃及达成协议，将举办一次更大规模的图坦卡蒙展，50 件展品中包括著名的黄金面具。这是一次国际巡回展览，但它将在大英博物馆开展。[17] 最后，英国得到了图坦卡蒙。

　　大英博物馆的图坦卡蒙展创下了英国历史上观展人数的纪录，随后，该展览又前往其他国家巡回展出。霍文迫切地希望大都会艺术博物馆能举办这个展览，因为他知道如果市场营销得当，这个展览有巨大的潜力，最初他失败了，但他还是得到了幸运女神的眷顾，理查德·尼克松总统介入其中，尼克松询问埃及总统安瓦尔·萨达特（Anwar Sadat），展览是否可以到美国巡展，萨达特表示同意，并希望借此巩固与美国的良好关系。但从某种意义上说，霍文是被其他人打败的。华盛顿国家美术馆馆长卡特·布朗（Carter Brown）早些时候意识到了举办图坦卡蒙展览的可能性，并就此与埃及方达成了协议。[18] 展览将前往美国的五座城市，并将在国家美术馆开幕，这让霍文非常懊恼。尽管如此，协议规定将由大都会艺术博物馆负责组织此次参观。这堪称为重磅大展的发明营造了完美的风暴。图坦卡蒙具有明星效应，霍文提供营销技巧。他将额外挑选五件左右图坦卡蒙的文物，使展览别具一格。此外，他还制作了藏品目录。不过也许更重要的是，霍文将挑选的文物进行复制并在纪念品店出售。P. T. 巴纳姆有他的巨型大象，霍文有他的图坦卡蒙法老。这一切都令人兴奋，但霍文还不知道与埃及人打交道会有多困难。

霍文面临的第一个问题是与埃及文物组织主任加迈勒·莫赫塔尔（Gamal Mokhtar）预约。尽管萨达特总统已经下令，美国将举办该展览，但莫赫塔尔将最终决定哪些额外的文物可以参展、财政如何安排，以及每个城市的展期有多长。当霍文与莫赫塔尔会面时，他对主任办公室的混乱感到震惊。霍文的描述或许有些夸张，但莫赫塔尔担任文物主管时，我就在那个办公室，我可以证明他所言非虚。

办公室是一个很大的房间，没有丝毫隐私，每个人都在为自己手头的工作申辩。莫赫塔尔的两部电话一直在响。霍文在上午 11 点到达，终于在下午 1 点前后与莫赫塔尔进行了交谈。谈话持续了不到一分钟。莫赫塔尔看到霍文时，他说："霍文博士，今晚来喜来登酒店见我。届时一切都会解决。"

展览的各种细节都必须作出决定，但莫赫塔尔不是一个果断的人。当霍文给了莫赫塔尔一份他想展出的附加清单时，莫赫塔尔说会考虑。莫赫塔尔又问大都会艺术博物馆将收取多少门票，霍文解释说大都会艺术博物馆不收门票。这却让莫赫塔尔坚信展览是不可能的了。埃及文物组织的资金将从哪里来？重磅大展还没有被发明出来。也没有人知道纪念品店的销售、展品目录，以及想与图坦卡蒙的魅力联系在一起的赞助人将会带来多么可观的收益。

霍文解释说，像使用了图坦卡蒙图案的爱马仕围巾这类商品将可筹集成千上万美元。最后，霍文表示，他确信在与文物组织的合作中，他将贡献 140 万美元。莫赫塔尔说会考虑，并建议霍文一个月后再来。

霍文返回美国后，又举行了更多的夜间会议，这一次取得了一些进展。霍文与富兰克林铸币局（Franklin Mint）和博姆瓷器公司（Boehm Porcelains）达成了生产纪念品的协议，这将带来数百万美元的收入。莫赫塔尔为此激动不已。霍文解释说，他必须带领团队返回开罗，拍摄用于制作藏品目录的文物，为纪念品店出售的复制品制作模具，同时仔细测量尺寸以便制作展柜。就像过去那些日子里经常发生的，当时博物馆里没有电，他们需要架设灯光进行摄影。没问题，莫赫塔尔向霍文保证，等他再来的时候会有电的。

霍文和他的团队在三个月后，即1975年1月抵达开罗。仍然没有电，但他得到过保证，三个月后就会有电。大都会艺术博物馆馆长大发雷霆。在他的愤怒平息后，取而代之的是恐惧，最后是一个计划。幸运的是，在之前的一次旅行中，霍文遇到了弗阿德·艾尔－奥拉比（Fuad el-Orabi），艾尔－奥拉比可能是埃及唯一一个拥有知识和能力来解决这个问题的人。霍文立即给艾尔－奥拉比打了电话。艾尔－奥拉比是大金字塔声光计划的负责人。每天晚上，数千名游客购买门票，坐在吉萨高原的折叠椅上，观看金字塔上闪烁的彩灯，同时，有一名讲解员讲述金字塔的年代和神秘。灯光秀很有戏剧性，游客们都很喜欢，几十年来，它在财政收益方面取得了成功。霍文认为，这场演出需要大量的电力和专业知识才能完美运行。他向艾尔－奥拉比提供了一份在大都会艺术博物馆拍摄团队中担任电气顾问的职位。艾尔－奥拉比与霍文约定，当晚十一点半在埃及博物馆的后墙外会面。

在指定的时间，一辆卡车停在空寂无人的街道上，艾尔－奥拉比、两名技术人员和一根巨大的电缆出现了。这些人开始在路灯下挖掘。他们打算接进开罗的照明系统，再将电缆顺着博物馆的墙壁一直延伸到屋顶，穿过破碎的天窗，进入大都会艺术博物馆团队工作室所在的房间。霍文对接进开罗照明系统的高压电线深感担忧，艾尔－奥拉比看了看手表，只说了句："耐心点，霍文博士。"很快，博物馆周围几个街区的灯开始变暗，然后熄灭了。第二天早上，博物馆的官员惊讶地发现霍文的团队在明亮的灯光下，正在拍摄图坦卡蒙的珍宝。

获得"图坦卡蒙珍宝"展的举办权是一场持久战，有时也是一场有趣的斗争。霍文期望赴美参展的额外五件图坦卡蒙的文物中有塞尔凯特雕像，她是四位女神之一，守护着存放少年法老内脏的神龛。她将会成为纪念品店的畅销商品，但实现这一点并非易事。图坦卡蒙的器官放在一个精美的雪花石膏盒内，外面是环绕着四位女神的镀金木质神龛。整套文物蔚为可观，但霍文只想要塞尔凯特的雕像，这位女神的头上有一只蝎子，以显示她有多么强大。

当霍文说他只想要塞尔凯特的雕像参加展览时，很快就被断然拒绝了——四尊雕像及其底座是用一块木头雕成的，无法分开。这是胡说八道，霍文知道这一点。他研究了 20 世纪 20 年代的发掘照片，发现雕像是被拆解后从陵墓中抬出的。他向他的埃及同事们提出了一个他们无法拒绝的赌注：如果他能把塞尔凯特的雕像从基座上抬出来，他就可以将其用于展览，而且还在开罗最好的餐厅请大家共进晚餐；如果他抬不出来，他就在餐厅请他们吃两顿饭。这对埃及人来说是双赢，于是霍文戴上他的白色工作手套走向神龛，抓住塞尔凯特的雕像抬了起来。毫无疑问，它立刻就出来了。后来，塞尔凯特的雕像被复制成三种尺寸，其中最大的一个在纪念品店的售价超过 1500 美元。近 50 年后的今天，这些复制品仍然可以在博物馆的纪念品店中买到（见彩图 28）。

人人都想看少年法老

往返埃及的行程，与埃及当局无休止的谈判，以及五个城市的展览安排，使得霍文身心俱疲。他在埃及的冒险经历并不是什么值得怀念的事。我第一次见到他是在大学的一次晚宴上，那时他刚从埃及回来，心有余悸。我是学校里唯一的埃及学家，让我坐在霍文旁边显然是校方的决定。

尽管在埃及经历的磨难让霍文感到疲惫不堪，但他对展览终于得以举行感到非常兴奋，并对我说："如果你想为你的学生订票，最好打电话给克里斯蒂娜。"克里斯蒂娜·利利奎斯特是大都会艺术博物馆埃及藏品的策展人，也是他的朋友，但霍文是什么意思？大都会艺术博物馆展览的门票？

这是一座非常古老的博物馆，拥有许多重要的藏品，但它从不拥挤。你根本不需要购买展览门票。

当我问门票要多少钱时，整件事变得更加令人费解了。门票是免费的。霍文解释说，大都会艺术博物馆从纽约市获得了大量经费，而且他们的章程规定不能收取门票费用。因此，门票不是为了增收，而是为了控制人流量。他们预计会有相当多的人前去观展，观众需要提前预约门票，以避免造成大规模的拥挤。如果大都会艺术博物馆支付数百万美元购买展览权，而门票是免费的，他们将如何收回成本？从礼品和商品销售中，霍文告诉我。[19] 请再说一次，我没明白他是什么意思。这还是在纪念品店成为博物馆的时尚购物场所之前，在他们准备围巾的图案和昂贵的纪念品之前。

第一次放票那天，我和两个年幼的女儿冒险去买票。凌晨五点半前后，我们到达博物馆，此时第五大道上已经排起了长队。这里有一种聚会的氛围，每个人都在与他人交谈，巨大的图坦卡蒙横幅在大都会艺术博物馆正面的顶部飘扬，所有人都对成为历史的一部分感到兴奋。博物馆一开门，队伍移动得出奇地快。每人可领取四张门票，你还可以选择观展的日期。

我们最终进入了展厅，展览没有让我们失望。每一件文物都被精心展示，预约售票系统也运作正常。展馆里人虽然多，但并不过分拥挤。你可以看到一切展品，而且会感觉到你是这一特殊文化活动的一部分。最拥挤的地方是纪念品店。每个人都想要购买纪念品，还有一些在以前的博物馆纪念品店里从未出现过的高价商品。霍文成功了。图坦卡蒙取得了成功，而且是巨大的成功。埃克森公司（Exxon）制作并提供了一本教师手册，供纽约市的学校使用，于是图坦卡蒙成为学校课程的一部分。[20] 教师手册是一套精心制作的工具包，包括卡特手写卡片的复制品、石棺周围黄金神龛的纸板剪纸，以及基础的象形文字课程。

图坦卡蒙大获成功，1978 年 4 月 22 日，他还出现在《周六夜现场》（Saturday Night Live）节目中，史蒂夫·马丁演唱了如今家喻户晓的《图坦卡蒙王》(*King Tut*)。记得这首歌的人也许还能回忆起那句令人难忘的台词："出生在亚利桑那，搬到了巴比伦尼亚，图坦卡蒙王。"但却鲜有人记得歌词的大部分内容其实是关于博物馆展览的。

> 他的面庞年轻依旧，
>
> 他从未想过会目睹，
>
> 人们排队来看少年法老……
>
> （图坦国王）现在倘若我知晓，
>
> 他们排队来看他，
>
> 我已倾尽了所有，
>
> 为我买下一座博物馆（图坦国王）。

霍文一定曾非常激动。

最后，埃及的文物组织获得了 1100 万美元的收益，大都会艺术博物馆不仅赚了钱，还增加了会员数量。但即使展览取得了成功，霍文与埃及的纠葛还没有结束。当一切结束，所有文物都已打包并安全归还之后，霍文回到埃及，感谢萨达特总统的帮助，并赠送给他一尊巨大而昂贵的塞尔凯特雕像的复制品。

当霍文到达开罗机场时，一名海关检查员看到了装有塞尔凯特雕像的木箱，要求打开它。取下盖子，检查员看到的竟是张开双臂的镀金女神雕像。他惊讶地喘着粗气："扣押它！"霍文解释说，这是一件复制品，是送给萨达特总统的礼物，但结果并没有什么不同。它还是被没收了。霍文问检查员是否曾抓到有人从埃及走私文物。是的，他曾经发现过很多。那么，他有没有抓到过向埃及走私文物的人？"说得不错。但无论如何我都必须扣押它。"[21] 而且他也这么做了。

最后，霍文只得两手空空地去感谢萨达特总统为美国获得展览举办权而给予的帮助。他把雕像被没收的事告诉了总统。萨达特笑着说："这是埃及的完美形象！塞尔凯特再也不会出现了。"总统是对的。

在"图坦卡蒙珍宝展"后不久，霍文离开了大都会艺术博物馆。在那里任职期间，霍文彻底振兴了这个地方。他增加了观众量，说服富有的收藏家将他们的藏品捐赠给博物馆，并在图坦卡蒙的帮助下，发明了这场重磅展览。

霍文策划的图坦卡蒙的重磅大展创造了全新一代的图坦卡蒙的小玩意。还记得开罗集市上卖图坦卡蒙香水的艾哈迈德·苏利曼商店吗？现在你可以买到布鲁克林制造的图坦卡蒙男式古龙水了（见彩图 29）。或者，你可以吃点"图坦卡蒙的派对"混装点心，点心被装在金字塔造型的盒子里，盒子上是跳舞的法老（见彩图 30）。对于纯粹、正宗的图坦卡蒙狂热来说，还有装在罐头里的图坦卡蒙珍宝造型的饼干。上面用小字写着"图坦卡蒙珍宝，公元前 1338 年，饼干制作于公元 1978 年"。

20 世纪 90 年代，一种新的图坦卡蒙重磅大展被创造了出来——复制品展。随着激光扫描和 3D 打印技术的出现，我们可以对陵墓及其出土文物进行非常精确的复制。但是人们会花钱看复制品吗？答案是肯定的。在全球范围内举办的几次巡回复制品展览，几乎都取得了巨大的成功。2015 年 11 月 21 日至 2016 年 5 月 1 日，纽约时代广场附近举办了一次展览，我认为非常棒。复制品和墓葬都非常精确，而且复制品展览还能做到一些实物展览无法做到的事。例如，展览方重建了陵墓的前室，就像陵墓首次被发现时那样，里面装满了宝藏。观众们很喜欢。展览方还使用了第二组复制品，向观众近距离展示各种随葬品。

这次展览得到了广泛的宣传，吸引了大批观众。主办方提供的导览手册《图坦卡蒙时代》以轻松的笔触描绘了人们对图坦卡蒙的狂热和展览的历史，这值得保存（图 20.2）。这些第二代复制品展览可能是图坦卡蒙展览的未来。在某种程度上，人们可能觉得图坦卡蒙的珍宝太过珍贵，不宜长途运输。届时，图坦卡蒙将通过复制品展览再次成为众人瞩目的焦点。

图 20.2　2016 年，《图坦卡蒙时代》（*The Tut Times*）被分发给在纽约参观复制品展览的观众

第二十一章

━━━━━━━●━━━━━━━

史上最佳发掘

图坦卡蒙最伟大的遗产之一是他为未来所有的发掘工作确立了标准。陵墓一被发现，霍华德·卡特就意识到他所发现的东西的重要性，并且明白他需要一个专家团队来帮助他。他找了一名摄影师、一名文物修复师、两名绘图师、一名工程师和一名文字学家。这不仅仅是因为他知道自己需要专家，他还知道如何使他们的特殊技能发挥到淋漓尽致。

开创性的拍摄

哈里·伯顿是一位有天赋的摄影师。然而，发掘现场的每一件文物既是闻所未闻的，拍摄起来也并不容易。通常情况下，一个箱子里会有四五层易损的文物，卡特想记录下每一层文物的位置，这样他就能知道先放的是什么，后放的是什么。伯顿会先拍摄最上面的一层文物，然后卡特和阿瑟·梅斯把这一层移走，放进另一座陵墓里建起的实验室，再叫伯顿来拍摄下一层。有时，拍摄箱子里的文物需要花上几天的时间。之后，文物修复人员在伯顿的照片的帮助下，复原因丝线断裂而散落的精致珠饰和其他文物。伯顿拍摄的详细照片非常有用，最近还被用于重建图坦卡蒙的盔甲（见第十二章）。

除了所有的现场照片，伯顿还制作了每件文物被保护之前的记录。如今，它们是有关这些宝藏的原始状况的唯一记录。除了记录这些文物，伯顿还记录了发掘历史中的重要时刻。每个人都知道他们在参与历史，这可能是考古学历史上难以再现的一刻，卡特意识到记录每一步的重要性。因此，伯顿拍摄了一系列激动人心、光线充足的照片，照片中，团队拆除了第一堵墙，打开了墓室，露出了黄金神龛（见图4.1），升起了石棺棺盖，照片记录下了发掘的每一个重要步骤。[1] 以前从未有人做过这样的事。

彻底的记录

大都会艺术博物馆还借给卡特两位建筑绘图师，瓦尔特·豪泽（Walter Hauser）和林赛·霍尔（Lindsey Hall），他们绘制了陵墓的建筑平面图，并标示出了大型文物的发现地点。由于卡特是一名艺术家，所以除了伯顿的照片、豪泽和霍尔的平面图外，又增加了一份记录。卡特在索引卡上对陵墓的大多数文物都作了细致记录。这些卡片中的许多都有精心绘制的精美图像，时而展示项链上的珠饰图案，时而展示黄金文物上的颗粒（见图17.2）。

卡特表现出了一种在考古发掘中从未有过的彻底性。令人惊讶的是，就在他们开始发掘一个月后，古物管理局局长皮埃尔·拉考意识到了卡特所做的工作是多么令人难以置信，于是写信给副部长：

> 从这个意义上说，它可以作为一个范例。埃及和埃及学要感谢卡纳冯勋爵和卡特先生。多亏了他们的方法和毅力，他们所得的结果超过了我们在以前的考古学家那里看到的任何结果。[2]

考虑到拉考曾看过诸多发掘，以及他并不怎么喜欢卡特，这无疑是对卡特的高度赞扬。毫无疑问，拉考认为卡特是这项工作的不二人选。即使卡特因访客和工作条件的争论被锁在墓外，古物管理局仍然想为其找到重返陵墓的方法。只有卡特一个人有耐心和技巧来完成如此艰巨的任务。

拉考说，以前没有考古学家像卡特及其团队发掘图坦卡蒙陵墓那样去发掘，他是对的。埃及曾有令人叹为观止的考古发现，但在卡特之前没有一个被记录或保存下来。我们首先能想到的一个壮观发现，是埃内斯托·斯基亚帕雷利（Ernesto Schiaparelli）在1906年发现的卡赫（Kah）和梅利特（Merit）的陵墓。卡赫是阿蒙霍特普二世和图特摩斯四世等多位法老执政期间的皇家建筑师，比图坦卡蒙早了几代。斯基亚帕雷利在卢克索西岸的代尔麦地那发现了卡赫和他的妻子梅利特的完整墓葬。它完好无损，里面装满了建筑师和妻子想带到下一世的所有物品。和图坦卡蒙一样，这对贵族夫妇躺在棺内，他们的珠宝还在身上。陵墓的珍宝包括有史以来发现的最早、最美丽的一本《亡灵书》。还有装饰精美的箱子，里面装着建筑师夫妻的衣服和死后需要的所有物品。卡赫随身携带了法老赠予他的镀金腕尺，便于来世工作所需。如今，这座陵墓的出土珍宝在都灵考古博物馆（Turin Archaeological Museum）被精心展出，被视为埃及人下一世日常生活的最佳示例。这一发现是如此重要，以至于许多埃及学家都好奇古物管理局为何允许如此独特的珍宝离开埃及。但我们要讨论的问题不在于出土文物为什么或如何离开埃及。重要的是，这表明拉考所言不虚，卡特的发掘方式在埃及是前所未见的。

斯基亚帕雷利发掘的首要目标是将这些文物带回意大利的博物馆。墓葬在一个月内就被清理完成了，就好像斯基亚帕雷利急于在文物被盗或发生其他事情之前把它们从陵墓里拿出来一样。他因没有公布发掘结果而在埃及学界声名狼藉（有些至今尚未公布）。卡赫和梅利特的墓葬报告直到该墓葬被发现20多年后才现世，它被收录到了斯基亚帕雷利在1902年至1926年间的成果概述中。[3] 仓促发掘和简略记录是考古学界的巨大损失。如果能有一系列陵墓首次被发现和清理时的详细照片，那将是一件美妙的事情，但我们没有。斯基亚帕雷利的发掘工作的执行和记录都非常糟糕，以至于帕特里齐亚·皮亚琴蒂尼（Patrizia Piacentini）在她对意大利的埃及学研究的精辟总结中只用了一句话来描述卡赫和梅里特墓葬的发现。[4]

斯基亚帕雷利并不是唯一一个忽视在现场拍摄考古的非凡发现的人。西奥多·戴维斯在发现几乎完好无损的尤雅和图雅墓时，也没有拍摄现场的文物（见第二章）。在其出版的发掘记录中，我们看到的只有文物从墓葬中取出后在埃及博物馆拍摄的照片。图坦卡蒙的陵墓与尤雅和图雅墓的照片之间的一处差异，就是卡特拆除了阻挡墓室的墙壁。我们之前谈过，卡特是如何在拆除墙壁之前等待卡纳冯的到来，而且我们还有伯顿的照片为证，上面的封印被详细记录了下来。相比之下，戴维斯对拆除他所发现的墙壁仅作了如是描述："这是一项非常缓慢的工作……然而，在一个小时左右的时间，墓道就被清理干净了。"[5] 如果他能拍几张照片就好了。

缺乏重要陵墓发现时的照片，并不仅限于图坦卡蒙之前的陵墓。尽管人们通常坚称图坦卡蒙的陵墓是迄今为止发现的唯一一座完整的法老陵墓，但事实并非如此。法国的埃及学家皮埃尔·蒙特（Pierre Montet）在塔尼斯（Tanis）经过近十年的发掘，最终有了重大发现。在 1939 年的发掘季，一个反常现象引起了蒙特的注意。遗址西南角的一堵围墙与其所环绕的寺庙围墙不平行。在调查墙壁不规则的原因时，蒙特清理了一组泥砖结构，并在下面发现了一座石灰岩墓葬。陵墓的壁画表明，这是埃及第 22 王朝奥索尔孔二世（Osorkon II）的陵墓，他是比图坦卡蒙晚三个多世纪的埃及统治者。该陵墓由若干墓室构成，其中一间墓室放着奥索尔孔二世之子与继承人塔克洛特二世（Taklot II）的遗体。另一间墓室是他的另一个儿子霍尔－纳赫特王子（Prince Hor–Nakht）的陪葬品。尽管这些陵墓曾遭盗掘，但盗墓贼留下了高质量的文物，这足以让研究者对北方第 21 王朝和第 22 王朝的富有程度的判断进行修正。

墓室被清理干净后，蒙特又发现了附近一座从未被扰动的墓葬。他意识到这可能是与图坦卡蒙的陵墓规模相当的发现。当他最终能够进入陵墓时，墓墙上的浮雕表明他发现的是埃及第 21 王朝创始人普苏塞纳一世（Pseusennes I）的陵墓。墓室里有数百尊巫沙布提俑和青铜器皿，居于墓室中心的是一具纯银棺具，风格与图坦卡蒙的黄金棺具相似，只不过这具上面装饰的是鹰首，而不是国王的脸。1939 年 3 月 23 日，棺具在法鲁克国王的见证下被打开，黄金面具之下是这位早已逝去的法老。但铭文所载的是以前不为人知的法老舍尚克二世（Sheshonq II）。引人注目的黄金面具和珠宝可与图坦卡蒙的相媲美，另一个相似之处是四具微型银棺，里面装着法老的内脏。这是一个令人瞩目的发现，但发掘团队没有在现场拍摄相关照片。

如果舍尚克二世被埋葬在一座原本为普苏塞纳一世准备的陵墓里，那么普苏塞纳一世又在哪里？鉴于蒙特刚刚发现的法老的财富，他情不自禁地想知道普苏塞纳一世的陵墓会是什么样。一年后，他真的发现了。在清理了舍尚克二世的陵墓之后，蒙特才意识到墓室的西墙实际上巧妙地隐藏了两个墓道。他打开了一个，发现了封堵墓道的巨大的花岗岩岩块。它和墙壁之间刚好有足够的空间让蒙特看到墓室。他发现了普苏塞纳一世完整的墓葬。

蒙特花了六天时间移除花岗岩。与卡特不同的是，当蒙特进入墓室时，他没有带任何贵宾，也没有媒体报道，因为当时正是第二次世界大战期间。墓室的主体是一具巨大的粉红色花岗岩石棺。周围都是卡诺皮克罐、巫沙布提俑和金银器皿。1940 年 2 月 21 日，蒙特揭开了石棺的棺盖。里面是一具黑色花岗岩类人石棺，这让人想起图坦卡蒙的嵌套棺椁。当第二个石棺的棺盖被打开时，出现了一具坚固的银棺。银棺里有一张精美的黄金面具和一系列不可思议的珠宝，它们同样可与图坦卡蒙的相媲美。法老的手指和脚趾戴着黄金指套，和图坦卡蒙一样，普苏塞纳一世在下葬时脚上也穿着黄金凉鞋。[6] 从棺具中移走珠宝花了两周的时间。

　　这是一次皇家陵墓和皇室宝藏的惊人发现。如今，它们在埃及博物馆二楼的珍宝室展出。如果蒙特的身边也有像哈里·伯顿一样的摄影师在宝藏被发现时为它们拍照，那就太好了。为数不多的记录出土发现的照片相当业余，它们大多数是失焦模糊的。但我们必须记住当时是在战时，蒙特在巨大的压力下工作。我毫不怀疑，迄今为止还没有哪次探险或发现，能像图坦卡蒙那样被拍得如此彻底和完美。

科学的保护

　　卡特在为拍摄和记录发掘活动制定标准时，也在文物保护方面处于领先地位。许多文物，尤其是亚麻或皮革文物，被发现时都处于极其脆弱的状态。卡特意识到他需要一个全职的文物保护团队和实验室。正如我们所看到的，该实验室设立在 KV-11 号陵墓，由阿尔弗雷德·卢卡斯负责。卢卡斯接受过良好的科学教育，曾就读于伦敦矿业学院和皇家科学学院。[7]卢卡斯第一次去埃及是因为肺功能虚弱，结果在那里一待就是将近 50 年，他曾担任过各种政府职务，最终成为古物管理局的一名化学家。当卡特发现这座陵墓时，古物管理局就把卢卡斯借给他，他们一起共事近十年，直到陵墓清理完毕。

　　难得的是，卢卡斯帮助卡特如此之久，不仅在 20 世纪 20 年代制定了文物保护标准，还开创了文物保护的新技术，并将其发表供未来所有人使用。从卡特的报告来看，似乎在发掘过程中使用的都是相同的技术，在文物上涂上石蜡，然后运到保护实验室，但其实对每种材料，卢卡斯都在研究不同的处理方法。铁不同于铜，铜不同于青铜，亚麻不同于皮革。这些并非简单的试错方案。卢卡斯在科学方面拥有良好的基础，而且了解保护背后的物理原理。在发掘过程中，卢卡斯出版了《古埃及材料与工业》（*Ancient Egyptian Materials and Industries*），这本书后来成为我们许多人的圣经。[8]它远不止是一本保护手册。它描述了古代埃及是如何制造青铜的，即铜的百分比（88%）和锡的百分比（9%）。它讨论了玻璃是如何制造的。它阐明不同的采石场位于何处，出产何种不同的建筑石材。《古埃及材料与工业》作为一本埃及文物保护指南是如此重要，以至于它从未绝版。卢卡斯在漫长的一生中，一共出版了三版，后来又经他人修订。[9] 因此，图坦卡蒙的陵墓发掘不仅为我们建立了新的保护标准，还为我们提供了定期更新的，以科学为基础的各类文物保护手册。

少年法老，改变世界

如我们所见，图坦卡蒙陵墓的发现远远不仅限于为世界带来了令人惊叹的文物。他的陵墓在全世界产生了深远的影响，在某些方面也永远地改变了世界。在最有限的层面，由它设定了墓葬发掘的标准。卡特组建的文物保护和专家团队，成为在资金保证为前提下的操作典范。像弗林德斯·皮特里那样，一个考古学家在几个研究生和埃及发掘者的协助下发掘陵墓的理念已经结束。图坦卡蒙已经永远改变了考古发掘的概念。

从更大的范围来看，陵墓对埃及政治格局的改变举足轻重。当卡特和卡纳冯作出将报纸独家版权出售给《泰晤士报》的错误决定时，他们在不知不觉中帮助埃及走向独立。陵墓和少年法老成为埃及民族主义者的集结点，他们的努力终结了英国对埃及的统治。这也许是图坦卡蒙送给埃及最伟大的礼物，但还有一个与民族主义有关的变化不应被忘记。

在图坦卡蒙陵墓被挖掘之前，文物分成是发掘的常见做法。发掘者几乎总是会把文物带回家。随着图坦卡蒙陵墓的发现，讨论开始集中在谁拥有埃及的遗产，以及是否应该将任何发掘出土的文物交给外国发掘者。最终，埃及政府决定所有埃及文物都应留在埃及。与人们担心它将结束埃及考古发掘的担忧相反，在埃及工作的来自大学和博物馆的外国发掘者数量比以往任何时候都要多。正如我们从研究调查中看到的，在严禁文物出口的法律实施后，人们对图坦卡蒙和他打算带到下一世的物品的了解比法律实施之前更多。对图坦卡蒙的研究还在继续。

这座陵墓的发现还有一个更深远的影响，那就是它永远改变了博物馆界。"图坦卡蒙的珍宝"是第一个真正意义上的重磅展览，它向全世界的博物馆展示了如果精美的文物以一种讲述有趣故事的方式展出，人们便会蜂拥而至。当今博物馆的受欢迎程度和所具有的财务实力，在很大程度上是基于图坦卡蒙的第一次世界之旅所开启的模式。

图坦卡蒙和他的陵墓以这位少年法老无法想象的方式改变了世界。他把所有珍宝装进陵墓的唯一目的是确保他能长生不老。从某种意义上说，他成功了。说出死者的名字就是使之复活。

后　记

　　过去的 100 年对图坦卡蒙和对他的研究来说意义非凡。他已经从一个默默无闻的埃及小国王变成了最著名的法老，正如我们所看到的，这种名声产生了重大的影响。人们对埃及文物的看法与陵墓首次被发现时截然不同。很难相信，在发掘图坦卡蒙陵墓的最初几年，埃及博物馆还在他们的拍卖室里出售埃及文物。现在，埃及境内发现的东西都必须留在埃及。

　　对于博物馆界来说，图坦卡蒙的发现改写了剧本。博物馆重磅展览现象以及纪念品店对博物馆盈利的财政意义，都是图坦卡蒙陵墓及其宝藏发现的间接结果。

　　过去百年里的图坦卡蒙研究发生了巨大的变化，时起时落。陵墓发现后不久，几乎没有任何研究，随后出现的大解冻带来了大量的研究。在光谱的两端，我们目睹了保护和保存陵墓宝藏的非凡努力，但图坦卡蒙的木乃伊却被本应更了解的研究人员撕裂了。发生在图坦卡蒙身上的事情今天永远不会再发生。现在想找到图坦卡蒙的一根头发进行研究都是几乎不可能的。朝着"无损"检测文物的方向发展是考古界的大势所趋。如今，在采取保护措施之前，研究者会先对文物进行常规 CT 扫描。卡特应该给图坦卡蒙作 X 光检查，而不是把他交给道格拉斯·德里。这样他就可以在打开之前知道里面是什么，而且便于指导接下来的步骤。值得庆幸的是，埃及学已经与时俱进，我们的破坏性要小得多。但并不是所有的变化都是在埃及学领域的。这位少年法老在政治变革中也发挥了重要作用。

以"图坦卡蒙"为号召，埃及开始接管其遗产的控制权，并且告诉外国人，他们有能力决定自己祖先遗产的命运。随着民族主义的发展，埃及正在慢慢走向民主。我想知道这位年轻的法老会作何感想。对图坦卡蒙来说，这是个多事之秋的百年。在接下来的百年里，我们能期待什么？

我们对研究取得巨大进展报以期待有两点原因。首先，新的科学技术将使研究变得更容易。正如我们在第十章中看到的，到目前为止，DNA 研究尚无定论。科学家们无法就结果是什么或其含义达成一致。部分原因是当时 DNA 测序的状况。2001 年，当克雷格·文特诺在《科学》杂志上发表其开创性的"人类基因组序列"时，[1] 出现了空白和错误。到图坦卡蒙测序的时候，技术虽然有所发展，但还不够成熟。如今，技术已有了巨大的进步，早期的图坦卡蒙 DNA 研究的所有模糊之处可能很快就会得到解决。2022 年，《科学》杂志以一整节的版面，专门介绍 DNA 技术的巨大进步。[2] 现在，我们只需要更小的样本，就可以获得相对精确的结果。毫无疑问，所有关于图坦卡蒙谱系的问题都会在未来得到解答。我们几乎可以确切地知道他的母亲是谁，55 号陵墓中的尸体是不是他的父亲，以及这位少年法老究竟患有什么疾病。

其次，还有一些研究有待发现。图坦卡蒙陵庙里的大多数石块都已不见了。它们通常是被用作后来的法老塔门的填充物，有时也被用来建造卢克索的中世纪建筑。随着卡纳克神庙重建工作的继续，以及卢克索市新建筑的扩建，毫无疑问，带有图坦卡蒙铭文的石块还会出现，它们将有助于破解谜题。例如，我们可能很快就会知道图坦卡蒙是否真的是一名勇士。

其他发现还涉及陵墓中失踪的文物。毫无疑问，图坦卡蒙在木乃伊化的过程中被取出的内脏将被找到，使用现代法医技术，我们可能会对他的死亡有很多了解。在更具推测性的层面上，图坦卡蒙年轻的遗孀安赫塞纳蒙的遭遇仍然是个谜。她的墓葬从未被发现。假如她确实有一座陵墓，一旦被发现，想想可能有哪些新的宝藏，我们又可以从中了解多少。第二个百年的图坦卡蒙研究可能更令人兴奋。

附录：埃及年表 ①

前王朝时期（约公元前 5000—约公元前 3150 年）

    巴达里文化（约公元前 5000—约公元前 4000 年）

    涅伽达文化 I（约公元前 4000—约公元前 3600 年）

    涅伽达文化 I（约公元前 3600—约公元前 3200 年）

    涅伽达文化 I Ⅲ（约公元前 3200—约公元前 3150 年）

早王朝时期（约公元前 3150—约公元前 2686 年）

    第 0 王朝（约公元前 3150—约公元前 3050 年）

    第 1 王朝（约公元前 3050—约公元前 2890 年）

    第 2 王朝（约公元前 2890—约公元前 2686 年）

古王国时期（约公元前 2686—约公元前 2181 年）

    第 3 王朝（约公元前 2686—约公元前 2613 年）

    第 4 王朝（约公元前 2613—约公元前 2498 年）

    第 5 王朝（约公元前 2498—约公元前 2345 年）

    第 6 王朝（约公元前 2345—约公元前 2181 年）

① 引自王海利，《埃及通史》，上海社会科学院出版社 2014 年 3 月出版。

第一中间期（约公元前 2181—约公元前 2040 年）

第 7、第 8 王朝（约公元前 2181—约公元前 2160 年）

第 9、第 10 王朝（约公元前 2160—约公元前 2040 年）

中王国时期（约公元前 2040—约公元前 1782 年）

第 11 王朝（约公元前 2134—约公元前 1991 年）

第 12 王朝（约公元前 1991—约公元前 1782 年）

第二中间期（约公元前 1782—约公元前 1570 年）

第 13、第 14 王朝（约公元前 1782—约公元前 1650 年）

第 15、第 16 王朝（约公元前 1663—约公元前 1555 年）

第 17 王朝（约公元前 1663—约公元前 1570 年）

新王国时期（约公元前 1570—约公元前 1070 年）

第 18 王朝（约公元前 1570—约公元前 1293 年）

第 19 王朝（约公元前 1293—约公元前 1185 年）

第 20 王朝（约公元前 1185—约公元前 1070 年）

第三中间期（约公元前 1069—约公元前 525 年）

第 21 王朝（约公元前 1069—约公元前 945 年）

第 22 王朝（约公元前 945—约公元前 715 年）

第 23 王朝（约公元前 818—约公元前 715 年）

第 24 王朝（约公元前 727—约公元前 720 年）

第 25 王朝（约公元前 747—约公元前 656 年）

第 26 王朝（公元前 664—前 525 年）

后埃及时期（公元前 525—前 332 年）

第 27 王朝（第一波斯王朝）（公元前 525—前 404 年）

第 28 王朝（公元前 404—前 399 年）

第 29 王朝（公元前 399—前 380 年）

第 30 王朝（公元前 380—前 343 年）

第 31 王朝（第二波斯王朝）（公元前 343—前 332 年）

马其顿王朝（公元前 332—前 305 年）

托勒密王朝（公元前 305—前 30 年）

罗马帝国时期（公元前 30—公元 395 年）

拜占庭帝国时期（395—641 年）

哈里发时期（641—661 年）

倭马亚王朝（661—750 年）

阿拔斯王朝（750—1258 年）

突伦王朝（868—905 年）

伊赫西德王朝（935—969 年）

法蒂玛王朝（909—1171 年）

阿尤布王朝（1171—1250 年）

马穆鲁克王朝（1250—1517 年）

奥斯曼土耳其帝国时期（1517—1798 年）

法国占领时期（1798—1801 年）

穆罕默德·阿里王朝（1805—1952 年）

英国统治时期（1882—1922 年）

君主立宪时期（1922—1953 年）

埃及共和国（1953—1971 年）

阿拉伯埃及共和国（1971— ）

译 后 记

1922 年 11 月，英国考古学家霍华德·卡特在耐心的发掘中，发现了王室墓地封印，以及他梦寐以求的图坦卡蒙王名圈。这位极具神秘色彩的少年法老，得以显露人间。在百年后的今天，图坦卡蒙陵墓——最令人叹为观止的考古发现魅力依旧。2023 年，耗时 20 年建造而成，世界上最大的考古博物馆，大埃及博物馆正式向公众开放。如今，图坦卡蒙的珍宝与其他数万件珍贵历史文物，在大埃及博物馆向世界书写了一部古埃及史诗。鲍勃·布赖尔教授的《图坦卡蒙和改变世界的陵墓》的出版恰逢其时。

这本书是鲍勃·布赖尔教授的最新力作。作为一位考古学家、埃及学家，他出版过多部著作，既有对"埃及热"引人入胜的讨论，揭秘小法老之死，也有对方尖碑如何离开埃及的细致描述，以及对金字塔建造秘密的揭示。他还是一位古埃及文化和考古学的推广者，许多古埃及文化的爱好者都对他参与录制的《伟大的埃及王国》《寻找埃及王》等纪录片并不陌生。《图坦卡蒙和改变世界的陵墓》在某种程度上，秉承了鲍勃·布赖尔教授一贯的写作风格，细节铺陈其间，却不觉乏味，让这本书既具有专业性，又不乏幽默和可读性。这些细节无论对于考古学者，还是对于大众而言，都是那样的迷人。我想，这也是他所追求的，让考古学和埃及学从"象牙塔"走向公众。

作为有着考古学、人类学和博物馆学背景的我，能够接触并翻译这本书实在荣幸。虽非埃及考古研究者，却通过夏鼐先生了解到中国学者与埃及考古的不解之缘。也曾与博物馆学同人，在我们的读书会探讨博物馆语境中的图坦卡蒙王，让木乃伊跳舞的霍文，纳芙蒂蒂半身像的归还之争，以及木乃伊展示伦理和死亡之隐喻。我们将之视为"文化现象"的诸种讨论，与鲍勃·布赖尔教授不谋而合。他所处理的是一个持续了百余年的文化现象，是埃及最富有标志性的文化符号，也是足以引发狂热和刺激想象的隐喻。更加可贵的是，他捕捉到了潜藏在图坦卡蒙和埃及学背后的权力与话语。

在他的笔下，图坦卡蒙陵墓发现无疑是一个"场"，各种力量交织其间。物理学中的力场，常用一组矢量线来表示力如何由一者作用于另一者。而在法国著名社会学家皮埃尔·布尔迪厄（Pierre Bourdieu）的"场域理论"中，它更具有张力与冲突。场域并非单纯的空间意义下的场所，而是力的较量场所，是一个关系网络。行动者在场域中定位，并且在其运作规律与自身逻辑之下实践。场域还是一个斗争空间，行动者在资本争夺的同时，建构着支配关系和权力关系。鲍勃·布赖尔教授向读者呈现的，正是18世纪晚期以来，人类发展进程中的重要转折点——近代资本主义国家形成与殖民主义扩张，以及后殖民主义时期，这一宏大且波澜壮阔的场域。里面充斥着形形色色的行动者，行为乖张且野心勃勃的拿破仑·波拿巴，此消彼长的英法博弈，拿破仑的学者们，马里耶特、马斯佩罗、拉考等古物管理局的历任局长，帕多瓦巨人贝尔佐尼之类的探险家，阿默斯特勋爵、卡纳冯勋爵夫妇等赞助人，皮特里、戴维斯、温洛克、卡特等发掘者，商博良、嘉丁纳、布雷斯特德、皮安科夫等语言学家，赛义德帕夏、伊斯梅尔，倡导解放和反殖民统治的埃及领袖与人民，重磅展览的发明者霍文，维尔德梅杰、雷·约翰逊、加博尔德等当代埃及考古学家。当然，还有图坦卡蒙。在鲍勃·布赖尔看来，图坦卡蒙不仅是被支配的对象，也是行动者。

　　但是，还有一位行动者我们不应忽视。那就是鲍勃·布赖尔本人。因为正是通过他的书写，使得这些人物与复杂关系跃然纸上，在细致刻画图坦卡蒙陵墓发现的同时，也勾勒出埃及学的学科史。正如他在致谢中所言，这本书的完成其实是一个团队项目。推及埃及学，同样是集众人之力建构而成的学科话语。这门拥有 200 余年历史的学科，以 1798 年拿破仑远征埃及为肇始。拿破仑的学者们不仅绘制了第一幅帝王谷地图，还在 1809 至 1828 年间，陆续编纂出版了 24 卷《埃及记述》。正是这些论述，使埃及真正进入了欧洲人的视野。此后的百年里，造访帝王谷的探险家、发掘者、文物收藏者络绎不绝，他们或是出于猎奇，或是追逐利益，或是受到博物馆机构或赞助人的委托，怀着不同目的搜寻着帝王谷尚未被发现的陵墓，也致使埃及文物不断离散。诚然，卡特的图坦卡蒙陵墓发掘以其严谨、全面而成为埃及考古的典范。但不能否认的是，它与其他早期发掘活动一样，与殖民主义有着不可割裂的联系，也参与到了西方自我建构和东方他者建构的想象工程。

　　鲍勃·布赖尔教授并不满足于复原图坦卡蒙陵墓发现的诸种细节，他还敏锐地将政治、权力、文化的纠缠关系注入其中，并且"含蓄"地点出殖民主义时期东西方的对立关系。就这一问题，著名学者爱德华·萨义德（Edward Said）更加激进和彻底，他在《东方学》的开篇便引入马克思的名言，"他们无法表述自己；他们必须被别人表述"①。试图对抗殖民主义的埃及人民也有着相似的情感，他们对西方人控制自己的遗产，并垄断有关的信息而愤怒。在布赖尔教授引用的文献中，"发现"一词的使用频率是极高的。包括卡特在内的许多西方发掘者自诩为"发现者"，埃及、王室陵墓及其珍宝等待"被发现"。殖民主义时期的埃及，是劫掠和侵吞文物的时代，发现者即为占有者。鲍勃·布赖尔笔下的主角霍华德·卡特，立体而

---

① ［美］爱德华·W. 萨义德:《东方学》，王宇根译，北京：生活·读书·新知三联书店，1999 年。

饱满，他在埃及考古中的成就毋庸置疑，他的不好相处和种种执拗的行为也有深层次的逻辑，即"卡特所知道的只是英国统治下的埃及"。

　　以英、法为首的殖民主义国家对埃及的全方位控制与掠夺，除了政治、经济领域，也关涉文化。在西方知识话语体系中，埃及是一个无法自我表述的他者。即便卡特邀请了萨利赫·贝·哈姆迪医生共同参与图坦卡蒙木乃伊检查，可也不过是一种姿态。事实上，在西方有关人类文明源头的追思中，古埃及占有一席之地。马丁·贝尔纳在他的《黑色雅典娜》中，揭示了欧洲中心主义的建构工程。这部带有鲜明后殖民主义和西方文化霸权批判色彩的巨著，通过详实的史料、考古学材料和词源学，梳理了古典文明的亚非之根，是如何逐渐被剔除出希腊文化，进而塑造西方绝对的优势地位的。[①] 在 19 世纪，随着埃及学的诞生兴起了"埃及热"，对古埃及文化的遐想，以及收藏埃及文物成为风尚。作为现代工业强国，英国的殖民主义扩张在 19 世纪后期达到顶峰，英国将维多利亚时代的科学发明视为人类成就的顶点，而能与之相媲美的古代文明只有古埃及。甚至英国人类学家 W. H. R. 里弗斯（W. H. R. Rivers）、W. J. 佩里（W. J. Perry）分别提出"埃及中心说"和"太阳之子说"，认为埃及文明通过传播被带到世界各地，尤其是后者，认为埃及文明是一切人类文明的源头。

　　同样是在这样一个时代，埃及文物以不可思议的速度流散，进入各大博物馆和私人收藏室的埃及文物不计其数，其中更是不乏丹德拉黄道带浮雕、罗塞塔石碑、纳芙蒂蒂半身像这类珍贵文物。鲍勃·布赖尔教授将埃及文物的流失归结为劫掠、侵吞和文物分成，而在漫长的埃及殖民主义史和文物交易史中，图坦卡蒙陵墓发掘成为转捩点。约翰·梅里曼（John

---

① ［美］马丁·贝尔纳：《黑色雅典娜：古典文明的亚非之根》，郝田虎、程英译，长春：吉林出版集团有限责任公司，2010 年。

Merryman）将帝国主义时期对艺术品的占有称为"艺术帝国主义"。① 作为文物获取的重要形式，劫掠往往与侵略并存，但同时也与对遗迹保护的漠视有关。而另一种重要的文物流失形式——文物分成，是 20 世纪中叶之前国际考古学界大多遵循的惯例。它不仅与殖民主义历史一样悠久，也是欧美博物馆藏品的重要来源，而且也为文物追索带来巨大阻碍。

这些通过劫掠或文物分成手段获得的文物，使博物馆声名大噪的同时，也将其置于舆论旋涡的中心。随着后殖民主义和批判的博物馆运动的兴起，西方博物馆因馆藏文物来源的合法性，作为殖民主义的工具，以及被统治者或殖民地的阐释中心而备受质疑，文物返还的诉求更是将其推向风口浪尖。1912 年 12 月 6 日，德国考古学家路德维希·博尔夏特（Ludwig Borchardt）在阿玛纳的发掘过程中，发现纳芙蒂蒂半身像。遵循文物分成惯例，德国人获得了这件珍贵文物。1920 年，纳芙蒂蒂半身像入藏德国柏林国家博物馆。1923 年，这件被雪藏了十余年的文物正式亮相，一经展出便引起国际关注。1925 年埃及政府要求德国政府返还半身像，或至少同意就返还问题进行仲裁，但德国以文物分成惯例及其合法性为由拒绝。库尔特·G. 希尔赫（Kurt G. Siehr）指出，文物分割使德国获得纳芙蒂蒂半身像似乎毫无争议，但是根据文化财产立法原则，出口每件国家文化瑰宝都须经过原属国的特别批准，但纳芙蒂蒂半身像的出口显然未经埃及文物部门的批准。② 尽管如此，埃及方面在数十年里提出的多次文物返还诉求都无果而终。让人欣慰的是，越来越多的学者主张 21 世纪的博物馆应当是文化理解与尊重的中心，对话、协商与跨文化合作将成为一种主流。

诚如鲍勃·布赖尔教授的论述，作为行动者的图坦卡蒙不仅是埃及自

① ［美］约翰·亨利·梅里曼编：《帝国主义、艺术与文物返还》，国家文物局博物馆与社会文物司（科技司）译，南京：译林出版社，2011 年，第 3 页。

② ［美］约翰·亨利·梅里曼编：《帝国主义、艺术与文物返还》，国家文物局博物馆与社会文物司（科技司）译，南京：译林出版社，2011 年，第 127 页。

治诉求的信念来源，也通过不断追问谁在收藏埃及文物，改写了埃及文物保护制度。图坦卡蒙比纳芙蒂蒂幸运，他没有身居异乡，而是成了文化使者和学术宝库。在托马斯·霍文的倾力打造下，图坦卡蒙成了超级明星，接受世界各地参观者的赞叹和仰慕。他也是历史的见证者和推动者，埃及接管自己遗产的控制权，通过图坦卡蒙研究讲述自己的历史。作为图坦卡蒙永久的归宿，大埃及博物馆的开幕预示着埃及以全新的姿态面对世界。他们透过博物馆讲述自己。而对于图坦卡蒙来说，从某种角度而言，他获得了真正意义上的"永生"。

杜　辉

2023 年 5 月 8 日

注　释

引言

[1] Hawass and Saleem, *Scanning.*

[2] Carter and Mace, *The Tomb.*

[3] Brier, *The Murder.*

[4] Gardiner, *Egyptian Grammar*, 71–76.

第一章

[1] Breasted, *Ancient Records*, 2:43.

[2] Diodorus Siculus, *Library*, 165.

[3] Pococke, *Description*, I:98.

[4] Gillespie and Dewachter, *Monuments*, 10.

[5] Schneider, *Shabtis*, I:9–32.

[6] Gillespie and Dewachter, *Monuments*, II, notes to pl. 77–81.

[7] Gillespie and Dewachter, *Monuments*, II, notes to pl. 77–81.

[8] *Description de l'Égypte*, II, pl. 77.

[9] Fakhry, *The Pyramids*, 137–138.

[10] Belzoni, *Narrative*, 156–157.

[11] Hornung, *Tomb of Seti I*.

[12] Hornung, *Tomb of Seti I*, 158.

[13] Graefe and Balova, *Royal Cache*, 13.

[14] Maspero, *Trouvaille*; Maspero, *Les Momies*.

[15] Edwards, "Recent Discovery."

[16] Reeves, *Complete Valley*, 194.

[17] Cerny, "Chronology," 24–30.

[18] Breasted, *Ancient Records*, 4:322–325.

[19] Smith, *Royal Mummies*, 32–36.

[20] Romer, *Valley of the Kings*, 161–162.

[21] Brier, "The Mummy," 33–38.

[22] 引自 Romer, *Valley of the Kings*, 161–162。

[23] Breasted, *Ancient Records*, 2:313–315.

[24] Clayton, *Chronicles*, 11–12.

[25] Redford, *Akhenaten*.

[26] Aldred, *Akhenaten and Nefertiti*, 28–31.

[27] Murnane, "Nature," 33–40.

[28] Kemp, *Amarna Reports*.

[29] Cohen, "Intelligence," 91–98.

[30] Eaton–Kraus, *The Unknown Tutankhamun*, 4.

第二章

[1] Reeves and Taylor, *Howard Carter*, 22.

[2] Newberry, *Beni Hasan*, Part I, x.

[3] Newberry, *El Bersheh*, Part I, plate 15.

[4] Petrie, *Seventy Years*, 152.

[5] Naville, *Temple of Deir el Bahri*, Parts I–VI.

[6] Caminos and Fischer, *Ancient Egyptian Epigraphy*, 7.

[7] Naville, *Temple of Deir el Bahari*, Part II, preface.

[8] Minter, *The Well–Connected Gardener*.

[9] Amherst, *History of Gardening*.

[10] Carter, "Report," 115–121.

[11] Adams, *The Millionaire and the Mummies*.

[12] Davis, *Tomb of Thoutmosis IV*.

[13] 霍华德·卡特 1904 年 3 月 18 日写给阿默斯特女士的信，藏于康涅狄格州格林威治的达赫什博物馆（Dahesh Museum）。

[14] Davis, *The Tomb of Hatshopsitu*.

[15] Adams, *The Millionaire and the Mummies*, 60.

[16] Smith. *Temples, Tombs*, 25–42.

[17] Davis, *The Funeral Papyrus*.

[18] Hankey, "Arthur Weigall and the Tomb," 42–43.

[19] Blankenberg–Van Delden, *Large Commemorative Scarabs*, 16.

[20] 我之所以说"曾是"，是因为它们最近被搬到了新的大埃及博物馆，该博物馆计划于 2023 年开放。

[21] Adams, *The Millionaire and the Mummies*.

[22] Reeves and Taylor, *Howard Carter*, 80–85.

[23] Smith, *Tombs, Temples*, 56.

[24] Reeves and Wilkinson, *The Complete Valley*, 120.

[25] 有关骨骼的最新分析，参见菲莱尔（Filer）的《解剖学》一文。

[26] Smith, *Royal Mummies*, 1–56.

[27] Davis, *Tomb of Queen Tiyi*.

[28] Davis, *Tombs of Haramhabi and Touatankhamanmou*, 20.

[29] "The Egyptian Expedition," 40–43.

[30] Winlock, *Materials*.

[31] Davis, *Tombs of Harmhabi and Touatankhamanmou*, 3.

[32] Griffith, "Carnarvon Tablets," 36–37.

[33] Gardiner, "The Defeat of the Hyksos," 95–110.

[34] Carnarvon and Carter, *Five Years*.

第三章

[1] *Le Pèlerin*, back page, January 14, 1923.

[2] Carter and Mace, *The Tomb*, 95–96, Vol. I.

[3] Winlock, *The Tomb of Senebtisi*.

[4] Lee, *The Grand Piano*.

[5] Johnson, "Painting with Light," 65.

[6] Lucas, *Ancient Egyptian Materials*.

[7] Gardiner, *Egyptian Grammar*.

[8] Breasted, *Pioneer to the Past*, 133–134.

[9] Breasted, *Ancient Records*, 2:417–427.

[10] Breasted, *History of Egypt*, 133–134.

[11] James, *Howard Carter*, 238–239.

[12] Cohen and Westbrook, *Amarna Diplomacy*.

[13] Cohen and Westbrook, *Amarna Diplomacy*.

[14] 我之所以说"曾是",是因为图坦卡蒙的宝藏在 2021 年被转移到了新的大埃及博物馆,该博物馆计划在图坦卡蒙陵墓发现 100 周年之际开放。

[15] Eaton–Krauss, *The Small Golden Shrine*.

[16] 此次闯入的证据,参见 James, *Howard Carter*, 225–228。

[17] Wynne, *Behind the Mask*, 114–115.

[18] Carter and Mace, *The Tomb*, I:178.

[19] Carter and Mace, *The Tomb*, I:46.

第四章

[1]　James, *Howard Carter*, 242.

[2]　Carter and Mace, T*he Tomb*, II:51–52.

[3]　Carter, *The Tomb of Tut.ankh.amen. Statement.*

[4]　Carter and Mace, *The Tomb*, I:94, 102.

[5]　Daressy, *A Brief Description.*

[6]　Carter and Mace, *The Tomb*, I:73–74.

[7]　James, *Howard Carter*, 311.

[8]　James, *Howard Carter*, 338–340.

第五章

[1]　Carter, *The Tomb*, II:75.

[2]　James, *Howard Carter*, 345.

[3]　Carter, *The Tomb*, II:82.

[4]　Carter, *The Tomb*, II:155.

[5]　Leek, *Human Remains*, 17–18.

第六章

[1]　Leek, *The Human Remains*, 9.

[2]　Brier and Wade, "Surgical Procedures," 89–97.

[3]　Carter, *The Tomb*, III:83.

[4]　艾伦·嘉丁纳于 1923 年 2 月 17 日致赫迪·嘉丁纳的信，藏于英国牛津大学格里菲斯研究所档案馆。

[5]　Maspero, *Les Momies Royales*, 525–526.

[6]　Lesko, *King Tut's Wine Cellar*, 22.

[7]　Carter, *The Tomb*, III:105–106.

[8]　Reeves, *The Complete Tutankhamun*, 101.

[9]　James, *Howard Carter*, 380.

[10] James, Howard Carter, 407. 斯宾克古董行为遗嘱所准备的卡特的文物清单，参见 Reeves, "Howard Carter's Collection," 242‐247。

第七章

[1]　Piankoff, *The Pyramid*, 18.

[2]　Piankoff, *The Tomb of Ramses VI.*

[3]　Piankoff, *Shrines*, 59.

[4]　Piankoff, *Shrines*, 65.

[5]　Piankoff, *Shrines*, 74.

[6]　Reeves, *The Complete Tutankhamun*, 147.

第八章

[1]　Bierbrier, *Who Was Who*, 332–333.

[2]　Dawson, "Pettigrew's Demonstrations," 171–172.

[3]　Dawson, "Pettigrew's Demonstrations," 173.

[4]　Pettigrew, *History.*

[5]　Dawson, "Pettigrew's Demonstrations," 181.

[6]　Smith, *Royal Mummies*, 1912.

[7]　Ruffer, *Studies*, 1921.

[8]　1932 年 2 月 6 日的信件。安东尼·马克斯收藏。

[9]　Harrison and Abdalla, "Remains of Tutankhamun," 8–14.

[10] Harer, "An Explanation," 83–88.

[11] Harer, "Was Tutankhamun Killed," 50–54.

[12] Harer, "New Evidence," 225–232.

[13] Hawass and Saleem, *Scanning the Pharaohs*, 272n22.

[14] Forbes, Ikram, and Kamrin, "Tutankhamun's Ribs," 50–56.

[15] Harrison and Abdalla, "Remains of Tutankhamun," 8–14.

[16] 1969 年，BBC 播出的电视纪录片《图坦卡蒙的尸体解剖》。

[17] 1978 年，密歇根大学正畸学教授詹姆斯·哈里斯获准对图坦卡蒙的头骨进行 X 光检查。哈里斯已经在埃及博物馆对皇家木乃伊进行了 X 光检查，并且认为哈里森对图坦卡蒙头骨的 X 光检查不够充分。他从未充分发表过自己的发现，但他确实观察到图坦卡蒙的右耳不见了。

[18] Leek, *Human Remains*.

[19] Leek, *Human Remains*, 23.

第九章

[1] 关于木乃伊早期研究的有趣历史，参见普林格尔（Pringle）的《木乃伊大会》（*The Mummy Congress*）。普林格尔参加了早期的木乃伊大会，并且打算撰写一篇期刊论文，但最后写了一本关于它的书。

[2] Hawass and Saleem, *Scanning*.

[3] Hawass and Saleem, *Scanning*, 98.

[4] Brier, *The Murder*.

[5] Guterbock, "The Deeds," 94.

[6] Guterbock, "The Deeds," 94–95.

[7] Guterbock, "Deeds," 97–98.

[8] Gillam and Brier, "Can Orthopaedic Knowledge," 8–9.

[9] Hawass and Saleem, *Scanning*, 97.

[10] Corthals, "The King Is Dead," 170.

第十章

[1]   Watson, *The Double Helix.*

[2]   Jones, *The Molecule Hunt*, 14–15.

[3]   Pääbo, "Molecular Cloning," 644–645.

[4]   Woodward et al., "DNA Sequence."

[5]   Hedges and Schweitzer, "Detecting," 1190–1192.

[6]   Ventnor et al., "The Sequence."

[7]   Hawass et al., "Ancestry and Pathology."

[8]   Smith, *Royal Mummies*, 51–56.

[9]   Harrison, "An Anatomical Examination."

[10] Filer, "Anatomy of a Mummy," 26–29.

[11] Hawass and Saleem, *Scanning*, 84.

[12] Harris and Wente, "Mummy of the 'Elder Lady.'"

[13] Rühli and Ikram, "Purported."

[14] Hawass et al., "Ancestry and Pathology."

[15] Lalanne, "Suffering from Malaria," 279.

[16] Lorenzen and Willerslev, "King Tutankhamun's Family."

[17] Gabolde, "The Chromosomes."

[18] Timmann, "King Tutankhamun's Family."

第十一章

[1]   Breasted, *Ancient Records*, III:163–174.

[2]   Clayton, *Chronicles*, 95.

[3]   参见 Littauer and Crouwel, *Chariots*, n. 1。

[4]   Lichtheim, *Ancient Egyptian Literature*, II:70.

[5]   Crouwel, "Studying the Six Chariots," 75.

[6] Guidotti, Il *Carro*.

[7] Davis, *The Tomb of Iouiya*, 35.

[8] Davis, *The Tomb of Iouiya*.

[9] Carter and Mace, *The Tomb*, I:121.

[10] Murray and Nutall, *A Handlist*.

[11] Murray and Nutall, *A Handlist*, vii.

[12] 例如，华莱士·麦克劳德的《复合弓》（*Composite Bows*）、丽丝·曼尼奇（Lise Manniche）的《乐器》（*Musical Instruments*）、W. J. 泰特（W. J. Tait）的《游戏盒》（*Game–Boxes*）。

[13] Littauer and Crouwel, *Chariots*.

[14] Crouwel, "Studying the Six Chariots," 83.

[15] Crouwel, "Studying the Six Chariots," 21, 14.

[16] Carter and Mace, *The Tomb*, II:54–63.

[17] Carter and Mace, *The Tomb*, II:61.

[18] Crouwel, "Studying the Six Chariots," 82–84.

[19] Crouwel, "Studying the Six Chariots," 83.

[20] Carter and Mace, *The Tomb*, III:34.

[21] Littauer and Crouwel, *Chariots*, 104.

[22] 雷金纳德·恩格尔巴赫于 1934 年 1 月 4 日致霍华德·卡特的信，安东尼·马克斯收藏。

[23] 美国公共电视台（PBS）新星频道于 2016 年播放的电视纪录片《建造法老的战车》（*Building Pharaoh's Chariot*）。

[24] Brock, "A Possible Chariot Canopy."

[25] Brock, "A Possible Chariot Canopy," 33.

[26] Kawai, "Ceremonial Canopied Chariot."

第十二章

[1] Veldmeijer et al., "Tutankhamun's Cuirass," 4.

[2] Veldmeijer et al., "Tutankhamun's Cuirass," 14.

[3] Veldmeijer et al., "Tutankhamun's Cuirass," 11.

[4] McLeod, *Composite Bows*.

[5] Carter and Mace, *The Tomb*, I:113.

[6] McLeod, *Composite Bows*, 11.

[7] McLeod, *Self Bows*, 1.

[8] Reeves, *The Complete Tutankhamun*, 179.

[9] Epigraphic Survey, Reliefs and Inscriptions, Volume 1; Epigraphic Survey, Reliefs and Inscriptions, Volume 2.

[10] Johnson. *An Asiatic Battle Scene*.

[11] Johnson, "Tutankhamen–Period Battle."

[12] Eaton–Kraus, *The Small Golden Shrine*, 37.

[13] Smith–Sangster. "Personal Experience."

[14] Johnson, "A Royal Fishing and Fowling," 47.

第十三章

[1] Veldmeijer, *Tutankhamun's Footwear*.

[2] Morshed and Veldmeijer, "Conserving," 103–104.

[3] Hawass and Saleem, *Scanning*, 98.

[4] Veldmeijer, *Tutankhamun's Footwear*, 139.

[5] Veldmeijer, *Tutankhamun's Footwear*, 138–139.

[6] Veldmeijer, *Tutankhamun's Footwear*, 138.

[7] Veldmeijer and Ikram, "Tutankhamun's Sticks," 8–12.

[8] Gardiner, *Egyptian Grammar*.

[9]　Veldmeijer and Ikram, "Tutankhamun's Sticks," 12.

[10] Smith–Sangster, "Personal Experience," 40–49.

第十四章

[1]　Eaton–Krauss, *The Sarcophagus*, 19–22.

[2]　Lichtheim, *Ancient Egyptian*, II:28.

[3]　Allen, *The Egyptian*, 282.

[4]　Reeves, *The Complete Tutankhamun*, 23.

[5]　Reeves, *The Complete Tutankhamun*, 122.

[6]　Carter and Mace, *The Tomb*, II:90.

第十五章

[1]　Factum Arte, *The Authorized Facsimile*.

[2]　Reeves, *The Burial*.

[3]　Fahim, "Scans."

[4]　Hammond, "Why Valley."

[5]　Sambuellia et al., "The Third," 288–296.

[6]　Reeves, *The Decorated*.

[7]　Reeves, *The Complete Tutankhamun*, 72–73.

[8]　引自 Reeves, *The Complete Tutankhamun*, 100。

[9]　Marchant, *Is This Nefertiti's Tomb*?

[10] Lightbody, "The Tutankhamun–Nefertiti Burial," 95.

第十六章

[1]　Brunton, *Kings and Queens*.

[2] Bjorkman, "Meteors and Meteorites," 91–130.

[3] Comelli et al., "The Meteoritic Origin," 1301–1309.

[4] Almansa–Villatoro, "Cultural Indexicality," 74.

[5] D'Orazio et al., "Gebel Kamil."

[6] Comeli, "The Meteoritic Origin," 1306.

[7] Johnson and Tyldesley, "Iron from the Sky," 4.

[8] Eaton–Krauss, "Tutankhamun's Iron Dagger," 32.

[9] Petrie, *Amulets*, 15.

[10] Wainwright, "Iron in Egypt."

[11] Budge, *Egyptian Magic*, 195–196.

[12] Carter and Mace, *The Tomb*, III:90.

[13] Broschat et al., *Iron from Tutankhamun's Tomb*, 28.

[14] Clayton, *Desert Explorer*.

[15] Spencer, "Tektites."

[16] 关于调查和目击者的通俗记述，参见约翰·巴克斯特（John Baxter）和托马斯·阿特金斯（Thomas Atkins）的《火灾》（*The Fire*）。

[17] Verma, *The Tunguska Fireball*, 93–94.

第十七章

[1] Gabolde, "An Egyptian Gold Necklace."

[2] Gabolde, "An Egyptian Gold Necklace," 7.

[3] Howard Carter, note on gold and lapis beads, item 256y, 1925, Griffith Institute Archives, Oxford.

[4] Howard Carter, note on bead collars, item 256o, March 11, 1925, Griffith Institute Archives, Oxford.

[5] Gabolde, "An Egyptian Gold Necklace," 21n71.

第十八章

[1]　Moreh, *Al–Jabarti's*, 31.

[2]　Symcox, "Geopolitics."

[3]　Burleigh, *Mirage*; Allin, Zafra.

[4]　Denon, *Voyage*.

[5]　Gillespie and Dewachter, *Monuments*, 10.

[6]　Mackesy, *British Victory*.

[7]　Brier, *Cleopatra's Needles*, 104–105.

[8]　Belzoni, *Narrative*.

[9]　Fagan, *Rape*.

[10]　Herold, *Bonaparte*, 220–223.

[11]　Beatty, *De Lesseps*, 144.

[12]　"Suez Canal."

[13]　"Bombardment," 1–26.

[14]　Lauer, *Saqqara*, 21–28.

[15]　Fagan, *Rape*, 274–278.

[16]　"Tombs Recently Discovered at Sakkara," 283–284.

[17]　Mainterot, "France," 82.

[18]　*Egyptian Gazette*, February 21, 1923, 引自 Reid, "Remembering," 161–162。

[19]　Colla, *Conflicted*, 205.

[20]　Carter and Mace, *The Tomb*, III:167–169.

[21]　Colla. *Conflicted*, 220.

[22]　Colla, *Conflicted*, 220.

[23]　James, *Howard Carter*, 407.

[24]　Mitchell, *Colonising Egypt*, 1.

[25]　珀西·纽伯里于 1930 年 1 月 11 日致霍华德·卡特的信，安东尼·马克斯收藏。

[26] Colla, *Conflicted*, 175–176.

[27] Colla, *Conflicted*, 176.

[28] Fikri Abaza, "Illa Tutankhamun," *Al–Ahram*, February 20, 1924, 引自 Colla, *Complicated*, 73。

[29] Colla, *Conflicted*, 222–223.

[30] 雷金纳德·恩格尔巴赫于 1934 年 10 月 14 日致艾伦·嘉丁纳的信，安东尼·马克斯收藏。

[31] 艾伦·嘉丁纳于 1934 年 11 月 17 日致霍华德·卡特的信，安东尼·马克斯收藏。

[32] 艾伦·嘉丁纳于 1934 年 11 月 17 日致雷金纳德·恩格尔巴赫的信，安东尼·马克斯收藏。

[33] Dodson, "The British Isles," 128.

第十九章

[1] Sotheby's, *Egyptian; Sotheby's, Antiquities*.

[2] Fagan, *Rape*, 85–93.

[3] *Description de l'Égypte, Antiquities*, vol. I, plate 96.

[4] Greco and Buchwald, *The Zodiac*.

[5] Parkinson, *Cracking Codes*.

[6] Khater, *Le régime*, 271.

[7] Reeves, *Ancient Egypt*, 51–52.

[8] Gorringe, *Egyptian Obelisks*; Hayward, *Cleopatra's Needles*.

[9] Bednarski et al., *A History*, 35.

[10] Naville, *The Temple*; Naville, *Bubastis*.

[11] Reeves, *Ancient Egypt*, 81–82.

[12] Davis, *The Tomb of Iouiya*.

[13] Adams, *The Millionaire*, 108–109.

[14] 皮埃尔·拉考于 1922 年 12 月 19 日致公共工程部副部长的信，安东尼·马克斯收藏。

[15] Metropolitan, *Museum Bulletins*, 3.

[16] 塞西尔·费斯于 1924 年 3 月 6 日致公共工程部部长的信，安东尼·马克斯收藏。

第二十章

[1]　Lewis, "Old King Tut."

[2]　Gerber, "3000 Years."

[3]　Gold, *Carter Beats*.

[4]　Goyne, *The Kiss*.

[5]　Gauthier, *Romance*, 3.

[6]　Gauthier, *Romance*, 50.

[7]　Gauthier, *Romance*, 245.

[8]　Sheppard, "Treasures," 4.

[9]　Pathé News, "Luxor at Wembley," March 3, 1924.

[10] Amr, *Aswan*.

[11] *The Salvage of Abu Simbel Temples*.

[12] *Report on the Safe–guarding of the Philae Monuments*.

[13] Keating, *Nubian Rescue*.

[14] Desroches–Noblecourt, *Toutankhamon*.

[15] Piotrovsky, *From the Lands*.

[16] Hoving, *Making*, 346–347.

[17] Zaki, "Tutankhamun Exhibition," 79–88.

[18] Kamp, "The King of New York."

[19] Metropolitan Museum of Art, *Treasures of Tutankhamun*.

[20] Fineberg and Karlin, *Tutankhamun in the Classroom*.

[21] Hoving, *Making*, 412–413.

第二十一章

[1]   Riggs, *Photographing Tutankhamun*, 141–171.

[2]   皮埃尔·拉考于 1922 年 12 月 19 日致公共工程部副部长的信，安东尼·马克斯收藏。

[3]   Schiaparelli, *Relazione*, 17–20.

[4]   Piacentini, "Italy," 380.

[5]   Davis, *Tomb of Iouiya*, 4.

[6]   Montet, *Les constructions*.

[7]   Dawson et al., *Who Was Who*.

[8]   Lucas, *Ancient Egyptian Materials*.

[9]   Lucas, *Ancient Egyptian Materials*.

后记

[1]   Ventnor, "Sequence."

[2]   Aganezov, "A Complete Reference Genome."

参考文献

Adams, John. *The Millionaire and the Mummies*. New York: St. Martin's Press, 2013.

Aldred, Cyril. *Akhenaten and Nefertiti*. New York: Viking Press, 1973.

Allen, George Thomas. *The Egyptian Book of the Dead*. Chicago: University of Chicago Press, 1960.

Allin, Michael. *Zafra*. New York: Walker, 1998.

Almansa–Villatoro, M. V. "The Cultural Indexicality of the N41 Sign for bj3: The Metal from the Sky and the Sky of Metal." *Journal of Egyptian Archaeology* 105 (2019): 73–82.

Amherst, Alicia. *History of Gardening in England*. London: Bernard Quaritch, 1895.

Amr, Abdel Wahad. *Aswan High Dam Hydro–Electric Scheme*. Cairo: Ministry of Public Works, 1960.

Assad, Hany, and Daniel Kolos. T*he Name of the Dead: Tutankhamun Translated*. Mississaugua, ON: Benben Publications, 1979.

Azanezov, Sergey, et al. "A Complete Reference Genome Improves Analysis of Human Genetic Variation." *Science* 376 (2022): 54.

Ballard, George. "A Review of the Geophysical Data." In *The Decorated North Wall in the Tomb of Tutankhamun (KV 62)*, edited by Nicholas Reeves.

Tucson, AZ: Amarna Royal Tombs Project, 2019.

Baxter, John, and Thomas Atkins. *The Fire Came By*. London: MacDonald and Jane's, 1966.

Beatty, Charles. *De Lesseps of Suez*. New York: Harper, 1956.

Bednarski, Andrew, et al. *A History of World Egyptology*. Cambridge: Cambridge University Press, 2021.

Belzoni, Giovanni Battista. *Narrative of Operations and Recent Discoveries Within the Pyramids, Temples, Tombs, in Egypt and Nubia*. London: John Murray, 1820.

Bierbrier, M. L. *Who Was Who in Egyptology*. London: Egypt Exploration Society, 1995.

Bjorkman, J. K. "Meteors and Meteorites in the Ancient Near East." *Meteoritics* 8 (1973): 91–130.

Blankenberg–Van Delden, C. *The Large Commemorative Scarabs of Amenhotep III*. Leiden: Brill, 1969.

"The Bombardment of Alexandria." *The Graphic*, July 24, 1882, 1–26.

Breasted, Charles. *Pioneer to the Past: The Story of James H. Breasted*. New York: Scribner's, 1948.

Breasted, James Henry. *Ancient Records of Egypt*. Chicago: University of Chicago Press, 1906.

Breasted, James Henry. *History of Egypt*. New York: Scribner's, 1905.

Brier, Bob. *Cleopatra's Needles*. London: Bloomsbury, 2016.

Brier, Bob. *The Encyclopedia of Mummies*. New York: Facts on File, 1998.

Brier, Bob. "The Mummy of Unknown Man E: A Preliminary Examination." *Bulletin of the Egyptian Museum* 3 (2006): 33–38.

Brier, Bob. T*he Murder of Tutankhamen*. New York: Putnam, 1998.

Brier, Bob, and Ronald S. Wade. "Surgical Procedures During Ancient Egyptian Mummification." *Zeitschrift fur Aegyptische Sprache* 126 (1999):

89–97.

Brock, Edwin C. "A Possible Chariot Canopy for Tutankhamun." In *Chasing Chariots*, edited by André Veldmeijer and Salima Ikram, 29–44. Leiden: Sidestone Press, 2013.

Broschat, Katja, et al. *Iron from Tutankhamun's Tomb*. Cairo: AUC Press, 2021.

Brunton, Winifred. *Kings and Queens of Ancient Egypt*. London: Hodder &Stoughton, 1925.

Budge, E. A. Wallis. *Egyptian Magic*. London: Kegan, Paul, 1899.

"Building Pharaoh's Chariot." *Nova*, PBS, 2016.

Burleigh, Nina. *Mirage: Napoleon's Scientists and the Unveiling of Egypt*. New York: Harper Collins, 2007.

Caminos, R. A., and H. G. Fischer. *Ancient Egyptian Epigraphy and Palaeography*. New York: Metropolitan Museum, 1976.

Carnarvon, Earl of, and Howard Carter. *Five Years Explorations at Thebes*. Oxford: Oxford University Press, 1912.

Carter, Howard. "Report on General Work Done in the Southern Inspectorate." *Annales du Service des Antiquities de l'Egypte* (1902): 115–121.

Carter, Howard. *The Tomb of Tut.Ankh.Amen. Statement with Documents as to the Events Which Occurred in Egypt in the Winter of 1923–1924, Leading to the Ultimate Break with the Egyptian Government*. London: Cassell, 1924.

Carter, Howard, and Arthur Mace. *The Tomb of Tut.Ankh.Amen*. 3 vols. London: Cassell, 1923–1932.

Caruthers, William, ed. *Histories of Egyptology*. London: Routledge, 2019.

Cerny, Jaroslav. "Chronology of the Twenty–First Dynasty." *Journal of Egyptian Archaeology* 32 (1946): 24–30.

Cerny, Jaroslav. *Hieratic Inscriptions from the Tomb of Tut'Ankhamun*. Oxford: Griffith Institute, 1965.

Clayton, Peter. *Chronicles of the Pharaohs*. London: Thames & Hudson, 1995.

Clayton, Peter. *Desert Explorer: A Biography of Colonel P. A. Clayton*. London: Zezura Press, 1998.

Cohen, Raymond. "Intelligence in the Amarna Letters." In *Amarna Diplomacy*, edited by Raymond Cohen and Raymond Westbrook, 91–98. Baltimore: Johns Hopkins University Press, 2000.

Cohen, Raymond, and Raymond Westbrook, eds. *Amarna Diplomacy*. Baltimore: Johns Hopkins University Press, 2000.

Cola, Elliott. *Conflicted Antiquities*. Durham, NC: Duke University Press, 2007.

Comelli, Daniela, et al. "The Meteoritic Origin of Tutankhamun's Iron Dagger Blade." *Meteoritic and Planetary Science* 51, no. 7 (2016): 1301–1309.

Connor, Simon, and Dimitri Laboury, eds. *Tutankhamun: Discovering the Forgotten Pharaoh*. Liège: Presses Universitaires de Liège, 2020.

Corthals, Angelique. "The King Is Dead! CSI Baban el–Moluk." In *Tutankhamun: Discovering the Forgotten Pharaoh*, edited by Simon Conor and Dimitri Laboury, 170–171. Liège: Presses Universitaires de Liège, 2020.

Crouwel, Joost. "Studying the Six Chariots from the Tomb of Tutankhamun—An Update." In *Chasing Chariots*, edited by André Veldmeijer and Salima Ikram, 73– 94. Leiden: Sidestone Press, 2013.

Curators of the Egyptian Museum. *A Short Description of the Objects from the Tomb of Tutankhamun*. Cairo: Institut Français, 1927.

Daressy, G. *A Brief Description of the Principal Monuments Exhibited in the Egyptian Museum*. Cairo: Press of the French Institute, 1924.

Davies, Nina M. *Tutankhamun's Painted Box*. Oxford: Griffith Institute, 1962.

Davis, Theodore M. *The Funeral Papyrus of Iouiya*. London: Archibald

Constable, 1908.

Davis, Theodore M. *The Tomb of Hatshopsitu*. London: Archibald Constable, 1906.

Davis, Theodore M. *The Tomb of Iouiya and Touiyou*. London: Archibald Constable, 1907.

Davis, Theodore M. *The Tomb of Queen Tiyi*. London: Archibald Constable, 1910.

Davis, Theodore M. *The Tomb of Thoutmosis IV*. London: Archibald Constable, 1904.

Davis, Theodore M. *The Tombs of Haramhabi and Touatankhamanmou*. London: Archibald Constable, 1912.

Dawson, Warren R. "Pettigrew's Demonstrations upon Mummies." *Journal of Egyptian Archaeology* 20 (1934): 170–192.

Dawson, Warren R., et al. *Who Was Who in Egyptology*. London: Egypt Exploration Society, 1995.

Denon, Vivant. *Voyage dans la Basse et Haute Egypte*. Paris: Didot, 1802.

Derry, Douglas E. "Report upon the Two Human Foetuses Discovered in the Tomb of Tut.Ankh.Amen." *In The Tomb of Tut.Ankh.Amen*, vol. III, edited by Howard Carter and Arthur Mace, 167–169. London: Cassell, 1933.

Description de l'Égypte, Antiquities. Vol. II. Paris: Imprimerie Imperiale, 1812.

Desroches–Noblecourt, Christiane. *Toutankhamon et son temps*. Paris: Ministère d'État, Affaires Culturelles, 1967.

Diodorus Siculus. *Library of History*. Vol. I. Cambridge, MA: Harvard University Press, 1969.

Dodson, Aidan. "The British Isles." In *History of World Egyptology*, edited by Andrew Bednarski et al., 91–135. Cambridge: Cambridge University Press, 2021.

D'Orazio, Massimo, et al. "Gebel Kamil: The Iron Meteorite That Formed the Kamil Crater (Egypt)." *Meteoritic and Planetary Science* 46, no. 8 (2011): 1179–1196.

Eaton–Krauss, Marianne. "The Burial of Tutankhamen." *KMT* 20, no. 4 (2009– 2010): 34–48.

Eaton–Krauss, Marianne. *The Sarcophagus in the Tomb of Tutankhamun.* Oxford: Griffith Institute, 1993.

Eaton–Krauss, Marianne. *The Small Golden Shrine from the Tomb of Tutankhamun.* Oxford: Griffith Institute, 1985.

Eaton–Krauss, Marianne. "Tutankhamun's Iron Dagger: Made From a Meteoroite?" *KMT* 27 (2016): 30–32.

Eaton–Krauss, Marianne. *The Unknown Tutankhamun.* London: Bloomsbury, 2016.

Edwards, Amelia. "Recent Discovery of Royal Mummies and Other Egyptian Antiquities." *London Illustrated News*, February 4, 1882, 113–120.

Edwards, I. E. S. *The Treasures of Tutankhamun.* New York: Viking Press, 1972.

"The Egyptian Expedition." *Bulletin of the Metropolitan Museum of Art*, December 1922, 40–43.

Epigraphic Survey. *Reliefs and Inscriptions at Luxor Temple. Volume 1: The Festival Procession of Opet in the Colonnade Hall.* Chicago: Oriental Institute, 1994.

Epigraphic Survey. *Reliefs and Inscriptions at Luxor Temple. Volume 2:The Façade, Portals, Upper Register Scenes, Columns, Marginalia, and Statuary in the Colonnade Hall.* Chicago: Oriental Institute, 1998.

Essam, Angy. "Egypt's GEM Conservation Center Conserves Tutankhamun's Cuirass Which Will Be Displayed for the 1st Time." *Egypt Today*, September 19, 2020, 1–10.

Factum Arte. *The Authorized Facsimile of the Burial Chamber of Tutankhamun.* Basel: Factum Arte, 2013.

Fagan, Brian. *Rape of the Nile.* New York: Charles Scribner's Sons, 1975.

Fahim, Kareem. "Scans of Tutankhamun's Tomb Hint at a Grander Scale." *New York Times*, March 18, 2015.

Fakhry, Ahmed. *The Pyramids.* Chicago: University of Chicago Press, 1970.

Fern, Tracy. *Howard and the Mummy.* New York: Farrar, Straus & Giroux, 2018.

Filer, Joyce M. "Anatomy of a Mummy." *Archaeology*, March/April 2002, 26–29.

Fineberg, Carol, and Renata Karlin. *Tutankhamun in the Classroom.* Teachers' Handbook. New York: Exxon Corp., 1977.

Fiona, Eighth Countess of Carnarvon. *Carnarvon & Carter.* Dorset, UK: Highclere Enterprises, 2007.

Forbes, Dennis. *The Tomb of Tutankhamun (KV 62).* Sebastopol: KMT Communications, 2018.

Forbes, Dennis, Salima Ikram, and Janice Kamrin. "Tutankhamun's Ribs: A Proposed Solution to a Problem." *KMT* 18, no. 1 (2007): 50–56.

Frayling, Christopher. *The Face of Tutankhamun.* London: Farber & Farber, 1992.

Gabolde, Marc. "The Chromosomes of Tutankhamun." In *Tutankhamun: Discovering the Forgotten Pharaoh*, edited by Simon Connor and Dimitri Laboury, 276–281. Liège: Presses Universitaires de Liège, 2020.

Gabolde, Marc. "An Egyptian Gold Necklace for Sale: Comparisons with Tutankhamun's Jewellery." HAL Archive, 2019.

Gardiner, Alan. "The Defeat of the Hyksos by Kahmose: The Carnarvon Tablet No. I." *Journal of Egyptian Archaeology III* (1916): 95–110.

Gardiner, Alan. *Egyptian Grammar.* Oxford: Griffith Institute, 1950.

Gauthier, Theophile. *Romance of a Mummy*. Philadelphia: Lippincott, 1892.

Gerber, Alex. *3000 Years Ago*. New York: Irving Berlin, 1923.

Gillam, Michael, and Bob Brier. "Can Orthopaedic Knowledge Solve a 3,000 Year Old Egyptian Mystery?" *Newsletter of the British Orthopaedic Association* 44 (2010): 8–9.

Gillespie, Charles, and Michel Dewachter. *The Monuments of Egypt*. Princeton, NJ: Princeton Architectural Press, 1987.

Gold, Glen David. *Carter Beats the Devil*. New York: Hyperion, 2001.

Goring, Elizabeth, et al., eds. *Chief of Seers*: *Egyptian Studies in Memory of Cyril Aldred*. London: Kegan Paul, 1997.

Gorringe, Henry. *Egyptian Obelisks*. London: John C. Nimmo, 1885.

Goyne, Richard. *The Kiss of Pharaoh*: *The Love Story of Tut–Anch–Amen*. New York: Stokes, 1923.

Graefe, Erhart, and Galina Balova. *The Royal Cache TT 320*: *A Re–examination*. Cairo: Supreme Council of Antiquities Press, 2010.

Greco, Diane, and Jed Buchwald. *The Zodiac of Paris*. Princeton, NJ: Princeton University Press, 2010.

Griffith, F. L. "Carnarvon Tablets I and II." In *Five Years Explorations at Thebes*, edited by Earl of Carnarvon and Howard Carter, 36–37. Oxford: Oxford University Press, 1912.

Guidotti, Maria Cristine. *Il Carro e le Armi de Museo Egizio di Firenze*. Florence: Giunti, 2002.

Guterbock, Hans Gustav. "The Deeds of Suppiluliliuma as Told by His Son Mursilis II." *Journal of Cuneiform Studies* 10 (1956): 75–98.

Hammond, Norman. "Why Valley of Kings Will Yield More Secrets." *Times* (London), August 15, 2015.

Hankey, J. "Arthur Weigall and the Tomb of Yuya and Tuya." *KMT* 9, no. 2 (1998): 41–45.

Harer, W. B. "An Explanation of King Tutankhamun's Death." *Bulletin of the Egyptian Museum* 3 (2006): 83–88.

Harer, W. B. "New Evidence of King Tutankhamun's Death: His Bizarre Embalming." *Journal of Egyptian Archaeology* 97 (2011): 225–232.

Harer, W. B. "Was Tutankhamun Killed by a Hippo?" *Ancient Egypt* 72 (2012): 50–54.

Harris, J. E., and E. F. Wente. "Mummy of the 'Elder Lady' in the Tomb of Amenho–tep II." *Science* 200 (June 9, 1978): 1149–1151.

Harrison, R. G. "An Anatomical Examination of the Pharaonic Remains Purported to Be Akhenaten." *Journal of Egyptian Archaeology* 52 (1966): 95–119.

Harrison, R. G., and A. B. Abdalla. "The Remains of Tutankhamun." *Antiquity* 46 (1972): 8–14.

Hawass, Zahi. *Discovering Tutankhamun: From Howard Carter to DNA.* Cairo: AUC Press, 2003.

Hawass, Zahi, et al. "Ancestry and Pathology in King Tutankhamun's Family." *Journal of the American Medical Association* 303 (2010): 638–647.

Hawass, Zahi, and Sahar Saleem. *Scanning the Pharaohs.* Cairo: AUC Press, 2016.

Hayward, R. *Cleopatra's Needles.* Derbyshire: Moorland, 1978.

Hedges, S. B., and M. H. Schweitzer. "Detecting Dinosaur DNA." *Science* 268 (May 26, 1995): 1191–1192.

Herold, Christopher. *Bonaparte in Egypt.* New York: Harper & Row, 1962.

Hornung, Erik. *The Tomb of Seti I.* Munich: Artemis, 1991.

Hoving, Thomas. *Making the Mummies Dance.* New York: Simon & Schuster, 1993.

Hoving, Thomas. *Tutankhamun the Untold Story.* New York: Simon & Schuster, 1978.

Ikram, Salima. "Some Thoughts on the Mummification of King Tutankhamun." *Études et Travaux* [Academie Polonaise des Sciences] XXVI (2013): 292–301.

James, T. G. H. *Howard Carter: The Path to Tutankhamun*. London: Kegan Paul, 1992.

Johnson, Diane, and Joyce Tyldesley. "Iron from the Sky." *Geoscientist Online*, April 2014.

Johnson, George B. "Painting with Light: The Work of Archaeological Photographer Harry Burton." *KMT* 8, no. 2 (1997): 58–77.

Johnson, W. Raymond. *An Asiatic Battle Scene of Tutankhamun*. Chicago: University of Chicago Press, 1992.

Johnson, W. Raymond. "A Royal Fishing and Fowling Talatat Scene from Amarna." *KMT* 26, no. 4 (2016): 40–51.

Johnson, W. Raymond. "Tutankhamun–Period Battle Narratives at Luxor." *KMT* 20, no. 4 (2009): 20–33.

Jones, Dilwyn. *Model Boats from the Tomb of Tut'Ankhamun*. Oxford: Griffith Institute, 1990.

Jones, Martin. *The Molecule Hunt*. New York: Arcade, 2002.

Kamp, David. "The King of New York." *Vanity Fair* 55 (2013): 158–171.

Kawai, Nozomu. "The Ceremonial Canopied Chariot of Tutankhamun (JE 61990 and JE 60705): A Tentative Virtual Reconstruction." *CIPEG Journal* 4 (2020): 1–11.

Keating, Rex. *Nubian Rescue*. London: Robert Hale, 1975.

Kemp, Barry. *Amarna Reports I–VI*. London: Egypt Exploration Society, 1984–1995.

Khater, Antoine. *Le régime juridique des fouilles et antiquités en Égypte*. Cairo: Institut Français, 1960.

Lalanne, Bernard. "Suffering from Malaria in the Age of Tutankhamun." In *Tutankh–amun*: *Discovering the Forgotten Pharaoh*, edited by Simon Connor and Dimitri Laboury, 273–274. Liège: Presses Universitaires de Liège, 2020.

Lauer, Jean–Philippe. *Saqqara*. New York: Charles Scribner's Sons, 1976.

Lee, Christopher C. *The Grand Piano Came by Camel*. Edinburgh: Mainstream Publishing, 1992.

Leek. F. Filce. *The Human Remains from the Tomb of Tut'Ankhamun*. Oxford: Griffith Institute, 1972.

Lesko, Leonard H. *King Tut's Wine Cellar*. Berkeley, CA: B. C. Scribe Publications, 1977.

Lewis, Roger. "Old King Tut Was a Wise Old Nut" [sheet music]. Kansas City: J. W. Jenkins, 1923.

LGI Media. *The Fireball of Tutankhamu*n. BBC Television, 2006.

Lichtheim, Miriam. *Ancient Egyptian Literature*. Vol. II. Berkeley: University of California Press, 1976.

Lightbody, David Ian. "The Tutankhamun–Nefertiti Burial Hypothesis: A Critique." *Journal of Ancient Egyptian Architecture* 5 (2021): 83–99.

Littaur, M. A., and J. H. Crouwel. *Chariots and Related Equipment from the Tomb of Tutankhamun*. Oxford: Griffith Institute, 1985.

Lorenzen, Eline, and Eske Willerslev. "King Tutankhamun's Family and Demise" [comment]. *Journal of the American Medical Association* 303, no. 24 (June 23–30, 2010): 3471.

Lucas, Alfred. *Ancient Egyptian Materials and Industries*. London: Arnold, 1962.

Mackesy, Piers. *British Victory in Egypt, 1801*. London: Routledge, 1995.

Mainterot, Philippe. "France." In *A History of World Archaeology*, edited by Andrew Bednarski et al., 68–90. Cambridge: Cambridge University Press, 2021.

Manniche, Lise. *Musical Instruments from the Tomb of Tut'Ankhamun*. Oxford: Griffith Institute, 1963.

Marchant, Jo. "Is This Nefertiti's Tomb?" *Nature*, February 19, 2020, 497–498.

Marchant, Jo. *The Shadow King*. Boston: Da Capo Press, 2013.

Maspero, Gaston. *Les Momies Royales de Deir–el–Bahri*. Cairo: Mission Archaeologique Française au Caire, 1899.

Maspero, Gaston. *Trouvaille de Deir el–Bahri*. Cairo: F. Moures, 1881.

McLeod, W. *Composite Bows from the Tomb of Tut'Ankhamun*. Oxford: Griffith Institute, 1982.

McLeod, W. *Self Bows and Other Archery Tackle from the Tomb of Tut'Ankhamun*. Oxford: Griffith Institute, 1982.

Metropolitan Museum of Art. *Museum Bulletins* 1924–1925. New York: Metropolitan Museum of Art, 1924–1925.

Metropolitan Museum of Art. *Treasures of Tutankhamun*. New York: Metropolitan Museum of Art, 1977.

Ministry of Culture (Cairo). *Official Gazette*. February 14, 2010.

Minter, Sue. *The Well–Connected Gardiner: A Biography of Alicia Amherst*. Sulihull: Great Hay Books, 2010.

Mitchell, Timothy. *Colonising Egypt*. Berkeley: University of California Press, 1991.

Montet, Pierre. *Les constructions et le tombeau de Psousennes à Tanis*. Paris: CNRS, 1951.

Moreh, Shmuel, ed. *Al–Jabarti's Chronicle of the French Occupation*. Princeton, NJ: Weiner, 1993.

Morshed, Nagm El Deen, and André J. Veldmeijer. "Conserving, Reconstructing, and Displaying Tutankhamun's Sandals: The GEM–CC's

Procedure." *Ex Orient Lux* 45 (2014–2015): 103–104.

Murnane, William. "Nature of the Aten: Akhenaten and His Gods." *Amarna Letters* 3 (1994): 33–40.

Murray, Hellen, and Mary Nutall. *A Handlist to Howard Carter's Catalogue of Objects in Tut'Ankhamun's Tomb.* Oxford: Griffith Institute, 1963.

Naville, Édouard. *Bubastis.* London: Egypt Exploration Fund, 1891.

Naville, Édouard. *The Temple of Deir el Bahri.* Parts I–VI. London: Egypt Explorati–on Society, 1895–1906.

Newberry, Percy. *Beni Hasan.* Part I. London: Kegan, Paul, Trench, Trubner, 1893.

Newberry, Percy. *El Bersheh.* Part I. London: Egypt Exploration Fund, 1895.

Pääbo, Svante. "Molecular Cloning of Ancient Egyptian Mummy DNA." *Nature* 314 (1985): 644–645.

Panckoucke, C. L. F., ed. *Description de L'Égypte.* Paris: C. L. F. Panckoucke, 1822.

Parkinson, Richard. *Cracking Codes: The Rosetta Stone.* Berkeley: University of California Press, 1999.

Petrie, W. M. Flinders. *Amulets.* Warminster: Aris & Phillips, 1972.

Petrie, W. M. Flinders. *Seventy Years in Archaeology.* New York: Holt, 1932.

Pettigrew, Thomas. *History of Egyptian Mummies.* Los Angeles: North American Archives, 1985.

Piacentini, Patriza. "Italy." In *A History of World Egyptology*, edited by Andrew Bednarski et al., 369–396. Cambridge: Cambridge University Press, 2021.

Piankoff, Alexandre. *The Pyramid of Unas.* New York: Pantheon Books,

1968.

Piankoff, Alexandre. *The Shrines of Tutankhamun*. New York: Pantheon Books,1959.

Piankoff, Alexandre. *The Tomb of Ramses VI*. New York: Bollingen Foundation, 1954.

Piotrovsky, Boris. *From the Lands of the Scythians*. New York: Metropolitan Museum of Art, 1974.

Pococke, Richard. *A Description of the East*. London: W. Boyer, 1743.

Pringle, Heather. *The Mummy Congress*. New York: Hyperion Books, 2001.

Redford, Donald B. *Akhenaten the Heretic Pharaoh*. Princeton, NJ: Princeton University Press, 1984.

Reeves, Nicholas. *Ancient Egypt: The Great Discoveries*. London: Thames & Hudson, 2000.

Reeves, Nicholas. *The Burial of Nefertiti?* Tucson, AZ: Amarna Royal Tombs Project, 2015.

Reeves, Nicholas. *The Complete Tutankhamun*. London: Thames & Hudson, 1990.

Reeves, Nicholas. *The Decorated North Wall in the Tomb of Tutankhamun (KV 62)*. Tucson, AZ: Amarna Royal Tombs Project, 2019.

Reeves, Nicholas. "Howard Carter's Collection of Egyptian and Classical Antiquities." In *Chief of Seers: Egyptian Studies in Memory of Cyril Aldred*, edited by Elizabeth Goring et al., 242–250. London: Kegan Paul, 1997.

Reeves, Nicholas. *Into the Mummy's Tomb*. New York: Scholastic, 1992.

Reeves, Nicholas, and John Taylor. *Howard Carter Before Tutankhamun*. London: Abrams, 1993.

Reeves, Nicholas, and Richard Wilkinson. *The Complete Valley of the Kings*. London: Thames & Hudson, 2000.

Reid, Donald M. "Remembering and Forgetting Tutankhamun." In *Histories of World Egyptology*, edited by William Caruthers, 157–173. London: Routledge, 2019.

Report on the Safe–guarding of the Philae Monuments. The Hague: Netherlands Engineering Consulting, 1960.

Riggs, Christina. *Photographing Tutankhamun*. Cairo: AUC Press, 2019.

Riggs, Christina. *Treasured: How Tutankhamun Shaped a Century*. New York: Current Affairs, 2021.

Romer, John. *Valley of the Kings*. New York: William Morrow, 1981.

Ruffer, Armand. *Studies in the Paleopathology of Egypt*. Chicago: University of Chicago Press, 1921.

Rühli, F. J., and S. Ikram. "Purported Medical Diagnoses of Pharaoh Tutankhamun, c. 1325 BC." *Homo: Journal of Comparative Human Biology* 65, no. 1 (2014):51–63.

Said, Edward. *Orientalism*. New York: Viking Press, 1994.

Sambuellia, Luigi, et al. "The Third KV 62 Radar Scan: Searching for Hidden Chambers Adjacent to Tutankhamun's Tomb." *Journal of Cultural Heritage*, May 2019, 288–296. The Salvage of Abu Simbel Temples. Stockholm: VBB, 1971.

Schiaparelli, Ernesto. *Relazione sui Lavori della Missione Archeologica Italiana in Egitto, II. La Tomba Intatta dell'Architetto "Cha" Nella Necropoli di Tebe*. Turin: Museo di Antichita, 1927.

Schneider, Hans D. *Shabtis*. Vol. I. Leiden: Rijksmuseum, 1977.

Sheppard, Thomas. "Treasures of Tutankhamun's Tomb." *Ours Magazine* 190 (May 1936).

Silverman, David, Josef Wegner, and Jennifer Houser Wegner. *Akhenaten and Tutankhamun*. Philadelphia: University of Pennsylvania Museum, 2006.

Smith, G. Elliot. *The Royal Mummies*. Cairo: Imprimerie de l'Institut Français, 1912.

Smith, Joseph Lindon. *Temples, Tombs, and Ancient Art*. Norman: University of Oklahoma Press, 1956.

Smith, Stuart Tyson, and Nancy Stone Bernard. *The Valley of the Kings*. Oxford University Press, 2003.

Smith–Sangster, Emily. "Personal Experience or Royal Canon?" *KMT* 32, no. 4(2021): 40–49.

Sotheby's. *Antiquities and Islamic Art, February 8 and 9, 1985*. New York: Sotheby's, 1985.

Sotheby's. Egyptian Classical and Near Eastern Antiquities, June 10 and 11, 1983. New York: Sotheby's, 1983.

Spencer, L. J. "Tektites and Silica–Glass." *Mineralogical Magazine* 25, no. 167 (1939): 425–440.

"Suez Canal." *Illustrated London News*, January 31, 1863, 125–128.

Symcox, Geoffrey. "The Geopolitics of the Egyptian Expedition, 1797–1798." In *Napoleon in Egypt*, edited by Irene Bierman, 13–32. Los Angeles: Ithaca Press, 2003.

Tait, W. J. *Game–Boxes and Accessories from the Tomb of Tut'Ankhamun*. Oxford: Griffith Institute, 1982.

Timmann, Christian. "King Tutankhamun's Family and Demise" [comment]. *Journal of the American Medical Association* 303, no. 24 (June 23–30, 2010): 3473.

"Tombs Recently Discovered at Sakkara." *Illustrated London News*, April 15, 1853, 283–284.

Veldmeijer, André. *Tutankhamun's Footwear*. Leiden: Sidestone Press, 2011.

Veldmeijer, André, et al. "Tutankhamun's Cuirass Reconsidered." *Ex Oriente Lux* 48 (2022): 1–14.

Veldmeijer, André, and Salima Ikram, eds. *Chariots in Ancient Egypt*. Leiden: Sidestone Press, 2018.

Veldmeijer, André, and Salima Ikram, eds. *Chasing Chariots*. Leiden: Sidestone Press, 2013.

Veldmeijer, André, and Salima Ikram. "Tutankhamun's Sticks and Staves." *Scribe*, Spring 2020, 8–12.

Ventnor, Craig, et al. "The Sequence of the Human Genome." *Science* 291 (February 16, 2001): 1304–1351.

Verma, Surema. *The Tungusta Fireball*. Cambridge: Icon Books, 2005.

Wainwright, G. A. "Iron in Egypt." *Journal of Egyptian Archaeology* 18 (1932):3–15.

Watson, James. *The Double Helix*. New York: Signet, 1969.

Weigall, Arthur. *Tutankhamun and Other Essays*. New York: George H. Doran, 1924.

Weiss, Walter M. *Tutankhamun His Tomb and His Treasures*. Bayreuth: Dieter Semmelmann, 2013.

Wilkinson, John Gardner. *Manners and Customs of the Ancient Egyptians*. 3 vols. London: John Murray, 1837.

Williams, Maynard Owen. "At the Tomb of Tutankhamen." *National Geographic Magazine* XLIII, no. 5 (1923): 461–492.

Winlock, Herbert. *Materials Used at the Embalming of King Tut–Ankh–Amun*. New York: Metropolitan Museum of Art, 1941.

Winlock, Herbert. *The Tomb of Senebtisi at Lisht*. New York: Arno Press, 1977.

Winlock, Herbert. *Tutankhamun's Funeral*. New York: Metropolitan

Museum of Art, 2010.

Woodward, Scott, et al. "DNA Sequence from Cretaceous Period Bone Fragments." *Science* 266 (November 18, 1994): 1229–1232.

Wynne, Barry. *Behind the Mask of Tutankhamen*. New York: Taplinger Publishing, 1972.

Zaki, A. A. "Tutankhamun Exhibition at the British Museum in 1972." *Journal of Tourism and Research* 3, no. 2 (2017): 79–88.